网络广告实务
——创意与文案

主　编　江梅霞　余　静

副主编　俞　荟　阮妙茹　朱米娜

参　编　黄　珊　汪　燚　杨　羚

北京理工大学出版社
BEIJING INSTITUTE OF TECHNOLOGY PRESS

内 容 提 要

本书以必须、够用为原则突出实践实训式教学，强调对学生素养和能力的培养，既保证理论体系的完整性、系统性，又凸显高职高专教育的要求，吸收了技能型人才的教育教学方法，围绕"提升学生就业核心竞争力"的宗旨开展教材体系编排。本书共分为九个项目，主要内容包括网络广告概述、网络广告分类、网络广告调查、网络广告策划、网络广告创意、网络广告文案、网络广告的制作与投放、网络广告效果评估和网络广告监管。

本书可作为高等职业院校艺术设计相关专业的教学用书，也可作为广告行业培训机构基础理论的教学用书。

图书在版编目(CIP)数据

网络广告实务：创意与文案 / 江梅霞，余静主编
.--北京：北京理工大学出版社，2022.12（2023.3重印）
ISBN 978-7-5763-1946-0

Ⅰ.①网… Ⅱ.①江… ②余… Ⅲ.①互联网络–广告学 Ⅳ.①F713.8

中国版本图书馆CIP数据核字（2022）第241127号

出版发行 / 北京理工大学出版社有限责任公司

社　　　址 / 北京市海淀区中关村南大街5号

邮　　　编 / 100081

电　　　话 /（010）68914775（总编室）

　　　　　　（010）82562903（教材售后服务热线）

　　　　　　（010）68944723（其他图书服务热线）

网　　　址 / http://www.bitpress.com.cn

经　　　销 / 全国各地新华书店

印　　　刷 / 河北鑫彩博图印刷有限公司

开　　　本 / 787毫米×1092毫米　1/16

印　　　张 / 15.5

字　　　数 / 357千字

版　　　次 / 2022年12月第1版　2023年3月第2次印刷

定　　　价 / 78.00元

责任编辑 / 王晓莉
文案编辑 / 王晓莉
责任校对 / 周瑞红
责任印制 / 施胜娟

图书出现印装质量问题，请拨打售后服务热线，本社负责调换

前 言

作为"安徽省省级质量工程规划教材项目"，本书围绕"项目导向，任务驱动"教学理念，根据网络营销广告岗位的基本能力和职业素质要求进行编写修订。

广告学进入我国以来，受到了专家学者、企业家的广泛关注和研究。随着互联网市场经济的纵深发展及用户的不断增长和依赖，互联网已经成为人们认识世界的重要方式。网络广告正作为企业不可或缺的一项活动进入大众的视野，早已超越电视广告成为广告市场的第一媒体。伴随着市场经济环境的变化和商业模式的更新，网络广告活动不仅为企业创造着财富，同时也为广大消费者和公众谋福祉。网络广告专业和课程已经在我国众多高校中开设，而目前网络广告专著和教材却较少。

高职高专院校以培养应用型、技能型人才为目标。高职高专教育是一种新型的专科教育模式，这种教育形式更加强调对学生动手能力的培养。于是我们逐步建立了"基于工作过程"的教学体系设计的基本思路，故而改变原有的教学手段、教学目标、教学方法是当前高职院校网络广告教育的迫切要求。高职高专院校的办学特色是"以就业为导向"，在本书中，我们给予学生的知识以最大限度满足学生想学的、企业想要的、社会欢迎的为基本原则。在本书的编写上，区别于一般的网络广告理论教材，体现高职高专办学特点，追求差异化。在教学方法的选择上，本书注重教学形式的多样化、灵活化。在编写本书时，我们遵循网络广告工作基本的工作内容和程序，以基础理论为出发点，充实了大量近年来的案例，力求教学的实用性，同时，也便于学生的自读和自学。

本书具有以下特色。

1. 项目式、任务式编排

本书共9个项目，29项任务，每个项目以任务导入为起点，提出学习目标再进行任务分析，给出解决任务所需的相关知识点，最终完成任务。遵守学生学习的基本路径，即从职业认知到理论基础，再到实务操作，最后到能力提升。每个任务由"知识认知+知识训练+知识扩展"三个部分构成，注重由基本理论到技能训练再到知识延伸的路径培养学生良好的学习习惯。

2. 多元化的训练

训练环节既有传统的教学方式，又有案例分析、情境训练等教学方法，知识扩展有利于学生的自我学习和深度思考。以这样的全景式训练方法最大限度地提升教学效果，让学生的学习快乐起来。

3. 思政进入课堂

思政是落实立德树人根本任务的关键课程，鼓励学生个人或团队结合课程、专业，进行延伸性研究学习，引导学生思考和探究民生热点问题，促进"思政"与专业相长，达到事半功倍的育人效果，为国家现代化建设培养德才兼备的高素质人才。

4. 组织双师型教师编写团队

本书主要由安徽机电职业技术学院和芜湖职业技术学院"双师型"教师编写。项目一、项目三由余静编写，项目二由黄珊编写，项目四由阮妙茹编写，项目五由朱米娜编写，项目六由俞荟编写，项目七由江梅霞编写，项目八由汪燚编写，项目九由杨羚编写。

5. 教材配套资源丰富

（1）有配套的学生自学资源：微视频、二维码拓展资料等；

（2）配有教师教学资源：教学课件、课后检测答案。

在本书的编写过程中，编者参考了国内出版的各种广告学专著及部分网站资料。同时，本书多渠道收集了多个案例材料，对这些材料的作者深表感谢。同时感谢安徽机电职业技术学院和芜湖职业技术学院各位领导和同仁们的帮助。

网络广告作为一门不断发展的实践性极强的学科，还需要进一步的探索，再加上水平和时间有限，书中难免有遗漏和不足之处，欢迎各位同仁不吝赐教，多提宝贵意见。

编　者

目 录

项目一

网络广告概述

通过对本项目的学习，学生对网络广告有理性的初步认知。本项目要求学生了解网络广告的产生和发展，并深刻理解广告、网络广告等基本概念。学生通过知识训练能够具有区分广告和网络广告的区别与联系的初步能力，初步接触网络广告典型案例的学习和分析方法，在案例的辅助下掌握网络营销的特点，掌握网络广告对企业、用户和社会的价值。

知识目标

1. 了解网络广告的基本含义。
2. 了解网络广告的产生和发展。
3. 掌握网络广告的特点。
4. 掌握网络广告对大学生的影响。

能力目标

1. 深刻认识网络广告的重要性。
2. 区分广告和网络广告的区别。
3. 具备创新力，有突破性地挖掘网络广告的要素。

课件：网络广告概述

素质目标

1. 培养学生树立正确的广告理念。
2. 培养学生掌握网络广告对企业、社会和用户的价值。
3. 培养学生的创业意识。

任务一　广告与网络广告

一、知识认知

知识点一　广告的概念与特点

1. 广告的概念

广告，字面意义即广而告之，是指向社会公众告知某件事物。其本质是为了某种目的广泛地传递信息。

广告就其含义来说，有广义和狭义之分。非经济广告是指不以营利为目的的广告，如政府公告，政党、宗教、教育、文化、市政、社会团体等方面的启事、声明等；经济广告是指以营利为目的的广告，通常是商业广告，它是为推销商品或提供服务，以付费方式通过广告媒体向消费者或用户传播商品或服务信息的手段。人们对广告普遍的认同即商业广告。

2. 广告的特点

(1)广告必须有明确的广告主。广告主是指为推销商品或提供服务，自行或委托他人设计、制作、发布广告的法人、其他经济组织或个人。

广告主是广告活动的发起者，是在线上、线下销售或宣传自己产品和服务的商家，是联盟营销广告的提供者。任何推广、销售其产品或服务的商家都可以作为广告主。广告主发布广告活动，并按照媒体完成的广告活动中规定的营销效果的总数量及单位效果价格向媒体主支付费用。

(2)广告是一种信息传播活动。信息传播是指个人、组织和团体通过符号与媒介交流信息，向其他个人或团体传递信息、观念、态度或情意，以期发生相应变化的活动。

信息传播具有以下几个特点：第一，传播表现为传播者、传播渠道（媒介）、接收者等一系列传播要素之间的传播关系；第二，传播过程是信息传递和信息接收的过程，也是传播者与接收者信息资源共享的过程；第三，传播者与接收者、相关人群之间，由于信息的交流而相互影响、相互作用。

信息具有无限复制性，可以广泛传播。一条信息可以复制为成千上万条信息，费用十分低廉。尽管信息的创造可能需要很大的投入，但复制只需要载体的成本，可以大量地复制、广泛地传播。

(3)广告传播的内容主要是商品、劳务和观念。广告与传播有着特别密切的关系。广告学在其发展的过程中是以整个传播学体系作为自己的依据的，从本质上说广告就是一种信息传播的过程，必须依靠各种传播手段，广告信息才能传递给一定的受众。其中，广告的商品及劳务是最重要的部分，经济广告主要是传递商品和劳务的供求信息。

无论经济广告传播或非经济广告传播活动都具有明确的目的。例如，作为营利性企业追求的是要将企业的信息尽快地传递给潜在的目标受众，实现商品销售，提供服务，获得盈利，维持企业的生存和发展，其目的性是非常明确的。也正是为了实现企业的盈利目的，广告主才对广告创意给予高度重视，对广告文案字斟句酌，制订周密的广告传播计划，并要求广告制作要有效并准确地传递信息，要求"广告上的每个字、每个图表及符号都应该有助于所要传达的信息的功效。"

（4）广告是一种非人员的促销活动。广告是通过媒介向社会大众进行商品信息的传递、介绍，并劝说消费者产生购买欲望或购买行为，而没有推销人员直接向消费者传递信息。

（5）广告是非个体传播手段。广告的传播不仅需要借助传统的四大媒介——报纸、广播、电视、杂志，同时，还需要适当借助如广告灯箱、交通广告屏、橱窗、路牌等自办传播媒介。随着经济科学技术的发展，广告媒介也在不断革新和更替。

（6）广告活动离不开媒介物。所谓广告媒介，就是指能够借以实现广告主与广告对象之间信息传播的物质工具，是信息的载体。广告媒介的选择是企业广告策略能否成功的关键因素之一。

企业广告目标是塑造企业与商品形象，促进并扩大商品销售。在广告媒介的选择和组合上，版面大小、时段长短、刊播的次数、媒介传播时机等都对广告的效果有一定的影响。

一般来说，广告的时长是短暂且精炼的，大部分广告都在5～30秒。广告时长越长，广告收费也相对越高。以中央电视台广告为例，计费时长以秒为单位，且好的栏目收视高，其节目前后时间广告投放收费也会高。大家常说的晚间黄金时间段，一般是指18：00～22：00，电视开机率高，节目收视率高，广告价格也高。

时间长的广告比时间短的更易引人注意，如果过度强调延长时间，即时间长而内容枯燥乏味，反而会降低注意力；相对延长时间即广告反复重现，增加广告的频率也易引人注意。但是，反复出现广告也有一定界限，过分长久的反复，会使受众感到厌烦，甚至产生对抗心理。因此，在广告媒介的选择上，采用媒介空间的大小和时间的长短，会直接影响广告目标的实现。广告片的投放模式应该是长期投放的，这样就可以起到加深消费者对品牌印象的作用，对于品牌或企业的推广有着重要的作用。

任何一则广告其目标对象只能是一定数量或一定范围内的社会公众。广告的目标对象是广告信息传播的"终端"，也是信息的"接受端"，社会公众或消费者又称为"受者""受众"。撇开"受者"也就无所谓传播，广告也就无效。如果在广告活动中把握住广告目标对象，但是媒介把握不当，那么整个广告活动也就前功尽弃了。

任何一个企业做广告都希望以尽可能少的广告费用取得较好的效果，或者以同样的广告费用取得最好的效果，由于广告费用中的绝大部分用于媒介，从这个角度来分析，与其说是广告效果的好坏，倒不如说媒介费用决定广告效果的好坏。按照国际惯例，在一种正常的经济运行状态中，用于广告媒介的费用占企业广告费用的80％以上。

多数企业不会单纯选择一种媒介作为广告传播的方式，在广告媒介领域，几乎没有哪种媒介能够100％地达到每个广告主所预定的目标对象。所以，使用媒介组合能够弥补单一媒介在接触范围上的不足。在媒介选择上，有的媒介能够以比较大的接触范围到达目标市场，但是由于广告费用太高，往往限制了广告主多次使用。如2019年，脑白金在战略方向上进行了重新布局及调整：强化"今年过节不收礼，收礼只收脑白金"，同时进行脑白金产品机理的科普性宣传，用功效撬动市场、用礼品引爆终端。同年 7 月，脑白金多个新版广告全面启动，高空媒体组合投放强势来袭，央视、卫视、重点省台、地方台的广告投入价格超 15 亿元，长达 8 个月的投放，覆盖人群 13 亿人，总推及人次 750 亿，广告播放总时长 15 万分钟，每天接触最高频次 1 300 次，力度之大，史无前例。

（7）广告是一种宣传劝说行为。任何广告的目的都是吸引消费者从而最终购买产品，而打动消费者，使其接受广告宣传的方式，最直接的方式就是劝说。

如图 1-1 所示，某机构进行了一项涵盖欧美国家 16～64 岁的网络用户消费者调查，结果显示，不同年龄段的人对广告的期待大有不同。从图 1-1 中可以发现，39～64 岁的消费者对广告的功能性比较感兴趣，他们希望广告为他们提供详细的产品信息和折扣；16～24 岁的消费者对广告的要求则是多样化，他们关注广告的娱乐性及品牌的社会责任感，甚至期待能在广告中看到社会性议题。

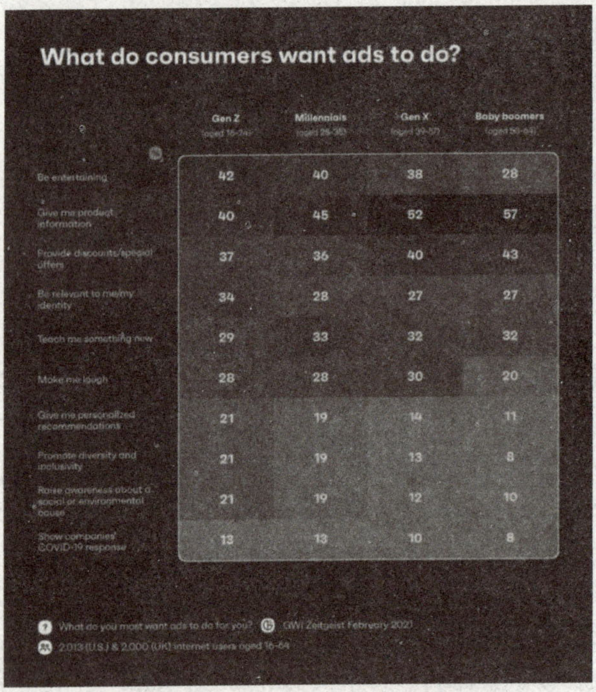

图 1-1　消费者想从广告中知道什么

（资料来源：https://www.zhihu.com/question/22731097）

知识点二　网络广告的概念

网络广告是指基于网络媒介的一种新型电子广告，是一种区别于传统广告媒介的新载体，是通过网络广告投放平台利用网站上的广告横幅、文本链接等方法，在互联网刊登或发布广告，通过网络传递到互联网用户的一种高科技广告运作方式。与传统的四大媒体相比，网络广告是现代营销非常重要的一部分，是现代网络营销的主要方法之一，其得天独厚的优势使其在网络营销中占据了举足轻重的地位。网络广告的表现形式和传播媒介多样化，不局限于常见的各种网页横幅广告、旗帜广告、按钮广告、SEO 搜索引擎优化、电子邮件广告、微信公众号、微信朋友圈付费广告、App 直播电商等都可以理解为网络广告的表现形式。

　　无论以什么形式出现，网络广告所具有的本质特征是相同的：网络广告的本质是向互联网用户传递营销信息的一种手段，是对用户注意力资源的合理利用。网络是一个全新的广告媒体，速度较快，效果理想，是中小企业扩展壮大的好途径，对于广泛开展国际业务的公司更是如此。

　　网络广告发源于美国。1994 年 10 月 14 日是网络广告史上的里程碑，美国著名的《Hotwired》杂志推出了网络版的《Hotwired》，并首次在网站上推出了网络广告，这立即吸引了 AT&T 等 14 个用户在其主页上发布广告，10 月 27 日，当一个 468×60 的 Banner 广告显示在页面上时，标志着网络广告的正式诞生。值得一提的是，当时的网络广告点击率高达 44％。

知识点三　网络广告与自媒体

1. 自媒体发展历程

　　自媒体（We Media）是指普通大众通过网络等途径向外发布他们本身的事实和新闻的传播方式，是私人化、平民化、普泛化、自主化的传播者，以现代化、电子化的手段，向不特定的大多数或特定的单个人传递规范性及非规范性信息的新媒体的总称。学者们认为自媒体中的"自"包含两种含义：一是指自己，大众从"旁观者"的角度转变为"制造者"，从传播的"客体"变为主体，使媒体不再陌生，而是拉近了距离；二是指自由，意味着在自媒体上，大众的话语权掌握在了自己的手中，有了更大的自由度。

　　自媒体的发展经历了三个阶段：第一个阶段是自媒体初始化阶段，它以 BBS 为代表；第二个阶段是自媒体的雏形阶段，主要以博客、个人网站、微博为代表；第三个阶段是自媒体意识觉醒时代，主要是以微信公众平台、搜狐新闻客户端为代表。就目前来讲，自媒体的发展正处于雏形阶段向自媒体觉醒时代的过渡时期。但是由于自媒体的诞生至今也不过十余年，这三个阶段其实同时存在，但是现阶段是以微博、微信公众平台为自媒体的主体，其他的就相对弱小。

　　在我国，自媒体发展主要分为四个阶段：2009 年，新浪微博上线，引起社交平台自媒体风潮；2012 年，微信公众号上线，自媒体向移动端发展；2012—2014 年，门户网站、视频、电商平台等纷纷涉足自媒体领域，平台呈多元化发展；2015 年至今，直播、短视频等形式成为自媒体内容创业新热点。

　　自媒体的内容是不固定的，没有统一的标准，也没有相应的规范。自媒体的内容是由自媒体人自行决定的。而目前自媒体的特点是平民化，由于移动智能手机终端的普及，使自媒体的入门门槛越来越低，导致一些内容变得越来越低俗，信息泛滥也越来越严重。所以，在自媒体的使用中，自媒体人的思想道德、价值观及媒体平台管理力度需要进一步提高。

　　自媒体内容的主要表现形式有文字、图片、音频、视频等，这使自媒体内容的呈现形式丰富多样。运营自媒体的核心和关键在于优质内容，只有品质优良的内容才会受到人群的追捧、关注及转载，而流量变现也就变得更加容易。

　　（资料来源：https：// baike. baidu. com/item/％E8％87％AA％E5％AA％92％E4％BD％93/829414）

2. 自媒体平台

（1）微博。微博是基于用户关系的社交媒体平台，用户可以通过计算机、手机、平板等多种移动终端接入，以文字、图片、视频等多媒体形式实现信息的即时分享、传播互动。用户可以直接申请账号，公开发布内容，也可以把自己感兴趣的内容一键转发并加上自己的评论，也可以关注自己喜欢的用户，即成为这个用户的"粉丝"，与其私信聊天；或者在发布微博时关联火热话题，在某个时间点发布同样话题的数目居高者称作"热搜"。如图 1-2 所示为 2022 年 2 月 6 日晚，中国女足亚洲杯夺冠，微博热搜几乎被中国女足承包。

同样，在 2022 年 1 月 31 日晚的春节联欢晚会期间，张小斐与贾玲的春晚小品演出结束没多久，就有人立马扒出了演员穿的是什么衣服，具体到品牌和价位。"张小斐同款大衣 10 分钟售罄"也迅速登上热搜，并在榜上挂了很长时间（图 1-3）。有时尚业内人士质疑，这像是品牌方提前策划好的营销宣传。可见，网络广告给广告商带来巨大的流量。

图 1-2 "中国女足"微博热搜　　　图 1-3 春晚张小斐同款热搜

微博基于公开平台架构，提供简单、前所未有的方式使用户能够公开实时发表内容，通过裂变式传播，让用户与他人互动并与世界紧密相连。作为继门户、搜索之后的互联网新入口，微博改变了信息传播的方式，实现了信息的即时分享。微博广告是指广告主在微博网站和个人微博上通过一定的策划与创意，发布该企业产品和服务信息，并劝说用户购买和消费其商品及服务的信息传播活动，是网络广告的一种新形式。微博广告主要有以下三种类型：

①企业利用官方微博发布广告信息。近年来，随着微博的强势发展，越来越多的国内企业将微博平台作为其广告投放的阵地之一。企业经过门户网站上的机构认证建立官方微

博，进行产品的推广和品牌形象的宣传。通过在微博上积聚大量的用户，与这些用户沟通交流，有利于培养用户对该产品的亲切度和忠诚度(图1-4)。

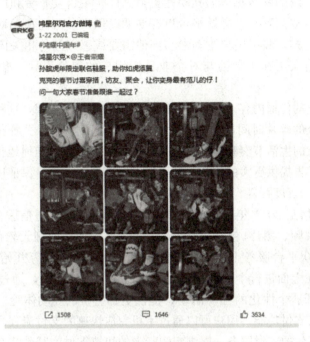

图1-4　鸿星尔克官方微博

②借助高人气用户发布广告信息。由于高人气用户拥有庞大的粉丝数量，其影响力和号召力优势明显。与这类拥有众多粉丝的用户合作，借助他们的微博平台发布广告信息，可以在较短的时间内引起网民的关注，这类广告具有一定的隐蔽性，加之名人拥有的粉丝数量庞大，有利于扩大广告信息的有效到达率。如果企业与高人气的用户和名人合作，通过名人转发广告内容，有利于进一步扩大广告的传播范围。

③隐性的微博广告。隐性的微博广告行为并非其发布者主动意愿，而是微博自身的内容对广大网民产生吸引力，其中提及的商品等被大家所认可，很多网民会通过私信、评论等方式寻问购买途径、商品价格等，从而间接地成为一种广告。

随着微博全民化的发展态势，商家们看到了其蕴含的巨大商机，微博成了连接商家和消费者的平台。微博广告对于广告主、发布广告信息的微博用户和普通微博用户具有一定的价值，其传播特征如下：

第一，自主平等的传播理念。微博是个性化、自主化的传播媒介，其传播理念是平等交流、自主互动，它为个人提供了能够释放个人活动空间和自由的独立平台，使个人拥有了更大的话语权和自主权。

第二，即时便捷的传播时效。微博主可以通过网络、手机等手段，随时随地发布和接受信息，使发出信息到接收反馈产生的时间差进一步缩小，甚至发展到"零时差"程度，从而保证了传播的即时性，这也是传统媒体所无法企及的。广告主可以利用微博多样化的信息发布渠道及时发布、更新产品资讯、打折促销等消息，打破了传统广告更新受时间、地域的限制，微博广告可以实现随时随地地传递推广信息。

第三，互动性的传播方式。微博传播的互动性是增强用户黏性、留住用户的重要手段，使微博较之传统的网络媒体的互动性更强。广告主、发布者和广告受众可以通过微博营销实现真正的双向互动。微博平台更容易调动用户参与性和互动性。微博广告会以病毒式口碑传播方式，吸引用户主动参与到他需要或感兴趣的相关内容的对话中。对企业来说，微博的意义更在于加强与对企业目标用户的舆论引导，塑造企业良好形象与信誉。

第四，碎片化的传播内容。每条微博的字数限制为 140 个字，这种只言片语的即时表达整合了众多受众的碎片时间，与此同时也使受众对微博产生了强烈的依赖感和用户黏性，迎合了现代人的生活节奏和习惯。微博广告可以实现随时随地地传递推广信息，并且为微博用户阅读广告提供更大的方便，还可以即时更新、更换，保证广告的传播质量和实效性。（资料来源：百度百科　微博广告）

（2）微信。微信是 2011 年腾讯继 QQ 之后推出的新即时通信服务的免费应用 App，支持发送语音、视频、图片（包括表情）和文字信息，是一种聊天软件，支持多人群聊。2012 年，微信公众平台服务上线，政府、媒体、企业、明星等开始纷纷建立独立的微信公众号平台，在上面进行个人、企业等文化活动的宣传营销，通过一对一的推送，品牌可以与"粉丝"开展个性化的互动活动，提供更加直接的互动体验。2013 年，财付通与微信合作推出微信支付功能，用户可以通过手机完成快速的支付流程。微信支付向用户提供安全、快捷、高效的支付服务，以绑定银行卡的快捷支付为基础。其广告优势表现为以下几个方面：

①海量用户。微信用户群体目前活跃用户达 8.3 亿，且用户群体广泛。

②高活跃度。据统计表明，单个微信用户平均每天都在刷朋友圈，无论是学生还是年轻人、中年人，甚至老年人都在玩微信，所以每月的图文阅读量都非常大。

③性价比高。相对传统媒体广告而言，微信广告发布费用较低。

④投放精准。通过大数据精准针对有效客户群体发布广告。

（3）QQ 空间。QQ 空间是腾讯公司在 2005 年开发出来的一个具有个性空间和博客功能的 QQ 附属产品，自问世以来受到众多人的喜爱。在 QQ 空间上可以书写日志、说说、上传用户个人的图片、听音乐、写心情等，通过多种方式展现自己。除此之外，用户还可以根据个人的喜好设定空间的背景、小挂件等，从而使每个空间都有自己的特色。QQ 空间还为精通网页的用户提供了高级的功能：可以通过编写各种各样的代码打造个人主页。

认证空间是拥有更多专属功能的腾讯专页。用户可以自主添加成为认证空间的粉丝，之后认证空间的相关更新都会在其粉丝的个人中心中展现，粉丝可以及时关注所喜爱的品牌、机构、媒体或名人的最新动态；通过认证空间，品牌、机构、媒体、名人除进行形象展示、动态更新外，还可以发起各种活动，与目标用户保持持续、顺畅的互动交流。（资料来源：百度百科 QQ 空间）

（4）抖音。随着短视频时代的火爆，自媒体推广里多了一个新家族，就是网红视频推广，最典型的短视频平台就是抖音。抖音是由字节跳动孵化的一款音乐创意短视频社交软件。该软件于 2016 年 9 月 20 日上线，是一个面向全年龄的短视频社区平台，用户可以选择歌曲，配以短视频，形成自己的作品。它与小咖秀类似，但不同的是抖音用户可以通过视频拍摄快慢、视频编辑、特效（反复、闪一下、慢镜头）等技术让视频更具创造性，而不是简单的对嘴型。

知识点四　网络广告的特点

基于以上内容，可以发现以现代自媒体为主的网络广告平台有着与传统媒体无法比拟的优势，主要表现在以下几个方面：

（1）覆盖面广。任何信息只要上传至网络，分布在世界各地的网络用户可以通过不同的媒体进行接收。

（2）费用低。网络广告的费用较传统广告的费用相对较低，不仅节省了报纸的印刷和电视台昂贵的制作费用，还使其成本大大降低。同时，网络广告以声、像、图、文甚至四者相结合的方式，提高了用户对网络广告的感知，强化了用户的体验。在大数据的环境下，广告商能对用户进行精准定位并进行投放，根据用户点击量来进行广告费用的核算，使广告的效果和产品成交率大大提升。

（3）用户接受度高。传统的广告大多是被动接受，产生效果不明显，即使被迫观看，也不易打动客户；而网络广告可以由用户自己来选择，自由观看，甚至在自媒体上与企业、明星代言人互动沟通，增强体验感，这是传统媒体广告都无法做到的。如 2019 年 1 月 17 日，张大鹏执导的贺岁片《小猪佩奇过大年》先导片《啥是佩奇》，一经播出就迅速形成病毒式传播，多位明星、网红纷纷转载，影片情节在春节的节日背景下更是打动观众，甚至在影片传播不久，便有网民在淘宝等电商网站中发现"电影同款鼓风机佩奇"，掀起一阵热潮。

（4）传播迅捷。一般来说，在传统媒体上制作的广告一经发布就很难更改，即便改动，也会给企业带来不小的经济代价；而网络广告的信息反馈和更换，从材料提交到发布，所需的时间仅是数小时或更短。

二、知识训练

巴黎欧莱雅：魔术水百人卸妆直播秀

2016 年 9 月，欧莱雅集团与 OnlyLady 携近 20 名时尚红人一起在长城脚下举办了一场别开生面的发布会。此次齐聚在长城脚下的嘉宾们还参与了一个特别的环节：定制专属于自己的洗发水广告大片（图 1-5）。

在本次 OnlyLady 与欧莱雅自然洗护发品牌淳萃在长城的活动中，欧莱雅从全国数百位时尚红人中挑选了近 20 位优秀红人参与到本次发布会中。与此同时，时尚红人们还与"淳萃"进行了一场神秘的竹屋探索之旅，红人们在现场为众多粉丝进行了直播。据统计，活动当天总观看人次达到了 105 万。

在时尚达人经纪方面，OnlyLady 运用其在时尚资讯圈的影响力，挖掘并运营了时尚、美妆和生活方式等领域的专家、老师、达人和博主资源。目前，公司合作的时尚领域专家、老师及知名达人已过百人。强大的时尚 IP 集合平台搭载优秀的达人资源，进一步实现了时尚 IP 生态圈的发展战略。

图 1-5 "淳萃"在长城

2016 年 7 月 14 日和 7 月 16 日，Only Lady 分别联合了巴黎欧莱雅和 SATURDAY MODE 做了两场直播——"欧莱雅百人卸妆趴"和"男神女神变装直播 show"。据统计，这两场活动观看人次总共超过 2 000 万，成为业内热议的现象级直播。

（资料来源：OnlyLady 与欧莱雅探索自然清新奥秘，与时尚红人们"淳萃"在一起，https：//www.prnasia.com/story/157993-1.shtml）

讨论：通过对该案例的了解，请分析网络广告和传统电视广告的区别。

三、思政课堂

规范网络电商广告用语

"全网仅一家""史上最低价""销量总冠军""行业领导者"……打开互联网平台的商品页、直播间，广告极限词并不鲜见。一些消费者被类似广告吸引，购买商品或服务后却发现名不副实，既影响体验也面临维权难题。滥用广告极限词属于违法行为。我国广告法明确规定，不得使用"国家级""最高级""最佳"等用语。由于语言词汇的复杂性，列举所有极限词并不现实，因而在具体实践中，需要把握立法本意。参照广告法对虚假广告的界定，商品或服务的质量、价格、销售状况、曾获荣誉等信息与实际情况不符的，即属违法。那些动辄标榜"唯一""独创""问鼎""极致"却又拿不出有效证据的商家，其广告用词明显不适当。有的商家要小聪明、打擦边球，采用异体字、谐音等方式变相使用极限词，实质上也涉嫌违法。

网络直播带货活动中也存在相关问题。2021 年 10 月 13 日，某品牌在微博上称，"锁定 10 月 20 日××主播的直播间，面膜今年最大力度"。不少网民购买了预售为 429 元的产品。不久的"双 11"期间，这家品牌的直播间现货却只要 257 元。在投诉平台上，集体投诉量已超 20 000 件。

前不久，《互联网广告管理办法（公开征求意见稿）》发布，明确将以互联网直播等方式直接或间接地推销商品或服务的商业广告、跨境电商广告纳入监管。面向未来，紧跟互联网业态发展，落实落细监管举措，严格规范广告发布行为，才能推动互联网电商恪守底线、健康发展，维护好消费者的合法权益。

四、知识扩展

1. 世界上第一条广告

全球第一个标准 Banner 网络广告出现于 1994 年 10 月 27 日，而中国的第一个商业性的网络广告显示在 1997 年 3 月，Intel 和 IBM 是国内最早在互联网上投放广告的广告主，传播网站是 Chinabyte，广告表现形式为 468 像素 × 60 像素的动画旗帜广告，IBM 为 AS400 的网络广告宣传支付了 3 000 美元。中国网络广告一直到 1999 年年初才稍有规模。历经多年的发展，网络广告行业经过数次洗礼已经慢慢走向成熟。

2. 广告弹窗必须一键关闭

国家市场监督管理总局于 2021 年 12 月公布《互联网广告管理办法(公开征求意见稿)》(以下简称《征求意见稿》)，明确广告投放严禁缺失关闭标志，不得设立倒计时结束才能关闭广告的限制，不得关闭后继续弹出广告等。

互联网页面上的弹窗广告几乎无处不在，想"一键关闭"不是件容易的事情。通过浏览器搜索打开各类网站，首先映入眼帘的是三四块像补丁般的"游戏内容"的弹窗广告，几乎覆盖住想要浏览的信息。费了好大的劲，浏览者在令人眼花缭乱的广告宣传语和不断变换闪动的画面边角处，找到了不易发现的关闭图标，并且点击鼠标要"稳准狠"，稍有差池就会不小心点开这些广告页面。更有甚者，就算点击了广告弹窗的"关闭"按钮，也不能马上关掉弹窗，而是在广告播放了 5 秒后，才能"延迟关闭"。这些网络广告投放的"伎俩"，让广大网民不堪其扰。

针对上述问题，《征求意见稿》明确提出，以启动播放、视频插播、弹出等形式发布的互联网广告，应当显著标明关闭标志，确保一键关闭。一系列影响"一键关闭"的行为将被明令禁止。例如，不得出现没有关闭标志或需要倒计时结束才能关闭的情况；不得出现关闭标志虚假、不可清晰辨识或定位的情况；不得出现单个广告的关闭须经两次以上点击才能关闭的情况；不得出现在浏览同一页面过程中，关闭后继续弹出广告的情况。

任务二　网络广告的发展和影响

一、知识认知

知识点一　网络广告的现状

1997 年，我国在 Chinabyte 网站上发布了第一条商业网络广告，自此，我国网络广告正式起步。网络购物在各个领域的蓬勃发展，让广告商开始注意网络广告。据《2021 中国互联网广告数据报告》调查显示，2021 年我国互联网广告市场收入 5 435 亿元，同比增长 9.32%。这标志着我国的网络广告产业已经处于稳定发展的阶段，格局基本形成。经过 24 年的发展，电商、视频、搜索、新闻资讯与社交媒体成为我国网络广告的主要载体与收入来源，门户、搜索、社交、电商等媒体平台主导我国网络广告的发展方向、市场规模与传播技术。

腾讯社交模式推动了我国社交广告的发展。腾讯 2020 年网络广告收入为 822.71 亿元，年增长率为 20.32%，为腾讯净收入的 17.13%，是腾讯三大收入支柱之一。其中，基于社交的广告收入达 680 亿元，占网络广告比重的 81.73%，其中，微信朋友圈广告收入比 2019 年增加了 5%，移动广告联盟的视频广告收入增长较快，视频号直播打通小程序。

据公开报道，字节跳动 2020 年广告收入可能达 1 750 亿元，是我国第二大数字广告企业，正在成为与阿里巴巴相匹敌的网络广告平台。其中，基于算法与大数据的抖音、今日头条、电商直播对其广告营收功不可没。

随着互联网的快速发展，人们接触网络越来越频繁，网络给人们带来了更多的方便和服务的同时，也产生了许多问题。如某些广告商、广告媒体、广告代理公司为了自身的利益，不惜以消费者的利益为代价，制作各种违背法律与道德的虚假广告，向消费者传播不实的信息，且当前网游短视频广告作为网络产业发展的重要力量，存在部分广告内容与主流价值观矛盾、后续监管不足、青少年防沉迷措施缺乏等，使很多消费者深受其害。所以当下，应正视网络广告市场存在的问题，克服障碍，培养专业人士，净化网络广告环境。

知识点二　网络广告对当代大学生的影响

当前，伴随互联网的飞速发展，网络广告成为承载和传播文化的重要载体。习近平总书记在党的新闻舆论工作座谈会上指出新闻舆论的各个环节都要坚持正确导向，其中特别强调新媒体和广告宣传也要讲导向。由此看来，加强网络广告对大学生价值观的引导具有很强的必要性和重要性，不仅可以提升大学生的媒介素养，增强其在媒介传播过程中的主体意识，同时，也有利于加强高校思想政治教育工作，对于社会主义核心价值的弘扬具有重要的意义。

随着物质水平的提高，人民越来越追求精神文明建设，文化发展被提升到国家战略的高度，十七届六中全会明确提出了"文化强国"战略。在新时代网络的普及下，网络广告作为大众传媒的一种表现手段，已经成为精神文明发展和建设的重要载体，对完善社会发展具有重要的作用。

2020 年 9 月 22 日，习近平总书记在教育文化卫生体育领域专家代表座谈会强调了在十四五时期文化建设的重要性，指出新时期建设社会主义文化强国必须坚持社会主义核心价值观的引领，加强精神文明建设，助力推动社会发展。而网络广告是文化传播的重要载体，因此，通过网络广告对大学生价值观的引导具有重要的意义。

网络广告以多维的价值形式呈现在大学生面前，优秀的网络广告作品能够有效传达产品信息，丰富大学生精神文化层面的需求。然而，劣质的网络广告在传播过程中违反了社会规范和道德规范，会对大学生的精神世界及社会主流文化产生不良影响。大学生是祖国的希望，同时，也是社会主义建设的重要接班人，因而，加强大学生思想政治意识的引导尤为重要。大学生思想开放，个性多元，容易接受新事物，但由于其价值观的不稳定性和可塑性，极易受到外部环境的影响，尤其在互联网时代，大学生作为网民的重要主体，对于网络广告的接触度和认可度都极高，所以，网络广告带给大学生价值观的影响不言而喻。加强网络广告对大学生价值观的正向引导可以提升大学生的综合素质，完善广告素养教育，为大学生健康成长提供一个风清气正的网络广告环境。近年来，我国党和政府意识到互联网已经成为思想文化信息和社会舆论的集散地，因而，如何做好大学生的思想意识工作，引领好大学生的价值观导向成为当下非常重要的工作。为此，党和政府出台了一系列相关政策进行战略部署。习近平总书记也经常发表重要讲话，给予具体的方针政策指示。在党的新闻舆论工作座谈会上，习近平总书记指出新闻舆论的各个环节都要坚持正确导向，其中特别强调新媒体和广告宣传也要讲导向。

1. 网络广告对大学生价值观的影响

从社会和网络广告的综合角度来看，网络广告对大学生价值观产生影响的原因既有经济因素，也有政治原因，还有社会伦理道德的规范。从经济层面看，网络广告作为一种经济行为，其背后的价值必然与相应的经济资本力量密不可分，而经济资本力量是网络广告传播价值的发起者和受益者。从政治层面来看，网络广告必定要遵循统治者的意识形态，宣传并发扬统治阶级的政治观点。从伦理道德角度来看，网络广告所传递的价值观不能违背社会的普遍价值观，即必须受到伦理道德的制约和规范。只有这样，网络广告所传递的各种价值观才能获得大学生广泛的认可。

（1）网络广告影响大学生对信息的价值认同。网络广告之所以影响大学生的价值认同，关键在于网络广告的思想政治教育功能。其主要包含导向教育功能和认知教育功能两个方面。网络广告的导向教育功能是指网络广告通过广告中的人物、情节和主题设置，为青年学生提供思考和行为的模式，引导并获得他们价值认同的过程。网络广告用人们乐于接受的方式去展示形象世界，大学生在接触过程中了解到各个国家及地域的人情风貌，在这个过程中网络广告寓社会教育和政治教育于其中，潜移默化地引导大学生形成正确的价值观，获得他们的价值认同。大学生观看网络广告的过程本身就是认知社会和接受信息的过程。这个认知的过程也就是价值认同的过程，大学生对网络广告的接收、加工、分析、吸收最后形成价值认同。

（2）网络广告影响大学生对信息的价值选择。网络广告因为其环境的开放性和内容的庞杂性，使大学生可以肆意浏览接触自己感兴趣的广告内容。一些大学生可以很好地利用网络广告的海量性从中获取对自己有利的信息，促进自身社会化进程。但是，也有一些学生不主动寻求帮助，而是安于现状，拒绝或无视网络广告信息，或是在五花八门的信息海洋中迷失自我，这将导致大学生对同一件事情的看法不同，甚至做出相反的价值选择。简而言之，在网络广告的影响下，在引导大学生价值观过程中，不仅要使大学生接触其他的社会价值观，更要发挥社会主义核心价值观体系对大学生价值观的指引作用。

2. 网络广告对大学生政治观的影响

大学生政治观是指大学生对社会政治事务、现象及行为的一种观点。在一定程度上反映了现实与理想政治之间的取向和判断，是大学生价值观体系的重要组成部分。

（1）增强了大学生的民主意识。当代民主是指人民拥有超越立法者和政府的最高主权。大学生有较高的文化水平，是社会的精英和国家未来的支柱，他们平时会通过网络有意或无意地接触党和国家的大政方针，关注与他们息息相关的社会热点，而网络广告可实现信息的及时性与互动性，能传递给大学生最新的时事热点。

（2）强化了大学生的法治观念。法治是人类政治文明的另一项重要成就，是与民主共生的政治概念。法治以民主和自由为基础，民主是先决条件。同时，法治是实现民主的制度保障，法治是依靠法律管理社会，规范人们生活的一种规章制度。随着互联网在大学生群体的普及，网络政治广告成为统治阶级传递政治价值观的重要渠道，同时，也为拓宽大学生的政治视野提供了有利条件，对大学生正确的政治价值观的形成与发展也有着至关重要的作用，其中也包括西方国家使用法律条文规范市场行为，保障社会有序运行。

3. 网络广告对大学生诚实守信及契约观的影响

（1）加强大学生的诚信观念。诚实守信是我国传统美德。当今，社会主义市场经济体系的诚信意识已基本建立，广告主在从事商品交易和经济活动时注重商业信誉，才能建立和谐稳定的广告经济环境。例如，央视网发布的一则诚信广告之早餐篇，一大早，早餐店外面就排起了长长的队伍，街坊邻里都来购买早餐，店内夫妇二人正在忙碌招呼客人，此时，夫妇的小儿子匆匆跑进来说奶奶摔倒了，情况危急，喊他们赶紧回家。此时，妻子看向众多客人陷入了短暂思考后拿出了一块纸板，写道："家中有急事，早餐请自取自付"，随后一家人匆匆离去。等到傍晚他们回到店里的时候，妻子数了数临走前给客人放下的零钱盒，发现收入居然比往日还多。此时镜头回顾了一家人走后，顾客们都自觉取早餐放钱的场景。最后画面中出现广告语："共建美丽中国，共创诚信社会。"网络广告中传扬的品牌价值观和诚信理念也会使大学生更加注重以诚待人，进一步增强他们的诚信意识。

（2）增强大学生的契约观念。青年大学生接触了网络广告所提倡的契约精神，能够把人情世故和交易行为区分开。大学生是消费市场的重要主体，贯彻契约精神，是为了培养与社会主义市场经济相适应的消费者，最大程度地减少消费损失，促进我国社会主义市场经济体制稳步发展。当然，市场上很多商业广告为了达到营利的目的，过分渲染产品的商业属性，容易导致大学生消费动机的盲目化和消费倾向的拜金化。

4. 网络广告对大学生职业价值观的影响

职业价值观是指个人在进行职业选择时对职业目标和态度的价值取向，体现出一个人对职业的认识和追求。

（1）提高了大学生的创业意识。新媒介时代，网络为大学生就业带来了很多便利，线上操作使求职方式更多样化，选择性更强。当代的大学生受市场经济大潮的影响，就业观念进一步开放，而且现在国家和政府积极鼓励大学生创业，为大学生提供了充足的政策支持，营造了良好的创业环境，所以，大学生不再满足于毕业后为他人打工，而是开拓创新，用自己的奋斗和努力去创造属于自己的事业与人生。

（2）强化了大学生的竞争意识。大学生在接触各种平台的招聘时，企业的招聘要求会潜意识地增加大学生的危机感，从而提升他们的竞争意识。

高校是大学生价值观、政治观的主要阵地，当前网络广告对大学生的价值观影响日益明显。面对网络广告，高校要深化大学生的价值信念教育，积极开展大学生媒介素养教育。

二、知识训练

六神：花露水的前世今生

4分30秒的Flash动画不仅让人们了解花露水的百年历史及功能，还令人想起了美好童年，爱上夏天的感觉，六神花露水做到了。这条名为《花露水的前世今生》的Flash动画自6月29日在六神官方微博和各大视频网站发布以来，三周内已获得超过30万次转发评论、1 600万次点击浏览量。

这并非六神"歪打正着"。六神的另外一条动画短片《一个关于艾的故事》此前在端午节推出时也曾获得了近1 000万的点击量。而与《花露水的前世今生》同期推出的《爱上夏天》音乐MV也大获好评。此时正是六神品牌扬眉吐气的时刻。

诞生于1990年、主打传统中医药理和药材概念的六神花露水堪称上海家化的明星产品，其市场占有率超过70%。但在两年前，六神品牌经理陈华杰却曾忧心忡忡——彼时，产品卖点多基于现代科技的宝洁、联合利华等跨国巨头也如法炮制主打中药牌，隆力奇等国内竞争者也开始贴身近战，六神品牌一度危机四起。

六神多强调"全家共享"，其调查发现以往家庭主妇是其主力购买者，但随着80后、90后一代的崛起，事态正在改变。尽管80后、90后不乏与六神花露水成长的童年故事，但由妈妈购买花露水的习惯却逐渐消失——这不啻一个危险的信号。

祛痱、止痒、清凉的极佳功效及深入人心的中草药概念已让六神大获成功，但上海家化事业一部市场总监秦奋华认为这还不够。除简单的知晓、购买、使用外，秦奋华一直渴望将其打造成"有活力的夏天必需品"，而不是"选择之一"。"就像油盐酱醋一样，如果这样才是真正的成功。"秦奋华对《环球企业家》说（图1-6）。

经典的产品设计就算放到今天看

图1-6　花露水广告

秦奋华将传播焦点转移到年轻人。数字化营销即是尝试之一，秦奋华将目标受众设定为18至35岁的年轻人，表现手法也采用其喜闻乐见的动画。《花露水的前世今生》的制作方向一开始即变得异常清晰——要让80后、90后的消费者真正了解那个普通不过、伴随成长的六神花露水到底是什么，并唤起其童年回忆。"年轻人总会变成家庭主妇的，如果在此之前就喜欢这个品牌，届时他们一定还会去买。"秦奋华解释说。

新媒体成本很低、易病毒式反复传播，因其有真实的评论回复，六神更能洞悉消费者。新媒体也易突破"表达障碍"——传统广告仅15秒，至多能说20~30个汉字，而新媒体可长达数分钟甚至更久，表达更充分。例如，《花露水的前世今生》动画长达4分30秒，涵盖产品、历史文化等诸多领域。"如果这么多的信息在传统媒体中投放，成本是不得了的。"秦奋华感慨地说。另外，网络视频的制作周期短至数天，较传统广告的半年周期快得多，灵活性使其易结合当下热点。

"知识性和趣味性并重是这个片子的大特点。"观者不仅可了解花露水的命名由来，花露水由香水这类时尚奢侈品到大众商品的百年演变史，还能获悉六神的产品功能介绍。"要把消费者自以为知道但实际上并不知道的事情呈现出来。如花露水竟然有这么多历史、趣闻、功能。"

片中的"在滴了几滴六神花露水的木桶里洗澡"、夏天"用花露水擦凉席"，这些素材均来自消费者自身的经历。一些"重度消费者"甚至会从国内购买数十瓶花露水带至国外，仅仅是为了怀念儿时的亲切感觉。

为了关注互动性、及时性，六神团队不断设问"什么是适合的风格""整个网络的流行趋势是什么""风格和流行趋势的结合点在哪里"。为了追求新奇特,动画加入诸多网络语言,"白富美"及"时光如高铁,岁月如动车"等新词汇也被融入流畅音乐、搞笑配音之中。为了避免过犹不及,六神的制作团队则为广告片设定"朴实无华、厚重、平易近人、幽默、无压力感"的基调,两次小修即获通过,从写创意、文案、修改、测评至终成片耗时仅一个月。

(资料来源:花露水的前世今生看六神广告片爆红的背后,https://m.baobei360. com/articles/detail-75670.html? ivk_sa=1024320u)

讨论:通过对该案例的了解,请分析网络广告有哪些特点和优势?

三、思政课堂

广告宣传也要导向正确

2016 年,习近平总书记在新闻舆论工作座谈会上指出:"新闻舆论工作各个方面、各个环节都要坚持正确舆论导向。各级党报党刊、电视台要讲导向,都市类报刊、新媒体也要讲导向;新闻报道要讲导向,副刊、专题节目、广告宣传也要讲导向;时政新闻要讲导向,娱乐类、社会类新闻也要讲导向;国内新闻报道要讲导向,国际新闻报道也要讲导向。"这是党的最高领导人首次提出广告宣传也要讲导向,为广告从业人员进一步指明了方向。

广告宣传是媒体宣传的重要组成部分,也有导向问题。好的广告能够传播正能量,弘扬社会正气,倡导正确的价值观,引导健康的消费观。不良的广告甚至虚假广告,可能误导消费者,助长奢靡之风,败坏社会风气,甚至给消费者带来财产损失,最终也会损害媒体的公信力。

广告宣传要讲导向,还要坚持真实性原则。真实性原则不仅是新闻的底线,还是广告工作的底线。作为广告从业人员,要对广告的真伪负责,严把广告宣传的真实关,不能什么钱都敢收。近些年,万里大造林、蚁力神等虚假广告给许多消费者、投资者带来了巨大的财产损失,也使媒体的公信力受到伤害。媒体的把关人,首先要把住真实这个底线,这既是责任,也是义务。

广告宣传要讲导向,还要依法合规经营,守住《中华人民共和国广告法》这个底线。2015 年 4 月,全国人大常委会通过了新修订的《中华人民共和国广告法》(以下简称《广告法》),这是指导广告宣传的一个基本遵循。《广告法》要求,广告应当真实、合法,以健康的形式表达广告内容,符合社会主义精神文明建设和弘扬中华民族优秀传统文化的要求。所有的广告活动,都必须符合《广告法》的要求,违反《广告法》,必然会在导向上出问题。

广告宣传要讲导向,还要处理好媒体的自身利益与公众利益的关系,注意广告的时度效,不能只追求媒体自身利益的最大化而放弃了社会责任。例如,有一次,笔者所在的媒体接到一个广告,内容是一个艺人的粉丝祝贺他生日;这个广告并不违反《广告法》,但作为一家党报,刊登这样的广告就有助长社会追星之嫌,最终我们还是放弃了这个广告。再如,有的媒体在一个时间段内集中刊登了很多奢侈品广告,这些广告并不违法,但鼓励追求奢华享受、倡导不健康的消费观,不利于社会风气的净化。

广告宣传要讲导向,还要下功夫做好公益广告的宣传,用优秀的公益广告作品传播社会主义核心价值观,传播正能量。好的公益广告能成风化人,凝心聚力。例如,中央电视台播出的公益广告《回家篇》《爱是一生的课程》《家乡的滋味》都能打动人心中"最柔软的部分"，引起人们长久的回味和感动。近年来，人民日报、光明日报、经济日报等主流媒体围绕核心价值观、讲文明树新风、最美教师、书香中国等主题开展公益广告创作和刊出，起到了很好的社会效果。我们也期待更多更好的公益广告作品涌现，让公益广告春风化雨润万物，成风化人育心田。

项目小结

一、核心概念

广告 Advertisement

网络广告 Advertise Online

浏览量 Page View

广告横幅 Banner

点击次数 Click

图标 LOGO

投放次数 Impression

软文 Advertorial

二、思考与讨论

1. 什么是广告？什么是网络广告？两者有什么联系？
2. 网络广告的本质是什么？
3. 网络广告的价值是什么？
4. 网络广告的优点及缺点分别是什么？
5. 网络广告未来的发展趋势如何？

课后答案

三、案例分析题

2019 年 1 月 17 日，大家被"啥是佩奇"这四个字刷屏了，媒体大 V、微信公众号和各大平台纷纷借势科普、宣传。这短短的四个字，可以在极短的时间内被争先转发、议论，被大家所熟知，到底有什么神奇的魔力呢？

《啥是佩奇》是由张大鹏执导的电影《小猪佩奇过大年》先导片，时长 5 分 40 秒，播出后迅速形成病毒式传播。该短片讲述了留守农村的爷爷李玉宝为了给孙子准备礼物，发动全村寻找"佩奇"的故事，拍摄地点位于河北张家口怀来县的一个村庄，片中的李玉宝大爷就是当地的一名村民，完全由素人出演（图 1-7）。

图 1-7　啥是佩奇宣传图

请教师带领同学们观看这则短片，并讨论分析这则短片成功的原因。

项目二

网络广告分类

通过对本项目的学习，学生对不同的网络广告形式有较为全面、系统的认识。本项目要求学生熟悉广告在网络及各种新媒体为媒介的营销活动中所呈现的不同形态，并深刻理解不同网络广告形式的内涵、特征等。学生通过知识训练能够具有区分不同网络广告类型的能力，掌握分析网络广告典型案例的方法，逐步达成根据各类广告主的需求，选择恰当广告形式的目标，更好地实现广告在新环境下的营销影响力与价值。

知识目标

1. 了解门户网站广告的不同类型及各类广告的特点。
2. 了解搜索引擎广告的不同类型及各类广告的特点。
3. 了解微信平台广告的不同类型及各类广告的特点。
4. 了解短视频平台广告的不同类型及各类广告的特点。

能力目标

1. 能够深刻认识不同类型网络广告的表现形式。
2. 能够区分不同网络广告的特征。
3. 具备根据广告主需求选择不同网络广告的能力。

课件：网络广告分类

素质目标

1. 培养学生树立正确的价值观。
2. 培养学生建立网络广告的审美意识。
3. 培养学生实践创新能力。

任务一　门户网站广告

一、知识认知

知识点一　门户网站

门户网站是指能够提供某类综合性互联网信息资源的网站，同时能够提供相关信息服务。目前，国内外熟知的门户网站包括 Google、Yahoo、新浪、网易、搜狐、腾讯。除此以外，百度、新华网、人民网、凤凰网等也具有很高的影响力。

根据门户网站所提供信息服务的特点，可将其分为综合型门户网站与垂直型门户网站两大类。综合型门户网站涵盖广泛的信息资源，每个频道都相当于一个垂直门户网站；而垂直型网站植根于某一行业，提供与行业或领域相关的专业知识、资讯信息及服务等。门户网站主要依靠广告费用、订阅费及交易费获得盈利。

除此以外，网站按照主体性质不同也可分为政府网站、企业网站、商业网站、教育科研机构网站、个人网站、其他非营利机构网站及其他类型等。

知识点二　门户网站广告

网络广告类别见表 2-1。

表 2-1　网络广告类别

分类标准	广告类型
按照广告的目的和效果	品牌广告、产品广告、活动信息广告和促销广告
按照广告的表现方法	图形广告、富媒体广告、轮播广告、全屏广告、文字链接广告、弹出式广告

1. 图形广告

图形广告是网络硬广告最常见的表现形式之一。其包括按钮广告、横幅广告、对联广告、摩天柱广告、全屏广告、焦点图广告、弹出窗口和背投广告等形式。

横幅广告又称旗帜广告（Banner Advertising），是常见的网络广告形式。横幅广告是横跨于网页上的矩形图片，主流尺寸为 486 像素×60（或 80）像素（pixels）。通常是以 GIF、JPG 等格式建立的图像文件，当用户点击这些图片时，通常可以链接到广告主的网页，进一步看到更加详细的广告内容（图 2-1）。

旗帜广告按广告形态划分，可分为静态横幅广告、动态横幅广告和交互式广告三种。其中，静态横幅广告就是在网页上显示一个固定的图片。其优点是制作简单，缺点也很明显，静态横幅广告让人觉得有些呆板和枯燥。

动态横幅广告拥有运动元素，或移动，或闪耀，它们同样采用 GIF 的格式，这种广告在制作上不太复杂，尺寸也较小，通常在 15 KB 以下。其优点是点击率比静态横幅广告要高。

伴随着科技水平的不断提高，在动态横幅广告不能满足企业需求时，一种更能吸引浏览者的交互式广告便产生了，交互式广告的形式多种多样，如游戏、插播式、回答问题、下拉菜单、填写表格等。这类广告需要更加直接的交互，比单纯的点击式广告包含更多的内容。

横幅广告通过改变尺寸，可以转化为通栏广告、按钮广告(图 2-2)、对联式广告(图 2-3)、摩天楼广告等。

图 2-1　横幅广告

图 2-2　按钮广告

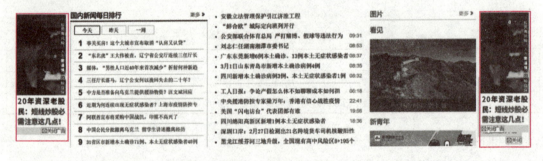

图 2-3　对联式广告

2. 弹出式广告

弹出式广告是指当人们浏览某网页时，网页会自动弹出一个很小的对话框，随后，该对话框或在屏幕上不断盘旋或漂浮到屏幕的某一角落，通过用户在进入网页时，自动开启一个新的视窗，以吸引浏览者点击链接，进入广告页面，从而达到营销推广的效果。一般弹窗广告都带有关闭按钮，用户可以根据自己的需求选择观看或关闭窗口，由于它的出现是伴随着浏览网页而产生的，所以被用户看到的概率较大(图 2-4)。

图 2-4　弹出式广告

3. 轮播式广告

一个广告位可以由多个用户共享，进行轮播展示，降低商家广告投放的整体费用，而减少广告展示的次数，增强广告效果，又可以提升用户体验，同时，使门户网站的广告收益有所上升，从而实现多赢的局面。

一般广告图片会每隔 3 秒自动切换，当浏览者把鼠标放在图片上时，图片就会停止切换，直到把鼠标移开或把鼠标放到右下角的图片序号上进行切换。当浏览者把鼠标放到序号上时，图片会动态切换到对应序号的图片上，如图 2-5 所示。

图 2-5　轮播式广告

4. 文字链接广告

文字链接广告是以一排文字作为一则广告，在热门站点的 Web 页上放置可以直接访问其他站点的链接，如图 2-6 所示。通过对热门站点的访问，吸引一部分流量点击链接。文字链接广告是一种对浏览者干扰最小，且广告费用一般较低，但却最有效果的网络广告形式。然而，越是短小的广告越难做，因为从一句话里传达的信息是有限的，此类广告通过文字来传达信息，在制作时就会有一定的挑战性，如何发挥这句话的作用就必须要有好的创意。

图 2-6　文字链接广告

5. 富媒体广告

富媒体（Rich Media）并不是一种具体的互联网媒体形式，而是指具有动画、声音、视频(也可具备交互性)的信息传播方法，如图 2-7 所示。它包含下列常见的形式之一或几种形式的组合：流媒体、声音、Flash 及 Java、Java script、DHTML 等程序设计语言。富媒体可应用于各种网络服务中，如网站设计、电子邮件、banner、button、弹出式广告、插播式广告等。以此技术设计的广告称为富媒体广告。

图 2-7　富媒体广告

6. 全屏广告

全屏广告是指用户打开浏览页面时，该广告将以全屏方式出现 3～5 秒，可以是静态的页面，也可以是动态的 Flash 效果，然后逐渐缩成普通的横幅广告尺寸，进入正常阅读页面，如图 2-8 所示。

图 2-8　全屏广告

二、知识训练

方太富媒体广告引爆双十一

2015 年 11 月，"爱您所爱，万众期待"方太双十一感恩回馈活动展开网络推广，借助炫酷丰富的富媒体广告，运用互动通程序化广告营销平台 hdtDXP，为方太天猫旗舰店活动预热并引流，帮助打造方太 2015 双十一销售神话！

1. 传播目标

(1)在优质网络媒体上，宣传方太的品牌形象和产品信息，加大品牌曝光，巩固市场地位。

(2)通过优质创意，吸引受众关注方太的相关产品信息，进行双十一活动预热，并实现电商引流，最终提升双十一方太天猫旗舰店的销量。

2. 投放策略

(1)目标人群分析。通过前期的 cookies 搜集，分析受众网络行为轨迹，并借助 hdt-DMP 人群数据库，确定目标用户群体为 25～50 岁有购买厨电需求的潜在人群。此类人群有一定的经济实力，追求高品质的生活，向往舒适健康的生活环境，具有较强的品牌意识，习惯使用网络获取信息、查看商品和购物。

(2)创意广告形式。本次推广通过扩展、视窗等丰富多元的富媒体广告形式，展示方太热销爆款，并宣传方太双十一期间的感恩优惠活动，直接醒目地刺激目标受众的眼球。

(3)技术选择。hdtMEDIA 富媒体广告平台，展示方太双十一推广信息，吸引目标受众；hdtMEDIA 定向技术，配合 hdtDXP 程序化广告营销平台，实时优化，锁定目标受众；对目标人群采用行为特征分析，并运用重定向和 look-alike 技术寻找潜在用户，结合 hdtDMP 人群数据库，精准覆盖目标受众，实现目标人群批量引流。

(4)媒体选择。在 PC 端平台的投放上，选择与受众息息相关的新闻门户、财经、汽车、时尚、旅游、生活社区等媒体；在手机端选择受众使用频繁的新闻综合、生活工具、休闲娱乐、在线视频等 App 进行活动信息投放。通过高质量的网站媒体，有效触达目标受众。

(5)投放广告。通过丰富的富媒体创意及 PC 端和手机端优质媒体，向核心人群投放方太天猫双十一的感恩优惠信息，吸引用户点击参与广告活动(图 2-9、图 2-10)。

图 2-9　PC 端富媒体广告

图 2-10　手机端 banner

3. 投放效果

投放周期为 2015 年 11 月 7—12 日，PC 端曝光量 14 506 273 次，点击量 287 966 次，点击率达 2.0%，大幅度超过行业均值；移动端点击率为 104 047 次，点击完成率高达 118.91%，广告实现超额投放并收获受众的高效关注。

广告投放期间，方太天猫旗舰店双十一当日销售额达到 1.48 亿元，同比增长 70%。据权威交易指数排行显示，方太天猫旗舰店在大家电行业销售额排名第八，厨电行业第一。不仅在销售额上创出新高，方太在网购综合评价、流量转化率等方面也远超行业平均水平。

（资料来源：FOTILE 方太天猫双十一引流互联网推广案例，https：// a. iresearch. cn/ case/5683. shtml）

讨论：通过阅读案例资料，请分析富媒体广告具有哪些优势？

三、思政课堂

解读《2021 中国互联网广告数据报告》

2022 年 1 月 13 日下午，《2021 中国互联网广告数据报告》（以下简称"报告"）发布会在华扬联众 1 号会议厅和腾讯会议、哔哩哔哩直播间同步举行。2021 年是我国互联网广告市场稳中向好、踵事增华之年，在国家政策有效引导与防疫抗疫举措得力的支撑下，克服诸多不确定因素，实现了全社会各行业的稳步复苏。互联网行业受益于内生需求的增长，实现了广告收入 5 435 亿元人民币（不含港澳台地区），同比增长 9.32%，增幅较上年减缓了 4.53 个百分点；互联网营销市场规模约为 6 173 亿元人民币，较上年增长 12.36%，广告与营销市场规模合计约为 11 608 亿元，较上年增长 11.01%。

纵观 2022 年我国互联网广告市场走势，与会专家、业界同人一致认为，随着供给侧结构性改革不断深化，为广告产业持续发展奠定了坚实的基础。"十四五"开局之年，加快建设现代化经济体系和高标准市场体系，优化营商环境，监管机制不断创新，尤其是文化事业建设费减免征收，将进一步增强广告产业发展活力。数字技术创新迭代与数字经济蓬勃发展，将驱动广告产业全面实施数字化转型，促进广告产业跨越式发展。

2022 年，国家出台《"十四五"广告产业发展规划》等一系列促进新时代广告业高质量发展的指导意见。这一系列顶层设计的出台将为行业发展带来更多的政策红利，为广告业市场主体特别是微小企业健康发展营造良好政策环境。可以预见的是，接下来广告市场环境将得到进一步净化，充分发挥互联网营销的创新优势，共同维护良好的市场生态系统，营造公平竞争的市场环境，在众多不确定因素中稳步前行，踏踏实实地服务实体经济发展。

（资料来源：《2021 中国互联网广告数据报告》正式发布，https：// baijiahao. baidu. com/s？ id=1721924049811754985&wfr=spider&for=pc）

四、知识扩展

电子邮件营销（EDM）的诞生

最早从互联网赚钱的不是某个著名公司，而是两位律师，即 Laurence Canter 和 Martha Siegel。1994 年 4 月 12 日，美国亚利桑那州的两位律师 Laurence Canter 和 Martha Siegel 把一封"绿卡抽奖"的广告信发到 6 000 多个新闻组（Newsgroup）。这在当时引起了轩然大波，他们的"邮件炸弹"让许多服务商的服务处于瘫痪状态。这次群发虽然引来了不小的争议，但他们只付出 20 美元上网通信费用的成本，便吸引了 25 000 个客户，赚了 10 万美元。有趣的是，这两位律师在 1996 年还合作写了一本书——《网络赚钱术》(How to Make a Fortune on the Internet Superhighway)，书中介绍了他们这一次的辉煌经历。他们认为电子邮件营销是前所未有，几乎无须任何成本的营销方式。当然，垃圾邮件也从此开始存在。

更有趣的是，1997 年 7 月，Laurence Canter 被吊销律师执照一年，其中部分原因为发送垃圾邮件。直到现在，网络上还有很多垃圾邮件，虽然发送者还在夸大垃圾邮件的作用，但在当今的互联网，无论发送多少垃圾邮件，也无法产生任何神奇效果。在当今的互联网有很多的营销方式，只有许可式的电子邮件营销才真正称为电子邮件营销，才能让电子邮件营销健康发展。

[资料来源：电子邮件营销(EDM)的起源，http://www.iqinshuo.com/2143.html]

任务二　搜索引擎广告

一、知识认知

知识点一　搜索引擎

搜索引擎是根据用户需求与一定算法，运用特定策略从互联网检索出相应信息，传递给用户的一种检索技术。根据搜索方式的不同，搜索引擎大致可分为全文搜索引擎、元搜索引擎、垂直搜索引擎和目录搜索引擎四种。

(1)全文搜索引擎：一般网络用户适用全文搜索引擎。这种搜索方式方便、简捷，并容易获得所有相关信息。但搜索到的信息过于庞杂，因此，用户需要逐一浏览并甄别出所需信息。在用户没有明确检索意图情况下，这种搜索方式非常有效。

(2)元搜索引擎：适用广泛、准确地收集信息。这种搜索方式有利于对基本搜索方式进行全局控制，引导全文搜索引擎的持续改善。

(3)垂直搜索引擎：适用有明确搜索意图情况下的检索。这种搜索方式直接选用行业内专用搜索引擎，以准确、迅速获得相关信息。

(4)目录搜索引擎：是网站内部常用的检索方式。目录搜索引擎要求对网站内信息整合处理并分目录呈现给用户，但其缺点在于用户需预先了解本网站的内容，并熟悉其主要模块构成。所以，目录搜索引擎的适用范围非常有限，且需要较高的人工成本来支持及维护。

知识点二　搜索引擎广告

搜索引擎广告是指广告主根据自己的产品或服务的内容、特点等，确定相关的关键词，撰写广告内容并自主定价投放的广告。

搜索引擎广告包括关键词广告、竞价排名广告、品牌专区广告、信息流广告等形式。

由于此类广告具有受众广泛、针对性强、可跟踪广告效果等特点，因而得以快速发展。

1. 关键词广告

当用户搜索到广告主投放的关键词时，相应的广告就会展示，如图 2-11 所示。当同一关键词有多个用户购买时，根据竞价排名原则，单次点击出价最高的广告排列在第一位，其他位置按照广告主出价不同，从高到低依次排列，并在用户点击后按照广告主对该关键词的出价收费，无点击不收费。

图 2-11　关键词广告

2. 品牌专区广告

品牌专区广告主要适用大品牌客户，既可以进行品牌传播，又可以直接发展电子商务业务。百度品牌专区位于百度搜索结果首位及超大黄金首屏展示位置及文字、图片、视频等多种广告形式全方位推广展示企业品牌信息，打造品牌形象，提升企业品牌推广效能，使客户形成品牌认知，如图 2-12 所示。

图 2-12　品牌专区广告

搜索引擎的媒体化发展，以及在为大品牌广告主服务的过程中，形成了特有的广告展示方式，即"品牌专区"模式。按照大品牌广告主的要求，将近期要发布的详细信息展示在左侧结果列表首位，并在右侧赞助商链接的位置展示与其一致的品牌图形广告，如图 2-13 所示。这一模式对大品牌广告主而言，一方面能够满足其付费搜索广告的精准信息传播需求；另一方面能够满足其通过图形广告树立品牌形象的需求。

图 2-13　品牌专区广告

品牌专区广告形式的出现，为大品牌广告主提供了三个方面的帮助：一是从对品牌树立帮助来看，允许大品牌广告主自由决定搜索结果的板块内容，即允许大品牌广告主将自己的网站内容浓缩在一个搜索结果中；二是从对销售促进的帮助来看，能够实时更新产品信息，将最新的促销信息实时呈现；三是这类广告形式还为大品牌广告主提供了良好的公关平台。新广告形式的出现为搜索引擎营销的投放策略提供了良好的铺垫。

3. 信息流广告

信息流广告又称原生广告，是依据社交群体属性，对用户喜好和特点进行智能推广的广告形式。它能巧妙地与内容结合在一起，不会出现"广告""营销推广"这样的字眼，是一种让用户易于接受的广告形式。同时，信息流广告也是广告主通过平台将信息主动推送到用户面前的一种形式。

以百度为例，信息流广告可以出现在百度App、百度贴吧及手机网页版百度首页之中（图 2-14）。根据客户主动搜索的关键词，在用户浏览资讯时，定向展现营销内容。推广信息自然融入在各类资讯、信息中，易传播，易操作。信息流广告具有三大优势：一是精准触达用户，根据用户主动搜索的关键词，精准推荐相关信息；二是广告即内容，在百度系资讯流

图 2-14　百度 App 信息流广告

中穿插的原生广告，用户潜移默化接受信息；三是承载亿级流量，拥有海量优质内容和媒体资源，网罗全网用户。

（1）百度 App，广告将会展现在百度 App 信息流资讯中。

（2）百度贴吧（图 2-15），广告将会展现在贴吧推荐信息流和帖子信息流中。

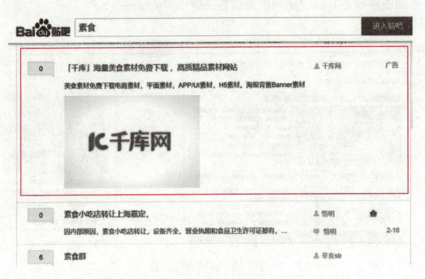

图 2-15　百度贴吧信息流广告

（3）手机网页版百度首页（图 2-16），广告将会展现在移动端百度首页。

图 2-16　手机网页版百度首页信息流广告

二、知识训练

携程——春运抢票搜索助力

作为国内领先的在线旅游旅行服务公司，携程网向超过 1 400 万会员提供酒店、机票、度假、商旅等全方位旅行服务。随着旅行社、酒店、航空公司网上直销业务的发展，以及创新型网站的崛起，使行业的竞争环境越发激烈，同时，行业的同质化现象也越发严重，携程希望挖掘更多的服务亮点与其他竞争对手形成明显的差异化。因此，在春运大战中，携程用更低的价格抢占市场份额，让更多的用户选择携程。

利用搜狗大数据分析，携程本次活动运用"引"（针对网民输入行为）、"曝"（针对网民搜索行为）、"点"（针对网民使用行为）三大传播工具，且这三大传播工具均在市场上占有领导地位，能够真正实现网民在网络场景下的全覆盖。

引：问答营销解决网民春运疑问，发布超级 IP 阿狸输入法皮肤，以智能语音交互发布活动，结合社交交互需求，引发网民关注。

曝：基于网民搜索行为，调用热点推荐、全屏整包等核心资源，使"让团圆更快发生"活动强曝光，营造幸福回家氛围。

点：搜狗地图以网民在路上的场景，提醒关注"春节出行"，点燃网民的春节回家出行热情。

创意实施过程：覆盖全产品线，从输入、浏览、搜索影响消费行为。搜狗为携程量身定制了一套完整传播方案，从搜索开放平台、输入法皮肤、搜狗地图三类工具体系中挑出拳头产品。

（1）搜索——问答营销解决网民关注困惑：针对春运期间的热门问题进行问答营销，加强品牌与网民的互动，营造春运回家的氛围。

（2）输入法皮肤——社交交互促发需求：开屏提醒，回家提醒，实时抢票。专属输入法皮肤——搭车超级 IP 阿狸，发布阿狸春运抢票皮肤，社交交互促发需求，并一键直达携程抢票页面（图 2-17）。

图 2-17　输入法皮肤

（3）语音输入彩蛋——通过语音输入春运关键词，帮助网民推送携程抢票信息：人工智能触发互动，发布活动，引起网民关注（图 2-18）。

（4）搜狗地图：点亮春节回家路开机大图为引爆点，时刻提醒用户使用携程春运抢票（图 2-19）。

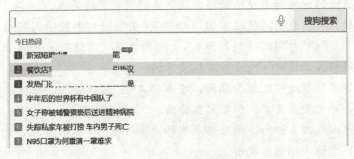

图 2-18　搜狗搜索-热点推荐

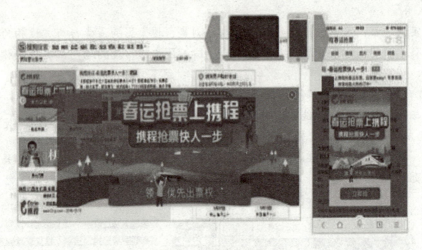

图 2-19　多终端搜索结果

（资料来源：回家——让幸福更进一步 https://a.iresearch.cn/case/6356.shtml）

讨论：通过上述案例资料，请列举搜索引擎广告的类型，并阐述搜索引擎广告的作用。

三、思政课堂

加快推动媒体融合发展　构建全媒体传播格局

　　伴随着信息社会不断发展，新兴媒体影响越来越大。新闻客户端和各类社交媒体成为很多干部、群众特别是年轻人的第一信息源，而且每个人都可能成为信息源。有人说，以前是"人找信息"，现在是"信息找人"。所以，推动媒体融合发展、建设全媒体就成为我们面临的一项紧迫课题。

　　我们推动媒体融合发展，是要做大做强主流舆论，巩固全党全国人民团结奋斗的共同思想基础，为实现"两个一百年"奋斗目标、实现中华民族伟大复兴的中国梦提供强大精神力量和舆论支持。

1. 深刻认识全媒体时代的挑战和机遇

全媒体不断发展，出现了全程媒体、全息媒体、全员媒体、全效媒体，信息无处不在、无所不及、无人不用，导致舆论生态、媒体格局、传播方式发生深刻变化，新闻舆论工作面临新的挑战。

宣传思想工作要把握大势，做到因势而谋、应势而动、顺势而为。我们要加快推动媒体融合发展，使主流媒体具有强大传播力、引导力、影响力、公信力，形成网上网下同心圆，使全体人民在理想信念、价值理念、道德观念上紧紧团结在一起，让正能量更强劲、主旋律更高昂。

2. 全面把握媒体融合发展的趋势和规律

党的十八大以来，我们坚持导向为魂、移动为先、内容为王、创新为要，在体制机制、政策措施、流程管理、人才技术等方面加快融合步伐，建立融合传播矩阵，打造融合产品，取得了积极成效。我们要立足形势发展，坚定不移推动媒体深度融合。

要坚持一体化发展方向，加快从相加阶段迈向相融阶段，通过流程优化、平台再造，实现各种媒介资源、生产要素有效整合，实现信息内容、技术应用、平台终端、管理手段共融互通，催化融合质变，放大一体效能，打造一批具有强大影响力、竞争力的新型主流媒体。

推动媒体融合发展，要统筹处理好传统媒体和新兴媒体、中央媒体和地方媒体、主流媒体和商业平台、大众化媒体和专业性媒体的关系，不能搞"一刀切""一个样"，要形成资源集约、结构合理、差异发展、协同高效的全媒体传播体系。

3. 推动媒体融合向纵深发展

信息化为我们带来了难得的机遇。我们要运用信息革命成果，加快构建融为一体、合二为一的全媒体传播格局。

媒体融合发展不仅是新闻单位的事情，要把我们掌握的社会思想文化公共资源、社会治理大数据、政策制定权的制度优势转化为巩固壮大主流思想舆论的综合优势；要抓紧做好顶层设计，打造新型传播平台，建成新型主流媒体，扩大主流价值影响力版图，让党的声音传得更开、传得更广、传得更深入。

（资料来源：习近平总书记：加快推动媒体融合发展　构建全媒体传播格局，《求是》杂志第 6 期，2019 年 3 月 16 日）

四、知识扩展

人工智能正悄悄改变着营销推广活动

人工智能的发展一次又一次地给各行各业带去了新的变化，如寻找目标用户、广告创意、广告投放、效果监测等。人工智能已经改变了人们在媒体购买与策划中能够实现的成果、实现的方式及衡量成功的指标。

在广告领域，人们可以通过各种方式使用人工智能来提高广告效果，寻找并确定受众、完善的创意消息传递，形成受众特征，并制定可以优化客户既定目标的竞价策略。例如，通过智能语音识别，可以实现语音交互式广告，来增添广告的交互性和兴趣。通过智能文案系统，可以快速撰写广告标语，进行广告投放，提高广告创意的效率。在广告评估中，可以通过各个指标获取信息，帮助实现目标，并通过人工智能和机器学习不断优化，以达到更好的效果，从而实现更有效的营销，这要求广告主改变他们的思维方式，改进和扩展他们的营销理念，并结合人工智能的运作方式来开展新的活动。所有广告主都希望在合适的时间向合适的人群传递合适的信息，并且使用合理的价格。

广告主投放广告传递信息、收集结果，然后优化各项营销指标，例如，播放完成率、曝光量、点击率(CTR)和有效展示费用(ECPM)等。人工智能算法在正确的指示下，可以分析更多的因素，帮助优化营销计划以实现更高的销售指标。

以前大家会根据人工特征、用户行为、地区等因素来细分受众，但是如果想更精准地找到客户，需要考虑更多的因素，运用人工智能不带偏见或假设地去识别和定位潜在客户的数字媒体策略，则会成功地找到客户，而不仅仅是细分受众。人工智能还能够进行更多的测试来确定正确的营销策略，如人工智能使量大、廉价的点击可以比通常意义上精准昂贵的点击带来更好的业务效率。

目前，大多数广告主并没有充分运用人工智能的全部能力，仅仅是用来完成简单的目标，但人工智能还有更广阔的前景等待人们去发掘和开拓。当人工智能技术能够在提高工作效率的同时保持准确度和质量，就将被大量地运用到各个环节，理想中的场景在技术提升之后都将成为现实(图 2-20)。

图 2-20　人工智能技术应用

（资料来源：人工智能的发展，对营销推广有哪些影响？https://www.sohu.com/a/318902440_100169009）

任务三　微信平台广告

一、知识认知

知识点一　微信平台

微信是腾讯公司于 2011 年 1 月 21 日推出的一个为智能终端提供即时通信服务的免费

应用程序。目前包括苹果、安卓、Windows、MAC 等知名操作系统平台都有相应的微信软件。作为腾讯继 QQ 后的第二款通信软件，初期是用以移动端的通信，后扩展到 Windows 和 MAC 平台。微信作为一款界面简洁、操作简单的通信软件，经过多年的发展已经成为人们不可缺少的应用程序。微信平台广告是基于微信生态体系，整合朋友圈、公众号、小程序等多重资源，结合用户社交、阅读和生活场景，利用专业数据算法打造的社交营销推广平台。

知识点二　微信平台广告

微信广告是基于微信平台开发的广告位，根据广告所处位置的不同，可将微信广告分为朋友圈广告、公众号广告、小程序广告等，这些广告出现在微信的不同场景中。

1. 朋友圈广告

朋友圈广告会出现在用户的朋友圈信息流中（图 2-21），以类似朋友的原创内容形式出现。整合亿级优质用户流量，除文字、图片外，在详情中还可以添加外部链接，点赞与评论跟正常的朋友圈无异，互动的内容同样是好友可见，通过点击链接可以直接进入广告的落地页面（图 2-22）。微信为广告主提供了一个国内独一无二的互联网社交推广营销平台。

图 2-21　微信朋友圈广告　　　　　图 2-22　朋友圈广告落地页

如何快速分辨广告与原创朋友圈？首先，名称和头像来源于广告主的微信公众号，那些没有关注的账号所发的内容必然是广告。其次，在右上角会有"广告"字样，类似的方式在微博上也有体现。用户可以点击"广告"字样选择评价或关闭这条广告信息（图 2-23）。另外，朋友圈广告可以细分为以下五大类：

（1）品牌活动推广：向微信用户传递品牌活动信息，打造品牌形象，帮助广告主实现海量品牌曝光，并配合智能定向，让更多用户参与品牌活动，实现品效合一，如图 2-24 所示。

图 2-23   朋友圈广告关闭设置   图 2-24   推广品牌活动

（2）商品推广：推广商品，点击链接实现在线购买，如图 2-25、图 2-26 所示。

图 2-25   推广我的商品   图 2-26   商品购买

（3）派发优惠券：领取广告页面的优惠券（图 2-27），将优惠信息快速触达至目标用户，引导用户线下到店消费，并可以利用卡券核销数据进一步进行用户分析。

（4）公众号推广：通过图文或视频内容推送，借助跳转和链接功能进行微信公众号的推广，扩大公众号的知名度，以便吸引更多关注和粉丝，并且广告成本可控，如图 2-28 所示。

（5）收集销售线索：推广业务，同时高效收集意向客户销售线索（图 2-29、图 2-30），主要适用教育、婚纱、汽车 4S 店等行业。

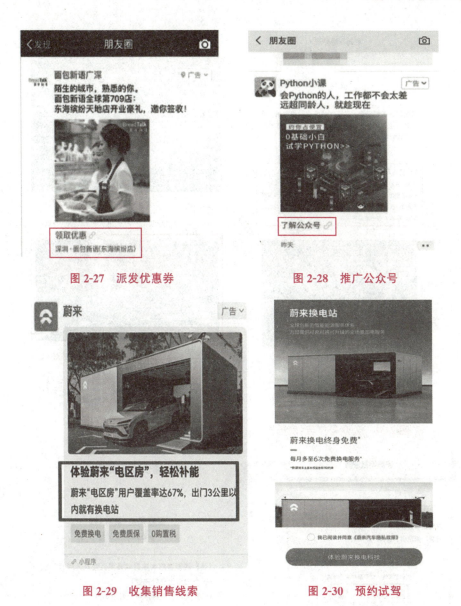

图 2-27　派发优惠券　　　　　　图 2-28　推广公众号

图 2-29　收集销售线索　　　　　　图 2-30　预约试驾

2. 公众号广告

微信公众号平台在 2012 年 8 月 17 日正式上线。公众号广告是基于微信公众平台的生态体系，是以类似公众号文章内容的形式进行展示的广告，如图 2-31 所示。其通常出现在文章底部(图 2-32)、文章中部、互选广告和视频贴片四个广告资源位。提供公众号关注、移动应用下载、卡券分发、品牌活动广告等多种官方推广形式(图 2-33、图 2-34)，支持多维度组合定向投放，实现高效率转化。

3. 小程序广告

微信除朋友圈和公众号中有广告内容外，小程序中也会出现广告。小程序中的广告一般会有两种方式：一种是 Banner 广告(图 2-35)，类似网站页面的横幅广告方式；另一种是视频式广告(图 2-36)，支持横屏视频和竖屏视频两种方式。

✕　　　　驴妈妈旅游网 ›　　　 •••

❄安吉❄

包邮区的滑雪酒店，今天主推安吉，说实话，要不是写今天这篇，小驴都不知道，原来安吉有那么多滑雪场。

1）安吉云也·氧宿1晚 ¥688起
【☆2021新开业，口碑超赞☆】观景房1间（含早）+安吉云上草原星空滑雪场畅滑票/安吉江南天池滑雪场畅滑票/安吉观音堂滑雪场畅滑票/安吉江南天池高山汤泉城（4选1，自选套餐）

图源｜酒店官方提供

🍃关于酒店
说是酒店，其实是民宿，因为是新开业的📷，所以硬件设施很ok🉑。房间都自带地暖。

图 2-31　公众号广告(底部)

✕　　　　云堆 ›　　　 •••

唯愿2021——
大家有酒有肉，
还有诗和远方！

阅读 933

↗分享　🛍收藏　👍赞16　◎在看8

极氪001 感应式无框自动门　　○ 立即预约
最多已有 4359 人预约

精选留言　　　　　　　　写留言

图 2-32　活动广告

✕　　　　驴妈妈旅游网 ›　　　 ••

本周旅荐目的地：
安吉、长白山、吉林、北京

✿新媒体粉丝可领40元酒客产品优惠券✿

（部分不可用，以产品详情页为准）

注：所有的价格，以商品详情页为准，原因是微信发出有只能修改1次且只能修改20个字，如果酒店根据入住情况，有价格变动，我们无法更新在推文内。但小编在发文当天，都是对价格进行过确认的，所以，如果因为价格调整导致咱们的优惠券无法使用的，不作为投诉理由喔；另外，本文中提到的优惠券有效期至2022年4月10日。另，全国各地受疫情影响，出行前请务必关注并遵守各地防疫要求和政策。

图 2-33　活动广告

✕　　　　驴妈妈旅游网 ›　　　 •••

安吉云也·氧宿1晚
💰688元起/份

【住】观景浴缸大床房或观景云海双床房1间1晚（房型由所选套餐决定）
【食】入住次日酒店双人营养早餐
【娱】安吉云上草原星空滑雪场畅滑票/安吉江南天池滑雪场畅滑票/安吉观音堂滑雪场畅滑票/安吉江南天池高山汤泉城（4选1，自选套餐）

✿了解详情/预订快戳我✿

👆点我订购👆

地址：浙江安吉天荒坪镇大溪村書家坞自然村43号

图 2-34　卡券分发

图 2-35　小程序广告(一)

图 2-36　小程序广告(二)

二、知识训练

惠而浦——"健康家"，父爱体验之旅

美国百年家电品牌惠而浦，将"健康家"的品牌主张融入产品的营销细节，借助朋友圈广告，携品牌代言人魏大勋和魏爸打破次元壁，邀请百万用户参与广告落地页互动游戏，在线升级虚拟老爸的各项技能，揭开一场温情与笑点并存的父爱体验之旅。

1. 破次元宣传打造品牌势能

2020 年 6 月，惠而浦一则"魏"爱升级健康家主题的朋友圈广告成功刷屏(图 2-37)。品牌形象代言人魏大勋引爆朋友圈 800 W＋品牌曝光。魏大勋和魏爸成功担任推广"C 位"，与广告游戏中的动画人偶爸爸们一齐破次元联袂，掀起新一轮话题营销。

基于以往的"粉丝经济"，惠而浦这则朋友圈营销不仅看重粉丝强大的"购买力"，更是借势粉丝强大的"推广力"，依靠社交关系网和潜移默化的种草行为，带动其周边人群的品牌认知和购买意向。

基于"粉丝经济"的高效变现能力，侧重从明星粉丝人群包、产品的购物人群包及广告的行为、兴趣标签入手，依托腾讯的数据洞察能力，找到有潜在需求的用户群体。通过关键词、Look-alike 等挖掘方式，为品牌定制优选逻辑，找出各种关系人群，扩大品牌广告投放的范畴，扩大传播影响力。

2. 创意营销洞察新生代用户

围绕年中大促和父亲节的热点，这则朋友圈广告文案、营销思路深谙年轻一代的"时髦用语"及"内心 OS"，牢牢把握 90 后，尤其 Z 时代(泛指 1995 年以后出生的人群)的兴趣关注方向和消费习惯，让惠而浦这个拥有109年历史的老牌家电与年轻人打成一片！

3. 小游戏互动加深品牌记忆点

点击落地页，快速加载 H5 动画游戏（图 2-38），用户勾选爸爸的"出场模式"设置，定制个性化"爸爸"功能卡，这则标签卡片式广告自带"谐音梗"，向屏幕外的浏览者灵魂发问，你家那位是"爸气总裁""厨房杀手""洗衣黑洞"的哪一款呢？你可以选择"一起炫父"分享卡片至朋友圈或好友，也可以选择升级老爸。用户凭借游戏互动了解惠而浦不同产品的功能特性，分享互动评论又能给惠而浦带来大量额外的免费曝光，提高品牌话题热度。

图 2-37　微信朋友圈广告　　　　　　图 2-38　H5 动画游戏

（资料来源：小游戏搅动 800 W＋用户在线"炫父"惠而浦朋友圈创意营销大有看点！https：//www.sohu.com/a/405287492_100285792）

讨论：通过上述案例资料，请列举微信广告的类型，并分析此次营销活动成功的原因。

三、思政课堂

推进文化产业创新发展

"十四五"时期发展，要高度重视发展文化产业。发展文化产业是满足人民多样化、高品位文化需求的重要基础，也是激发文化创造活力、推进文化强国建设的必然要求。

坚持以创新驱动文化产业发展，落实文化产业数字化战略，促进文化产业"上云用数赋智"，推进线上线下融合，推动文化产业全面转型升级，提高质量效益和核心竞争力。加快发展新型文化业态顺应数字产业化和产业数字化发展趋势，深度应用 5G、大数据、云计算、人工智能、超高清、物联网、虚拟现实、增强现实等技术，推动数字文化产业高质量发展，培育壮大线上演播、数字创意、数字艺术、数字娱乐、沉浸式体验等新型文化业态。充分运用数字文化产业形态推动中华优秀传统文化创造性转化、创新性发展，继承革命文化，发展社会主义先进文化，打造更多具有影响力的数字文化品牌。促进数字文化与社交电商、网络直播、短视频等在线新经济结合，支持基于知识传播、经验分享的创新平台发展。促进数字文化产业赋能实体经济。

[资料来源：文化和旅游部：《"十四五"文化产业发展规划》(附全文)，https://new.qq.com/rain/a/20210608a04gkq00]

四、知识扩展

互联网发展能有效推动智能营销

互联网发展推动新媒体时代的到来，媒介渠道不断增多，信息无限放大，使注意力资源成为一种更具价值的资源。由此，获取受众的注意力成为品牌主营销重点，智能营销、精准投放能更有效地获取受众的注意力，能创造出多场景情境，帮助企业在与用户持续互动中建立品牌忠诚，提升广告的转化率。因此，互联网发展能有效推动智能营销，给广告业带来发展新机遇。

新技术的发展能促进广告行业的业态升级。网络技术、通信技术、多媒体技术等各种新兴技术的发展与应用，不仅在广告媒体领域催生出一系列新兴媒体，具有区别于传统媒体的精准、高效、互动等特征，能极大地提高广告信息的传输能力，丰富广告的表现形式，成为未来广告业的重要增长点，而且这些新兴技术的运用还将有利于电视媒体、平面媒体、户外媒体、互联网等媒体间的融合，创造新的媒体使用方式，挖掘出更多的广告价值，促进广告行业的业态升级。

(资料来源：2018—2022年中国广告行业预测影响分析，https://www.sohu.com/a/252934224_255580)

任务四　短视频广告

一、知识认知

知识点一　短视频

随着互联网的普及和成熟，传统的"文字＋图片"形式已无法满足当下用户的需求。信息碎片化时代，短视频成为信息的最佳载体。又因其具有社交属性强、创作门槛低、观看时长短等特征，更加符合移动互联网时代的碎片化内容消费，因而成为各类媒体竞争的重要市场和资源。快手、秒拍、抖音、火山等短视频平台纷纷涌现，改变着人们的生活方式和生活状态。

短视频的时间很短，一般从几秒到几分钟不等，通常最长不超过5分钟。短视频内容丰富、可视性强、生动形象，短小有趣，比文字和图片具有更好的用户体验。相较于长视频，短视频在互动性和社交属性上更强，成为消费者表达自我的一种社交方式。与直播视频相比，短视频在传播上更强，在全网内容分发和消费方面具有明显优势。

知识点二　短视频广告

抖音是国内广受欢迎的原创短视频分享平台，吸引了众多广告主在其中推广自己的产品。下面以抖音平台为例，介绍主要的广告类型。

1. 信息流广告

抖音信息流广告是在"推荐"页面"刷"出来的广告，是一种与其他短视频掺杂在一起的原生广告(图2-39)。在用户下滑观看视频时，会不定期地穿叉进来。这些视频大多制作精良且富有创意，并不会对用户的使用体验造成过多干扰。

2. 开屏广告

开机第一入口是用户打开抖音 App 时直接展现的广告(图2-40)，视觉冲击性强，无干扰，一般开屏广告可分为3秒静图、4秒动图、5秒视频三种形式，支持纯展示及落地页跳转，支持设置直达链接，支持跳转抖音 App 内部页面。作为广告入口的第一道关口，开屏广告可以强势锁定新生代消费主力。

图 2-39　信息流广告

图 2-40　开屏广告

3. 贴纸广告

用户在拍摄时，可在道具面板下载使用品牌定制抖音贴纸。通过品牌与用户互动实现裂变传播。用户主动使用，接受程度高，分享传播率高，适合大品牌强强合作。这种形式的优势是用户体验非常好，容易提升品牌形象。

4. 定制挑战赛

抖音挑战赛作为抖音独家开发的商业化产品，结合了抖音开屏、红人、热搜、信息流、站内私信、定制化贴纸等几乎所有的商业化流量入口资源，可以最大程度地满足品牌的营销诉求，成为诸多品牌选择与抖音共建内容的功能之一。例如，抖音联合携程在十一黄金周合力共建的旅行 IP 活动"携程 FUN 肆之旅"抖音挑战赛(图2-41)。通过"携程 FUN 肆之旅"品牌主页聚合沉淀互动成果，打造共创原生美好生活方式。挑战赛邀请优质视频创作网红，分别在重庆、三亚、香港、武汉等地进行抖音网红城市打卡。活动累计获得播放量 34 亿次，参与人数超过 40 万人的传播效果。

5. 达人合作

抖音达人合作是指由抖音达人为广告主制作并发布商业推广视频的广告服务。达人根据客户拍摄要求提供文字版视频创意脚本，然后进行视频拍摄，最后达人按照客户指定时间在自己抖音账号下发出(图 2-42)。

图 2-41　抖音挑战赛　　　　**图 2-42　达人合作广告**

二、知识训练

抖音带火的品牌

1. 海底捞

说到抖音美食界的大佬，非海底捞莫属。2017 年，抖音上流行起海底捞鸡蛋虾滑油面筋的吃法，让不少"吃货"为之流口水。而后陆续出现的番茄牛肉饭、最好吃的蘸料等海底捞网红吃法，刷爆了抖音，更有网民吃海底捞就是为了体验抖音吃法(图 2-43)。

抖音让海底捞又火了一把，2017 年，其客流量超过了 1.03 亿人次，而海底捞也根据抖音网红吃法，打造出了新菜单，让不少吃货惊喜不已。

2. COCO 奶茶

当你去买 COCO 奶茶(图 2-44)时，是否也会习惯性上网搜一搜隐藏配方？在抖音短视频中，一个介绍 COCO 奶茶隐藏配方的短视频获得了 20 多万点赞量，不少网民前往 COCO 门店下单同款。由此，COCO 奶茶销量有所上升。

在抖音的助力下，COCO 也迅速作出回应，将网红款奶茶作为一个单独的 SKU，设置在外卖点单的目录上，当顾客前来线下门店购买时，也会询问是否需要抖音同款。COCO的积极回应，无疑是看到了抖音带来的巨大流量和红利。

图 2-43　海底捞火锅

图 2-44　COCO 奶茶

3. 海尔兄弟

2018 年儿童节，当其他企业将目光放在儿童身上时，海尔集团却不走寻常路，通过抖音小助手发布#我们嫩着呢！挑战赛，迎合了成年人也有装嫩的小心思，又巧妙地融入了海尔兄弟的背景音乐，吸引了 208.9 万人参加。

为了赢得更多的年轻用户，海尔集团早已在抖音深耕，从"一只穿云箭，千军万马来相见"，广大海尔人在抖音上集体发声引发各路人士围观，到"毛茸茸的春天，快来抖一抖"的抖音大赛(图 2-45)，各路抖友积极参与，海尔将借势营销玩得溜到飞起。

图 2-45　海尔抖音挑战赛茶

无论是哪种营销方式，最终的目的都是获取更多的用户，收获更多的收入。从本质上说，品牌在抖音平台上的造势，都是内容和传播方式的创新。将产品植入短视频中从而获得更高的曝光量，新颖的视频拍摄方法和洗脑的音乐让年轻人欲罢不能，而这无疑是品牌借势营销的制胜法宝。

与此同时，从以上案例不难看出，即便是依靠抖音这样的流量大咖平台，最终吸引用户注意的还是与之关系密切的生活话题。抛弃高端大气的广告，从身边小事入手，往往更能走进消费者的心理。

(资料来源：借势营销的成功案例　抖音老司机带火了这些品牌，https://baijiahao.baidu.com/s? id=16141990192580061314&wfr=spider&for=pc)

讨论：通过上述案例资料，谈谈你对抖音平台广告的认识与想法。

三、思政课堂

网络强国战略思想

当前，网络空间已成为国民经济和社会生活的重要场所，网络技术已成为考察和衡量国家核心技术的重要指标，网络安全已成为国家安全的重要构成。

要发展数字经济，加快推动数字产业化，依靠信息技术创新驱动，不断催生新产业、新业态、新模式，用新动能推动新发展。要推动产业数字化，利用互联网新技术新应用对传统产业进行全方位、全角度、全链条的改造，提高全要素生产率，释放数字对经济发展的放大、叠加、倍增作用。

要推动互联网、大数据、人工智能和实体经济深度融合，加快制造业、农业、服务业数字化、网络化、智能化；要坚定不移支持网信企业做大做强，加强规范引导，促进其健康有序发展；企业发展要坚持经济效益和社会效益相统一，更好承担起社会责任和道德责任；要运用信息化手段推进政务公开、党务公开，加快推进电子政务，构建全流程一体化在线服务平台，更好解决企业和群众反映强烈的办事难、办事慢、办事繁的问题。网信事业发展必须贯彻以人民为中心的发展思想，把增进人民福祉作为信息化发展的出发点和落脚点，让人民群众在信息化发展中有更多获得感、幸福感、安全感。

（资料来源：习近平系统阐述网络强国战略思想，http：// politics. people. com. cn/n1/ 2018/0423/c1024-29942146. html）

四、知识扩展

内容营销＋社交电商模式将进一步取代传统电商

从"社交裂变"的拼多多到"兴趣电商"的抖音，社交购物已经成为消费者的常态购物习惯。刷到自己感兴趣的内容，点击相关推荐商品直接下单，消费者在 10 秒内即可完成购买，方便快捷。而对于品牌来说，通过社交媒体直接进行销售，不仅可以减少客户购物流程，优化体验，增加购物转化率，更能直接留存客户，进行品牌忠诚度的培养。

在社交电商模式中，让消费者不假思索下单的首要影响因素就是内容。合适的社交化内容既可以获得消费者的信任，也可以实现种草。据调查显示，超 47％的消费者在购买/联系商家前都会查看相关品牌 3～5 段内容；大多数消费者希望企业通过简单有趣的社交媒体内容或话题来收获他们的关注，因为这样的品牌更具有人性化，更容易拉近距离。

（资料来源：2022 年品牌数字营销的 5 大核心趋势，https：// www. adquan. com/post- 7-310071. html）

项目小结

一、核心概念

门户网站广告	搜索引擎广告
微信平台广告	短视频广告

课后答案

二、思考与讨论

1. 简述门户网站广告的常见类型。
2. 简述搜索引擎广告的常见类型。
3. 推荐一则你所喜爱的网络广告，说明推荐理由。

三、案例分析题

网易云音乐与农夫山泉跨界营销

网易云音乐是中国领先的线上音乐社交平台，拥有 3 亿用户及 4 亿条用户音乐评论；农夫山泉是中国领先的快消品牌，深入广泛的线下渠道及 5 亿瓶合作款让这个合作充满想象力，利用双方平台实现共赢。通过农夫山泉足够下沉的渠道，让网易云音乐不断拓展用户接触面，中国三、四线城市用户都可以方便快捷地体验音乐服务；农夫山泉通过网易云音乐触及更多的音乐深度用户，不断提升品牌知名度及垂直领域用户的好感度。

通过平台性合作打通线上线下用户体验。精选出 30 条打动人心的评论，印制在 4 亿瓶农夫山泉天然饮用水瓶身，让每瓶水都自带音乐和故事，赋予农夫山泉不一样的饮水心情（图 2-46）。这是一个全新的跨界尝试，通过 AR 技术打造全新瓶身，通过品牌视频广告定调、快乐男声现场互动预热、纪念水壶事件、线下校园乐评车装置、超市互动点唱机，实现全方位整合营销。营销效果及视频网站播放量：全平台播放量超过 700 万次；事件曝光：事件媒体转发量超过 1 500 家媒体，曝光量突破 200 万；线下覆盖：5 亿瓶，超过 70 个城市覆盖。

图 2-46　农夫乐瓶广告

请结合案例内容，讨论并分析此次整合营销活动中分别采用了哪些营销手段？

项目三

网络广告调查

通过对本项目的学习，了解广告环境的概念和作用，学生系统掌握网络广告调查的基本操作、程序和方法；培养学生运用这些概念分析问题、解决问题，特别是在实际进入岗位以后，能够胜任一般性的网络广告调查工作。

知识目标

1. 能够了解网络广告调查的概念和作用。
2. 掌握网络广告调查的内容。
3. 了解网络广告抽样调查。
4. 掌握调查问卷的设计。

能力目标

1. 能够深刻认识网络广告调查的必要性。
2. 能够设计一份网络广告调查问卷。
3. 学会运用抽样调查的各种方式抽取样本。

课件：网络广告调查

素质目标

1. 培养学生建立网络广告调查的实践能力。
2. 培养学生掌握网络广告的发展趋势。
3. 培养学生认识广告受众心理活动过程。

任务一 网络广告调查概述

一、知识认知

知识点一 网络广告调查的概念、意义与原则

1. 网络广告调查的概念

对网络调查的研究是随着中国互联网的普及而逐渐发展起来的。总体来看，我国关于

网络调查的研究起步较晚，且多数研究是以统计学理论为基础，认为"网络调查，是以互联网为依托，在统计调查理论指导下进行的一种市场调查方式"，通过比较传统的面访、邮件访问、电话访问等调查方式与网络调查之间的异同，提出对进一步发展网络调查的建议。目前，网络调查采用的方法有电子邮件调查、焦点团体座谈及主动浏览访问等。

如今，随着网络广告的逐渐兴起，网络广告调查将成为网络调查中的重要分支。

网络广告运作中的市场调查又称网络广告调查，是指运用科学的方法有计划、有目的、系统而客观的收集、记录、整理与分析和网络广告活动有关的信息资料的过程。该定义包含以下几层意思：

(1)网络广告调查是一种有目的、有设计的认识网络广告市场的活动。任何一项调查都应该明确调查的主题和目的，而不是盲目进行。

(2)网络广告调查的具体对象是网络广告，重点的调查对象是消费者。

(3)网络广告调查需要借助一套完整的调查手段，在明确调查目的的基础上有意识地选择一种或多种方式相结合的调查方法，其中包括二手资料调查法和询问法、实验法等。

(4)网络广告调查是为了广告企业能够更好地服务消费者，提供给企业决策人作出正确的经营决策而服务的。

2. 网络广告调查的意义

当前，伴随互联网的飞速发展，网络广告如雨后春笋般的速度成为承载和传播文化的重要载体，网络广告的呈现方式也越来越丰富，类型更是层出不穷，所以，网络广告的市场也越来越激烈。"没有调查就没有发言权"，很多企业和广告商都需要事先对网络广告市场进行调查，通过调查来了解网络广告用户的满意度和需求及选择媒体习惯。所以，网络广告调查在现代企业的经营活动中起到以下几点重要的作用：

(1)网络广告调查被视为非常重要的手段。

(2)网络广告调查是企业网上营销和决策的有力保证。

(3)网络广告调查有利于企业抓住新的发展机会。

3. 网络广告调查的原则

(1)坚持实事求是的原则。坚持实事求是是指网络广告调查要尊重事实，反对弄虚作假，要客观全面；只有坚持实事求是的原则，才能真正发挥调查应有的作用。

(2)坚持准确、及时、全面的原则。准确是指各项调查资料必须真实、准确，符合实际，如果调查资料不准确，将直接影响后续预测的科学合理性，最终导致决策的失误。及时是指按调查工作计划的进度要求，及时开展调查、及时汇总统计、及时形成调查结论、及时将调查结果反馈给企业有关部门。现代社会的发展日新月异，网络广告的市场每天都有新的变化。如果调查不能及时有效地完成，调查的结果往往已经过时，这样就失去了市场调查的意义。全面是指调查所搜集的资料内容。

(3)坚持勤俭节约的原则。任何调查是要付出代价并发生各种调查成本费用的。但要尽量节约调查经费，要力争使用最少的费用取得最佳的调查效果。

知识点二　网络广告调查的类型

按照调查的目的和功能划分，网络广告调查可分为探索性调查、描述性调查和因果性调查。

1. 探索性调查

探索性调查是指为了发现问题而进行的一种初步定性调查，是为了使问题更明确而进行的小规模调查活动。这种调查有助于把一个大而模糊的问题表达为小而准确的子问题，并识别出需要进一步调研的信息。总之，探索性调查的目的是初步了解市场基本情况，或是为了证实市场调查方案和工具的可行性，所以，它适用当我们不能肯定问题的性质时而使用的调查方法。

例如，市场人员经常通过探索性调查来产生广告创意、构思等。

（1）焦点小组访谈法。焦点小组也称小组访谈（Focus Group）。一般由一个经过研究训练的调查者主持，采用半结构方式（即预先设定部分访谈问题的方式），与一组被调查者交谈。

小组访谈的主要目的是倾听被调查者对研究问题的看法。被调查者选自研究的总体人群。小组访谈的优点在于研究者常可以从自由讨论中得到意想不到的发现。其目的是了解和理解人们心中的想法及其原因；获取创意；显示顾客对产品或服务的需要、动机、感觉及心态。

调查的关键是使参与者对主题进行充分和详尽的讨论。调查的意义在于了解他们对一种产品、观念、想法或组织的看法，了解所调查的事物与他们生活的契合程度，以及在感情上的融合程度。实施步骤如下：

①准备焦点小组访谈。

a. 环境：一般设置一个焦点小组测试室，主要设备应包括话筒、单向镜、室温控制、摄像机。对调研者来说，焦点小组访谈法是一种了解消费者动机的理想方法（图3-1）。

图3-1　焦点小组访谈室—单面镜

b. 征选参与者：一般是在商业街上随机地拦住一些人或随机选择一些电话号码。征选时应极力避免在小组中出现重复的或"职业"性受访者。一个小组一般包括8名参与者。注意，并不存在理想的参与人数，这应根据小组的类型而定，经历性的小组比分析性的小组所需的受访者要多。另外，经调查发现，人们同意参加焦点小组的动机依次是报酬、对话题感兴趣、有空闲时间、焦点小组有意思、受访者对产品知道得很多、好奇，它提供了一个表达的机会。

②选择主持人：拥有合格的受访者和一个优秀的主持人是焦点小组访谈法成功的关键因素。焦点小组访谈法对主持人的要求：第一，主持人能恰当地组织一个小组；第二，主

持人具有良好的调查技巧，以便有效地与被调查者进行互动。

③编制讨论指南：编制讨论指南一般采用团队协作法。讨论指南要保证按一定顺序逐一讨论所有突出的话题。讨论指南是一份关于小组会中所要涉及的话题概要。主持人编制的讨论指南一般包括三个阶段：第一阶段是建立友好关系，解释小组中的规则，并提出讨论的个体；第二阶段是由主持人激发深入的讨论；第三阶段是总结重要的结论，衡量信任和承诺的限度。

④编写焦点小组访谈报告：访谈结束主持人可做一次口头报告。正式的报告的开头通常解释调研目的，申明所调查的主要问题，描述小组参与者的个人情况，并说明征选参与者的过程。然后，总结调研发现并提出建议，通常为2页或3页的篇幅。如果小组成员的交谈内容经过了精心归类，那么组织报告的主体部分也就很容易了，先列出第一个主题，然后总结对这一主题的重要观点，最后使用小组成员的真实记录（逐字逐句地记录）进一步阐明这些主要观点。以同样的方式一一总结所有的主题。（资料来源：百度百科 焦点小组访谈法）

（2）头脑风暴法。所谓头脑风暴（Brain storming），最早是精神病理学上的用语，是指精神病患者的精神错乱状态，现在转为无限制地自由联想和讨论，其目的在于产生新观念或激发创新设想。头脑风暴法又称智力激励法、BS法、自由思考法，是由美国创造学家A·F·奥斯本于1939年首次提出、1953年正式发表的一种激发性思维的方法。

当一群人围绕一个特定的兴趣领域产生新观点时，这种情境称为头脑风暴。由于团队讨论使用了没有拘束的规则，人们就能够更自由地思考，进入思想的新区域，从而产生很多的新观点和问题解决方法。当参加者有了新观点和想法时，他们就大声说出来，然后在他人提出的观点之上建立新观点。所有的观点被记录但不进行批评，只有头脑风暴会议结束时，才对这些观点和想法进行评估。头脑风暴的特点是让参会者敞开思想，使各种设想在相互碰撞中激起脑海的创造性风暴，鼓励天马行空，这是一种集体开发创造性思维的方法。

①组织形式。

a. 小组人数一般为10～15人（课堂教学也可以班为单位），最好由不同专业或不同岗位者组成。

b. 时间一般为20～60分钟。

c. 设主持人一名，主持人只主持会议，对设想不作评论。设记录员1人或2人，要求认真将与会者每一设想无论好坏都完整地记录下来。

②会议原则。为使与会者畅所欲言，互相启发和激励，达到较高效率，必须严格遵守下列原则：

a. 禁止批评和评论，也不要自谦。对别人提出的任何想法都不能批判、不得阻拦。即使自己认为是幼稚的、错误的，甚至是荒诞离奇的设想，也不得予以驳斥；同时，也不允许自我批判，在心理上调动每个与会者的积极性，防止出现一些"扼杀性语句"和"自我扼杀语句"，如"这根本行不通""你这想法太陈旧了""这是不可能的""这不符合某某定律"及"我提一个不成熟的看法""我有一个不一定行得通的想法"等语句，禁止在会议上出现。只有这样，与会者才可能在充分放松的心境下，在别人设想的激励下，集中全部精力开拓自己的思路。

b. 目标集中，追求设想数量，越多越好。在智力激励法实施会上，只强制大家提设想，越多越好。会议以谋取设想的数量为目标。

c. 鼓励巧妙地利用和改善他人的设想，这是激励的关键所在。每个与会者都要从他人的设想中激励自己，从中得到启示，或补充他人的设想，或将他人的若干设想综合起来提出新的设想等。

d. 与会人员一律平等，各种设想全部记录下来。与会人员无论是该方面的专家、员工，还是其他领域的学者，以及该领域的外行，一律平等；各种设想，无论大小，甚至是最荒诞的设想，记录人员也要认真地将其完整地记录下来。

e. 主张独立思考，不允许私下交谈，以免干扰别人思维。

f. 提倡自由发言，畅所欲言，任意思考。会议提倡自由奔放、随便思考、任意想象、尽量发挥，主意越新、越怪越好，因为它能启发人推导出好的观念。

g. 不强调个人的成绩，应以小组的整体利益为重，注意和理解别人的贡献，人人创造民主环境，不以多数人的意见阻碍个人新的观点的产生，激发个人追求更多更好的主意。（资料来源：百度百科　头脑风暴法）

（3）深度访谈法。深度访谈是专业访谈人员和被调查者之间进行时间较长的，针对某一论题运用一对一方式的谈话，用以采集被调查者对某事物的看法，或作出某项决定的原因等，通常在被调查者家中或一个集中的访问地点进行。常用于了解个人是如何作出购买决策，产品或服务被如何使用，以及消费者生活中的情绪和个人倾向等。如下列这则深度访谈记录：

调查员："为什么购买这种感冒药？"

消费者："缓解感冒"。

调查员："还有其他的好处吗？"

消费者："吃了它白天不瞌睡，不影响工作。"

调查员："白天瞌不瞌睡对你很重要吗？"

消费者："当然，工作有精神，老板和同事才喜欢"。

请大家讨论，以上深度访问对产品企业构思网络广告有什么启示？

以上是探索性调查的几种方式，都具有灵活性的特点，适合与调查那些人们知道的不多、对调查无从下手的问题，以及要解决"做什么"的问题。

2. 描述性调查

描述性调查寻求：人物是谁？什么事情？什么时间？什么地点？什么原因？什么方法？它可以描述不同消费者群体在需要、态度、行为等方面的差异。描述的结果尽管不能对"为什么"给出回答，但也可用作解决营销问题所需的全部信息。描述性调查是要解决"是什么"的问题。例如，某企业了解到该产品67%的顾客是年龄为18～35岁的女性，这种描述性调查提供了重要的决策信息，使企业直接向年轻女性推送网络广告。

3. 因果性调查

因果性调查是调查一个因素的改变是否会引起另一个因素改变的研究活动，目的是识别变量之间的因果关系。例如，投放新的网络广告在不同的媒体上是否会引起不同地区销售额的影响。其最普遍的方式就是通过实验的方式来进行调查。

因果性调查是要解决"为什么"的问题。

按照调查对象的选择划分，网络广告调查可分为普查、重点调查、典型调查和抽样调查。

(1)普查。普查是指对调查对象的总体无一例外地进行逐个调查。

优点：所取得的资料全面、准确，标准化程度高。

缺点：调查费用较高，调查工作所需时间较长，组织管理工作难度较大。

适用范围：一般适用于小范围的网络广告调查和一些重要现象基本特征的调查。

(2)重点调查。重点调查是指从调查对象总体中选取少数重点单位进行调查，并以此推断总体基本特征的一种非全面调查方法。重点单位须满足如下两点要求：

①数目不多，只占总体单位总量的较小比重。

②就调查标志来说，其标志总量在总体标志总量中占有绝大的比重。

优点：比较节省人力、财力、物力；调查对象少，更有利于确定较多、较复杂的调查项目，调查内容更深入、更细致；由于重点单位在总体中所占标志值的比重较大，重点调查能更快速地收集到所需要的总体基本特征。

缺点：缺乏全面性。

适用范围：媒体资源调查。

(3)典型调查。典型调查是指在对调查总体深入细致了解的基础上，选择具有代表性的单位进行调查，并对总体进行推断的一种非全面调查。

优点：省时、省力、内容深入。

缺点：容易产生误差，误差主要来自以下两个方面：

①典型单位选择具有主观性。

②完全具有代表性的单位不容易找。

适用情况：调查总体庞大，调查人员对调查总体中的各调查单位十分了解，能够准确地选择少数调查对象作为典型单位时采用。

(4)抽样调查。抽样调查实际是一种专门组织的非全面调查，是按照一定方式，从调查总体中抽取部分样本进行调查，用所得的结果说明总体情况的调查方法。抽样调查是现代市场调查中的重要组织形式，是目前国际上公认和普遍采用的科学调查手段。抽样调查的理论原理是概率论。

按照市场调查方法，网络广告调查可分为文案调查和实地调查。

(1)文案调查。文案调查又称为二手资料、已有资料，是指已经过其他人或机构组织收集、整理的各种现成的相关资料。图 3-2 所示为文案资料的信息源。

(2)实地调查。实地调查是指调查人员通过实地调查获取的一手资料。

①访问法。访问法又称询问调查法，就是调查人员采用访谈询问的方式向被调查者了解市场情况的一种方法。它是市场调查中最常用的、最基本的调查方法。访问法包括面谈访问法、电话访问法、邮寄访问法及留置问卷访问法等。

②观察法。观察法是指调查人员根据一定的调研目的、研究提纲或观察表，用自己的感官和辅助工具深入现场直接观察被调查对象，记录正在发生的网络广告市场行为或市场现状，以获取各种原始资料的一种方法。

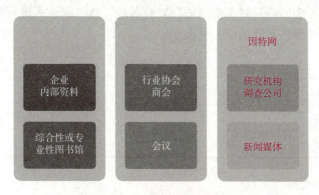

图 3-2 文案调查信息源

③实验法。实验法是指调研者有目的、有意识地改变一个或几个影响因素，来观察网络广告市场现象在这些因素影响下的变动情况，以认识网络广告市场现象的本质特征和发展规律。

a. 无控制组的事前事后对比实验。例如，某食品厂为了提高产品的销售量，认为应在原有传统广告的基础上，向网络投放新型网络广告。为了检验网络广告的投放效果，以决定是否在未来推广网络广告，厂家取 A、B、C、D、E 五种糖果作为实验对象，对这五种糖果在投放网络广告的前一个月和后一个月的销售量进行了检测，得到的实验结果见表 3-1。

表 3-1 实验结果

品种	实验前售量（Y）	实验后销量（Yn）	实验结果（Yn−Y）
A	300	340	40
B	280	300	20
C	380	410	30
D	440	490	50
E	340	380	40
合计	1 740	1 920	180

通过实验得出结论：投放网络广告后比没有投放网络广告时销售量增加了 180 个单位，说明顾客不仅注意产品的质量，也对其广告投放平台和形式有所要求。因此断定，在网络上投放产品广告，以促进其销售量增加的研究假设是合理的，厂家可以推广。但应注意，市场现象可能受许多因素的影响，180 个单位的销售增加量，不一定只是投放了网络广告引起的，还可能因为季节因素、节日因素、心理因素等。

因此，单一实验组前后对比实验，只有在实验者能有效排除非实验变量的影响，或者是非实验变量的影响可忽略不计的情况下，实验结果才能充分成立。

b. 有控制组的事后对比实验。有控制组的事后对比实验是使实验组与控制组处于相同的实验环境之中，实验者只对实验组进行实验活动，对控制组不进行实验活动，根据实验组与对照组的对比得出实验结论，见表3-2。

表3-2　实验结论

项目/组别	实验组	控制组
事前测定值	—	—
事后测定值	X2	Y2

实验效果：$E = X2 - Y2$

相对实验效果：$RE = (X2 - Y2)/Y2 \times 100\%$

例如，某食品厂为了解某产品的广告投放重心改变后消费者有什么反应，选择了A、B、C三个超市作为对照组，再选择与之条件相似的D、E、F三个超市作为实验组进行观察。观察一周后，其检测结果见表3-3。

表3-3　检测结果

对照组		实验组	
商店	销售额/元	商店	销售额/元
A	370	D	410
B	440	E	570
C	490	F	520
合计	1 300	合计	1 500

相对实验效果：$RE = (1\ 500 - 1\ 300)/1\ 300 \times 100\% \approx 15.38\%$

此方法虽然克服了非实验因素影响（横向对比实验），但选择控制组的难度较大，实验效果的准确性取决于控制组与实验组的可比性。

c. 有控制组的事前事后对比实验。有控制组的事前事后对比实验是指对实验组和对照组都进行实验前后对比，再将实验组与对照组进行对比的一种双重对比的实验法，见表3-4。

表3-4　对比实验结果

项目/组别	实验组	控制组
事前测定值	X1	Y1
事后测定值	X2	Y2

实验效果：$E = (X2 - X1) - (Y2 - Y1) \times X1/Y1$

相对实验效果：$RE = \{(X2 - X1) - (Y2 - Y1) \times X1/Y1\} \times 100\%/X1$

例如，某服装企业所经销的6家服装店进行网络广告投放改革效果的实验。控制组使用传统媒体平台播放广告，实验组在实验期间投放网络广告，实验前后对比三个月，实验前后的销量见表3-5。

表3-5　实验前后的销量

组别	实验组（3家）	控制组（3家）
实验前销量	30 000（X1）	29 500（Y1）
实验后销量	40 000（X2）	36 500（Y2）

相对实验效果：RE＝{（40 000－30 000）－（36 500－29 500）×30 000/29 500}×100％/30 000≈9.6％

二、知识训练

知识训练1

某企业在传统媒体投放广告已经多年，但近年来销量没有太大提高。该企业营销人员经过调查研究，认为是没有与时俱进，网络广告投放力度不够，所以决定转移重心，加大资金进行网络广告投放。为此，企业决定采用无控制组事前事后对比实验来考查网络广告投放是否会促进销售，整个实验为期2个月，前一个月仍投放传统媒体广告，后一个月在传统媒体广告的基础上增加网络广告。实验结果是前一个月的销量为1 250个单位，后一个月销量为1 650个单位。

讨论：投放网络广告对市场是否有促进作用？

知识训练2

某日用品企业选择所经销的4家实体店进行网络广告投放改革效果的实验。控制组使用传统媒体平台播放广告，实验组在试验期间投放网络广告，实验前后对比三个月，实验前后的销量见表3-6。

表3-6　实验前后的销量

组别	控制组（2家）	实验组（2家）
实验前销量	27 500	30 000
实验后销量	30 000	40 000

讨论：请问该企业是否应该继续投放网络广告进行营销？为什么？

三、思政课堂

当下流行的直播带货，即利用互联网平台使用直播技术进行近距离商品展示、咨询答复、导购的新型服务方式，现已成为电子商务新的经济增长引擎。与传统的电视广告销售形式相比，新型的商业模式自身具有较强的特点，但直播销售市场目前存在以下几个方面的问题：

（1）当下的直播销售存在着"短、频、快"的特点，由于依托互联网平台的技术优势，直播销售行为可以随时发起、随时结束，给市场监管部门带来很大的难题。传统的监管模式呈现出"注重两端、事中不足"的特点，缺乏对直播带货行为过程的有力监管，而这一特点容易滋生市场监管难题。例如，有的主播在直播过程中对商品夸大宣传，而有的主播为了扩大自己的影响力组织号召自己的粉丝群体，或者雇用专业的网络写手刷取流量，某些平台为了扩大自身的影响力对以上行为采取默许态度，甚至和某些知名主播进行"合作"，这些为了提高销售额、获得利润而采用的手段实际上已经逾越了法律的红线。

(2)对带货主播入行资格要求较低，消费者权利有遭受侵害的潜在危机。《网络直播营销行为规范》第二十条规定："主播应当了解与网络直播营销相关的基本知识，掌握一定的专业技能，树立法律意识。主播入驻网络直播营销平台，应提供真实有效的个人身份、联系方式等信息，信息若有变动，应及时更新并告知。"可见，主播只要提交个人信息到平台，基本上就能顺利入职，而对于其他方面的要求，如法律知识的掌握，没有一个硬性的标准去衡量，这就造成目前主播市场的参差不齐，而大多数的主播收入又是和自己的销售量挂钩的，极易出现某些主播为了提高销售量夸大商品的质量或优点，而消费者在收到货后难以达到预期目标的问题。

(3)"名人效应"下的市场氛围缺乏理性引导。明星娱乐人物所带有的强烈"名人效应"可以引导自己的粉丝群体在短时间内引起一场消费狂欢。加之不少商家大肆宣传的所谓的优惠政策更是为这场狂欢推波助兴。在直播带货的受众群体中，有大部分的群体集中在90后、00后，这些群体又特别关注自己所喜好的公众人物的言行，因此，以上几个因素的叠加效应就会造成当下的直播营销市场热度过高。

任何行业的健康持续发展都离不开有效的法律法规的约束，直播营销行业也是如此，综上所述，应从以下几个方面去改善：

①出台专门的行业规范；

②加大监管方式；

③加强对主播职业的规范。

直播带货行业所带来的经济效益已经占据零售行业的主要份额，成为市场新兴产业。特别是在我国后疫情时代，直播营销行业前景光明。市场在发展，监管也须及时跟进，而消费者也需要在日常消费过程中提高理性程度，加强维权意识。只有多方联动才能守护该行业的长远、健康发展。

四、知识扩展

1. 网络广告计费方式

按展示计费：

(1)CPM广告(Cost Per Mille/Cost Per Thousand/Cost Per Impressions)：每千次印象费用。广告条每显示1 000次(印象)的费用。CPM是最常用的网络广告定价模式之一。

(2)CPTM广告(Cost Per Targeted Thousand Impressions)：经过定位的用户的千次印象费用(如根据人口统计信息定位)。CPTM与CPM的区别：CPM是所有用户的印象数；而CPTM只是经过定位的用户的印象数。

按行动计费：

(1)CPC 广告(Cost Per Click)：每次点击的费用。根据广告被点击的次数收费。如关键词广告一般采用这种定价模式。

(2)PPC 广告(Pay Per Click)：根据点击广告或电子邮件信息的用户数量来付费的一种网络广告定价模式。

(3)CPA 广告(Cost Per Action)：每次行动的费用，即根据每个访问者对网络广告所采取的行动收费的定价模式。对于用户行动有特别的定义，包括形成一次交易、获得一个注册用户，或者对网络广告的一次点击等。

(4)CPL 广告(Cost Per Lead)：按注册成功支付佣金。

(5)PPL 广告(Pay Per Lead)：根据每次通过网络广告产生的引导付费的定价模式。这种模式常用于网络会员制营销模式中为联盟网站制定的佣金模式。

按销售计费：

(1)CPO 广告(Cost Per Order)：即根据每个订单/每次交易进行收费的方式。

(2)CPS 广告(Cost Per Sale)：营销效果是指销售额。

2. 搜索引擎使用技巧

搜索引擎使用技巧如图 3-3 所示。

图 3-3 搜索引擎使用技巧

任务二　网络广告调查问卷设计

一、知识认知

知识点一　网络广告调查问卷的概念

网络广告调查问卷又称调查表，是调查者根据一定的调查目的和要求，按照一定的理论假设设计出来的，是由一系列问题、调查项目、备选答案及说明组成的，向被调查者收集资料的一种工具。

一份完整的网络广告调查问卷通常包括标题、问卷说明、被调查者基本情况、调查内容、编码号、调查者情况等内容。

（1）问卷的标题。问卷的标题是概括说明调查研究主题，使被调查者对所要回答什么方面的问题有一个大致的了解。标题应简明扼要，易于引起回答者的兴趣，如"我与广告——公众广告意识调查"等，而不要简单采用"问卷调查"这样的标题，它容易引起回答者因不必要的怀疑而拒答。

（2）问卷说明。问卷说明主要是用来说明调查的目的、需要了解的问题及调查结果的用途等。有些问卷还要有问候语，以引起被访者的重视。同时，还要向被访者介绍调查组织单位、请求被访者合作、向被访者表示感谢等。

用词语气必须礼貌、热情、诚恳、大方，还需对涉及被访者的隐私信息或商业机密作保密承诺，以争取被访者的积极参与。

（3）被调查者基本情况。被调查者基本情况是指被调查者的一些主要特征，如在消费者调查中，消费者的性别、年龄、民族、家庭人口、婚姻状况、文化程度、职业、单位、收入、所在地区等。在实际调查中，列入哪些项目，列入多少项目，应根据调查目的、调查要求而定，并非多多益善。

（4）调查的主题内容。调查的主题内容是调查者所要了解的基本内容，也是调查问卷中最重要的部分。它主要是以提问的形式提供给被调查者。

（5）编码。编码是将问卷中的调查项目变成数字的工作过程，大多数市场调查问卷均需加以编码，以便分类整理，易于进行计算机处理和统计分析。所以，在问卷设计时，应确定每个调查项目的编号并为相应的编码做准备，通常是在每个调查项目的最左边按顺序编号。

（6）调查者情况。在调查表的最后，应附上调查员的姓名、访问日期、时间等，以明确调查人员完成任务的性质。

知识点二　网络广告调查问卷的设计

完美的问卷必须具备两个功能，即能将问题传达给被问者和使被问者乐于回答。要完成这两个功能，问卷设计时应当遵循一定的原则和程序，运用一定的技巧。

1. 问卷设计的步骤

（1）把握目的和内容。问卷设计的第一步是要把握调研的目的和内容，这一步骤的实质其实就是规定设计问卷所需的信息，同时，也是方案设计的第一步。对于直接参与调研方案设计的研究者来说，他们可以跳过这一步骤，而从问卷设计的第二步骤开始。但是，对那些从未参与方案设计的研究者来说，着手进行问卷设计时，首要的工作是要充分地了解本项调研的目的和内容。为此需要认真讨论调研的目的、主题和理论假设，并细读研究方案，向方案设计者咨询，与他们进行讨论，将问题具体化、条理化和操作化，即变成一系列可以测量的变量或指标。

(2)搜集资料。设计不是简单的凭空想象，要想把问卷设计得完善，研究者还需要了解更多的东西。问卷设计是一种需要经验和智慧的技术，它缺乏理论，因为没有什么科学的原则来保证得到一份最佳的或理想的问卷，与其说问卷设计是一门科学，还不如说是一门艺术。虽然也有一些规则可以遵循以避免错误，但好的问卷设计主要来自熟练的调研人员的创造性。

搜集有关资料的目的主要有三个：一是帮助研究者加深对所调查研究问题的认识；二是为问题设计提供丰富的素材；三是形成对目标总体的清楚概念。在搜集资料时对个别调查对象进行访问，可以帮助了解受访者的经历、习惯、文化水平及对问卷问题知识的丰富程度等。其适用大学生的问题不一定适合家庭主妇，调查对象的群体差异越大，就越难设计一个适合整个群体的问卷。

(3)确定调查方法。不同类型的调查方式对问卷设计是有影响的。在面访调查中，被调查者可以看到问题并可以与调查人员面对面地交谈，因此，可以询问较长的、复杂的和各种类型的问题。在电话访问中，被调查者可以与调查员交谈，但是看不到问卷，这就决定了只能问一些短的和比较简单的问题。邮寄问卷是自己独自填写的，被调查者与调研者没有直接的交流，因此问题也应简单些，并要给出详细的指导语。在计算机辅助访问中，可以实现较复杂的跳答和随机化安排问题，以减小由于顺序造成的偏差。人员面访和电话访问的问卷要以对话的风格来设计。

(4)确定内容。一旦决定了访问方法的类型，下一步就是确定每个问答题的内容：每个问答题应包括什么，以及由此组成的问卷应该问什么，是否全面与切中要害。

2. 问卷问题设计

(1)直接性问题、间接性问题和假设性问题。

①直接性问题：是指在问卷中能够通过直接提问的方式得到答案的问题。直接性问题通常给回答者一个明确的范围，所问的是个人基本情况或意见，例如，"您的年龄""您的职业""您最喜欢哪一则网络广告？"等，这些都可获得明确的答案。

②间接性问题：是指那些不宜直接回答，而采用间接的提问方式得到所需答案的问题。通常是指那些被调查者因对所需回答的问题产生顾虑，不敢或不愿真实地表达意见的问题。这时，如果采用间接回答方式，使被调查者认为很多意见已被其他调查者提出来了，他所要做的只不过是对这些意见加以评价罢了，这样，就能排除调查者和被调查者之间的某些障碍，使被调查者有可能对已得到的结论提出自己不带掩饰的意见。

③假设性问题：是指通过假设某一情境或现象存在而向被调查者提出的问题。例如，"如果让您设计这个产品的网络广告，您可能会选择哪一种表达方式？"这种语句属于假设性提问。

(2)开放性问题和封闭性问题。

①开放性问题：是指所提出的问题并不列出所有可能的答案，而是由被调查者自由作答的问题。开放性问题一般提问比较简单，回答比较真实，能为研究者提供大量、丰富的信息。但结果难以作定量分析，在对其进行定量分析时，通常是将回答进行分类。开放性问句主要限于探索性调查。

②封闭性问题：是指已事先设计了各种可能的答案的问题，被调查者只要或只能从中选定一个或几个现成答案的提问方式。封闭性问题由于答案标准化，不仅回答方便，而且易于进行各种统计处理和分析；但回答者只能在规定的范围内被迫回答，无法反映其他各种有目的的、真实的想法。

(3)事实性问题、行为性问题、动机性问题、态度性问题。

①事实性问题：是要求被调查者回答一些有关事实性的问题。例如，"您是否购买过××品牌产品?"这类问题的主要目的是获得有关事实性资料。因此，问题的意见必须清楚，使被调查者容易理解并回答。

②行为性问题：是对回答者的行为特征进行调查。例如，"您是否拥有××品牌笔记本电脑?"

③动机性问题：是为了解被调查者行为的原因或动机的问题。例如，"为什么购买××品牌手机?""为什么做某事?"等。

④态度性问题：是关于对回答者的态度、评价、意见等问题。例如，"您是否喜欢××品牌方便面的口味?"

以上是从不同的角度对各种问题所做的分类。应该注意的是，在实际调查中，几种类型的问题往往是结合使用的。在同一个问卷中，既有开放性问题，也有封闭性问题。甚至同一个问题中，也可将开放性问题与封闭性问题结合起来，组成结构式问题。

3. 问卷答案设计

在市场调查中，无论是何种类型的问题，都需要事先对问句答案进行设计。在设计答案时，可以根据具体情况采用不同的设计形式。

(1)二项选择法。二项选择法也称真伪法或二分法，是指提出的问题仅有两种答案可以选择。"是"或"否"，"有"或"无"等。这两种答案是对立的、排斥的，被调查者的回答非此即彼，不能有更多的选择。例如，"您是否会因为观看了某则网络广告而产生购买行为吗?"回答只有"是"或"否"。

这种方法的优点是易于理解和可迅速得到明确的答案，便于统计处理，分析也比较容易；但缺点在于回答者没有进一步阐明理由的机会，难以反映被调查者意见与程度的差别，了解的情况也不够深入。这种方法适用于互相排斥的两项择一式问题及询问较为简单的事实性问题。

(2)多项选择法。多项选择法是指所提出的问题事先预备好两个以上的答案，回答者可任选其中的一项或几项。

例如，"您喜欢下列哪种品牌的牙膏?"(在您认为合适的□内划√)

中华□　　云南白药□　　黑人□　　佳洁士□　　高露洁□　　其他_____

由于所设答案不一定能表达出填表人所有的看法，所以在问题的最后通常可设"其他"

项目，以便被调查者表达自己的看法。

这个方法的优点是比二项选择法的强制选择有所缓和，答案有一定的范围，也比较便于统计处理。但采用这种方法时，设计者要考虑以下两种情况：

①要考虑到全部可能出现的结果，以及答案可能出现的重复和遗漏问题。

②要注意根据选择答案的排列顺序。

（3）顺位法。顺位法是列出若干项目，由回答者按重要性决定先后顺序。顺位方法主要有两种：一种是对全部答案排序；另一种是只对其中的某些答案排序，究竟采用何种方法应由调查者决定。具体排列顺序则由回答者根据自己所喜欢的事物和认识事物的程度等进行排序。

例如，"您观看网络广告比较感兴趣的是"（请将所给答案按重要顺序1，2，3……填写在□中）

喜欢的明星□　　有奖观看□　　优惠活动□　　广告词朗朗上口□　　题材新颖□

（4）比较法。比较是采用对比提问的方式，要求被调查者作出肯定回答的方法。

例如，"请比较下列不同品牌饮料的网络广告，哪种更吸引你？"（在各项您认为好的广告品牌□中划√）

七喜□　　　可口可乐□　　　百事可乐□

比较法用于对质量和效用等问题作出评价。应用比较法要考虑被调查者对所要回答问题中的商品品牌等项目是否相当熟悉，否则将会导致空项发生。

（5）自由回答法。自由回答法是指提问者可自由提出问题，回答者可以自由发表意见，并无已经拟定好的答案。例如，"您认为应该如何改进网络广告？"这种方法的优点是涉及面广，灵活性大，回答者可充分发表意见，可为调查者搜集到某种意料之外的资料；缺点是由于回答者提供答案的想法和角度不同，因此在答案分类时往往会出现困难，资料较难整理，还可能因回答者表达能力的差异形成调查偏差。

4. 问卷设计应注意的原则

对问卷设计总的要求：问卷中的问句表达要简明、生动，注意概念的准确性，避免提似是而非的问题，具体应注意以下几项原则：

（1）目的性原则。问卷调查是通过向被调查者询问问题来进行调查的，所以，询问的问题必须是与调查主题有密切关联的问题。

（2）可接受性原则。调查表的设计、语句要比较容易让被调查者接受。

（3）简明性原则。简明性原则包含调查内容要简明；调查时间要简短，问题和整个问卷都不宜过长；问卷设计的形式要简明易懂，易读。

（4）顺序性原则。顺序性原则主要表现在以下几点：

①容易回答的问题（如行为性问题）放在前面；

②难回答的问题（如态度性问题）放在中间；

③敏感性问题（如动机性、涉及隐私等问题）放在后面；

④关于个人情况的事实性问题放在末尾；

⑤封闭性问题放在前面；开放性问题放在后面。

（5）匹配性原则。匹配性原则要使被调查者的回答便于进行检查、数据处理和分析，所提问题都应事先考虑到能对问题结果做适当分类和解释，使所得资料便于做交叉分析。

二、知识训练

请找出下列问卷中存在的问题。

熊猫手机网络广告问卷

1. 您的性别
□男　　　□女

2. 您的职业
□新闻媒体　□金融保险　□法律医疗　□艺术　□工人
□教师　□公务员　□中学教师

3. 您从哪种渠道了解过熊猫手机？
□手机广告　□朋友介绍　□电视广告　□杂志广告
□公车广告　□地铁广告　□网络广告

4. 您平时对数码类信息资讯感兴趣吗？
□非常喜欢　　□比较喜欢　□一般　　□不喜欢

5. 您经常更换手机吗？
□经常　　□还好　　□有时　□不经常

6. 网络广告哪里最吸引你的注意？
□广告画面　　□代言人　　□广告内容

7. 您对熊猫手机网络销售广告出现频次和印象如何？
□经常看到，印象很深　□经常看到，没有关注　□有时看到
□很少看到　　□没有印象

谢谢您的配合！

三、思政课堂

花了钱还要看 12 种广告？视频平台会员"免广告"为何名不副实

日前，各大视频平台相继宣布停止 VIP 会员的超前点播服务，受到不少用户好评。但是仍有不少会员表示，交了会员费的自己，"免广告"的待遇名不副实，平台的各种形式的广告依然时不时跳出来，这些广告形式甚至多达 12 种，严重影响自己的体验感。

"我今天在某视频网站看电视，跳到下一集的时候出来了一段广告，我寻思怎么会员还有广告，就找跳过广告的按钮，结果愣是没找到，却发现了一行字'会员专享'……"近日，一名网民在网上分享了自己作为视频网站 VIP 的独特体验，每年花费 200 多元购买的会员资格，却为自己带来了"会员专属推荐"。

北京青年报记者体验发现，在包括爱奇艺、腾讯视频、优酷、芒果 TV 等视频网站中，会员看到广告的情况并非个例。例如，在一部热映的网剧中，会员可跳过片头长达 1 分钟的广告，但在正剧前，会看到一段由剧中人物演出的"小剧场广告""贴片广告"；播放后，随时会看到像"创可贴"一样蹦出来的广告横幅，位置也一会儿在左边一会儿在上

边；如果点击了暂停，也会在页面正中间出现"暂停广告"……类似的广告依然充斥着整个观影过程。

实际上，不少消费者就是冲着"免广告"才充值的会员。"现在的视频网站动不动就是150秒的广告，那就是2分半钟！不想浪费时间，才充值了会员。谁知充值后依然需要看各种广告！打开App弹广告，看个视频又有广告，视频结尾也是广告，有的甚至视频中间都有广告，难以忍受。"一名网民表示，网站拿免广告吸引用户，但充值后发现体验依然不好。

北青报记者发现，上述视频平台在针对非会员用户，会在广告倒计时醒目位置提示"VIP可关闭此广告""会员关闭此广告""10元关闭此广告""会员享广告特权"等，疑似诱导用户。

但是，仔细翻看视频网站的《会员协议》，各家都对这类情况进行了说明。例如，有的就几乎列出了多达12种将有的广告形式："在使用VIP会员服务的过程中，仍将（可能）接触到以各种方式投放的商业性广告，包括但不限于贴片广告、开机广告、创意中插广告、跑马灯广告、片尾广告、植入广告、弹窗广告、暂停广告、原创大头贴、口播标板、前情提要广告、创可贴广告等。"

某视频的客服也表示："如果有部分影视剧无法跳过广告，那是由于部分版权方有特殊要求影片或电视剧提供的广告服务。若非片头广告，不在会员免广告特权范围，还请您见谅！"

那么，只要在合同中有所声明，视频网站就可以为所欲为吗？"既然消费者花钱买了VIP服务，就应该按照承诺提供VIP服务，不能随意插播各种广告，"中国法学会消费者权益保护法研究会副秘书长陈音江对北青报记者表示，"会员协议中的规定，明显排除或限制了消费者的权益，减轻了经营者的责任。依据《中华人民共和国消费者权益保护法》，属于加重消费者责任的不公平、不合理规定，也就是我们俗称的霸王条款，属于无效条款，对消费者不具有法律约束力。"

中南财经政法大学数字经济研究院执行院长盘和林告诉北青报记者："格式化合同，本来应该倾向于接受格式化合同的一方，应该便于理解，防止误导，也就是格式合同的理解应该倾向于消费者，会员付费的目的就是去除广告，去除广告就应该包括所有类型的，也包括这12种形形色色的广告。"他还表示："但此事还不只是视频网站单独承担责任，部分版权的所有方，用低价授权影视IP，并在IP中嵌入广告，实际上是一种变相的IP价格折让，而这些植入最后还是要视频网站用户再次通过看广告的方式买单，实际上增加了用户收看成本。"

（资料来源：温婧，北京青年报）

📢 项目小结

一、核心概念

头脑风暴 Brain Storming　　　　广告活动 Campaign
文案 Copy　　　　即时通信 IM
网络营销 Internet Marketing　　　促销 Promotion
标语/广告语 Slogan　　　富媒体 Rich Media

二、思考与讨论

1. 什么是网络广告调查？有什么意义？

2. 网络广告调查的类型有哪些？

3. 一份网络广告问卷有哪几个组成部分？

4. 网络广告调查的原则是什么？

课后答案

三、课堂实践

请根据教师提供的调查主题设计一份网络广告调查问卷。

项目四

网络广告策划

通过对本项目的学习，学生会对网络广告策划有基本认知，并能开展相关网络广告策划工作。

网络广告策划是根据互联网的特征及网络人群的特征，从全局角度所展开的一种运筹和规划。在有限的广告信息体上，对整个网络广告活动加以协调安排，广告设计、广告投入、广告时间、广告空间安排等各个具体环节做到充分考虑并精益求精。

网络广告策划在本质上仍然属于广告策划的一种，因此，在实施过程中的环节与传统广告有很多相同的做法。网络广告策划可分为筹备阶段、设计制作阶段、测试评估阶段、实施阶段。

知识目标

1. 了解网络广告策划和广告策划的区别。
2. 了解网络广告策划的目标、受众和媒体策划。
3. 了解网络广告的体现方式、定位、表现。
4. 了解网络广告策划书阶段和策划形式。

能力目标

1. 能够掌握网络广告策划的基础知识。
2. 能够理解网络广告策划的不同阶段和内容。
3. 能够厘清网络广告策划方案的逻辑。

课件：网络广告策划

素质目标

1. 培养学生广告策划的兴趣。
2. 培养学生理解广告策划的重点。
3. 培养学生掌握网络广告策划书的写作。

任务一　广告策划与网络广告策划

一、知识认知

知识点一　广告策划的内容、形式与作用

1. 广告策划的内容

我国在 1984—1985 年引入"广告策划"的概念，当时有部分学者撰文呼吁，要把现代广告策划引入中国的广告实践中，树立"以调查为先导，以策划为基础，以创意为灵魂"的现代广告运作观念。1989 年 4 月，上海的唐仁承出版了大陆第一本《广告策划》专著，其后，北京的杨荣刚也出版了《现代广告策划》。关于"广告策划"的概念，两位作者均有明确的界定。

广告策划就是对广告的整体战略与策略的运筹规划，是对于提出广告决策、实施广告决策、检验广告决策全过程作预先的考虑与设想。广告策划不是具体的广告业务，而是广告决策的形成过程。策划师通过对市场调查和系统的分析，利用已经掌握的知识或资料手段来科学地对产品进行布局营销。策划者、策划依据、策划方法、策划对象及策划效果五个方面是策划的重要因素。进行广告活动必须事先进行策划。

广告策划是决定广告活动成败的关键，在广告活动中具有相当重要的地位和特殊的重要意义。没有经过精心策划的广告大都是盲目的，不会取得什么实际效果，更无法取得经济效益，只有经过精心策划的广告才能取得良好的效果。

因此，广告策划是广告工作中一个必不可少的和极为重要的步骤。

2. 广告策划的形式

（1）单次广告策划。单次广告策划是指一次性广告中所做的策划。这种一次性广告通常是整体的一部分，围绕着整体广告目标开展，需要与整体广告策划保持一致性和连贯性，特点是往往可以更具特色，拥有醒目的标语和记忆点。其主要用在特定的场合和活动中，可以更加贴近活动和某一具体项目的特色。但是，从整体上来说，为了实现企业整体形象和促销目标，使企业在产品和市场上占据有利位置，仅仅靠单次的策划是不够的，还需要结合产品和整体，有系统全面的广告策划，也就是整体广告策划。

（2）整体广告策划。整体广告策划是系统的、全面的。整体广告策划是"市场调查—消费者需求—产品设计—促销—消费者反应—信息反馈—新产品的设计开发或产品改进"，为企业生产和经营的各个阶段提供信息服务的过程。其内容主要有市场调查、广告战略制定、广告策略制定、广告预算和公共关系、促销协调等。

整体广告策划由于其周到的市场竞争意识和全面的通盘考虑功效，可以通过组织系统的、以商品品牌为中心的广告活动，迅速树立商品的品牌印象，创造有竞争力的"品牌先锋"，从而开拓市场和占领市场。同时，通过对广告活动的统一运筹，可以节约广告费用，提高广告效益。另外，由于整体广告策划能为企业提供全面的信息咨询服务，对企业的生

产和产品开发提供指导性意义，因此有利于改善企业的经营管理，提高企业的竞争力。

3. 广告策划的作用

现如今，广告越来越成为消费者生活中不可缺少的影响因素。广告不仅帮助企业推销了商品或服务，而且改变着人们的生活方式和消费方式。进行广告活动必须事先进行策划，广告策划是决定广告活动成败的关键。这主要包括以下几个方面：

（1）明确广告目标。广告目标主要有两个导向：广告目标就是销售目标；或者广告目标就是特定时间内广告主对目标受众所要完成的特定的传播目的。围绕这两个目标和方向，运用科学的方法，集中丰富的经验，事先将各项活动进行安排，保证广告活动有条不紊地进行，符合客观实际，避免了广告活动的盲目进行。

（2）提升广告效益。无论成熟的消费者还是盲目的购物群体，都会受到广告的引导和影响。而企业靠打广告得到的回报，在短时间内仍然是让人动心的。市场上近50％的广告，都是浪费了公司的资源，未能达到成本效益。有效合理的广告策划更见效和节省金钱。

在现代的市场营销中，广告策划的促销是对付竞争对手的最有力的手段，是最能瞄准目标顾客的方法。通过广告策划的促销活动，不仅可以促成潜在顾客的购买行为，而且可以向顾客传递商品、劳务的市场信息，增进双方的了解，扩大销售并且满足顾客日益变化的多方的需要。广告促销在激烈的市场竞争中起着举足轻重的作用。

（3）提升企业竞争力。通过广告可以将企业的产品信息、企业的各种优势（如采用的新技术、新材料、新工艺等）展示在广大消费者面前。因此，在生产同一产品的各个企业之间就有了竞争，他们的优劣由消费者作出评判，这就形成了"优胜劣汰"的局面，起到了鼓励先进、鞭策后进的作用。

（4）美化和丰富人们的文化生活。广告是一门艺术。企业为吸引消费者的注意，利用各种宣传媒体（如电视、广播、报纸、霓虹灯等）精心设计及制作，创造了许多令人赏心悦目的画面、造型、语言、音乐，既介绍了产品知识，又陶冶了人们的情操，给人一种美的享受。

知识点二　网络广告策划的内容与类型

1. 网络广告策划的内容

网络广告策划（Network Advertising Planning）是指根据广告主的网络营销计划和广告的目的，在市场调查的基础上对广告活动进行整体的规划或战略、策略，是根据互联网的特征及网络人群的特征，从全局角度所展开的一种运筹和规划。在充分的市场调查和研究的基础上，以企业广告总体战略为出发点，广告主提出企业的网络营销计划和广告目标，策划通过与企业的经营运作相关联、结合企业的产品特点和性质、企业文化等的策划方案，从而达到网络广告的目的。在有限的广告信息体上，对整个网络广告活动加以协调安排，广告设计、广告投入、广告时间、广告空间安排等各个具体环节做到充分考虑并精益求精。

网络广告策划包括的内容多、范围广。例如，网络广告主题的安排、网络广告对象的确定、网络广告文案的制定、网络广告方式的选择、网络广告时机的选择、网络广告结果的评估等。

网络广告的策划是一个动态的过程，在整个策划活动过程中，可能需要多次修改策划的方案。策划方案一旦得到客户的认可，就成为网络广告的蓝图，网络广告经营单位将严格按照网络广告策划书进行网络广告的制作。如果遇到特殊情况需要调整方案须及时与客户进行协商，并得到客户的认可后方可对原有策划书进行修改。客户应定期检查网络广告经营单位对网络广告策划书的实施情况。

与传统广告相同，网络广告的核心依然是广告策划。就市场调查、信息搜索及广告制作、发布、预算、评估等环节来说，网络广告与传统广告没有太大的区别，但网络广告运用互联网这种特殊的媒介形式，其策划具有新的特点。

2. 网络广告策划的类型

企业进行网络广告宣传的直接目标就是使潜在顾客对本企业产品及劳务进行了解，从而诱导其对本企业产品或劳务的购买欲望。因此，从网络广告宣传的具体目标看，网络广告可分为以下几项：

(1)创新性广告。创新性广告是对新产品的介绍。其主要内容是向顾客介绍新产品的性能、用途及给顾客带来的便利等情况，以促进新产品能尽快进入目标市场，创造对新产品的初级需求。

(2)劝导性广告。劝导性广告一般是指产品由介绍期进入成长期和成熟期阶段。为了取得竞争优势，确保一定的市场占有率继续进行宣传，以加强顾客对本企业产品牌号的注意，从而产生"选择性"需求。

(3)提醒性广告。提醒性广告一般是对已到成熟期后期的产品继续进行的宣传。可以提醒消费者，本企业还在生产供应这种产品，或向顾客多次宣传使用这个产品后的满意感。其目标是继续开发这种产品的晚期需求，并与新品牌的同类产品进行激烈竞争，以延长该产品的市场生命。

(4)声誉性广告。声誉性广告是一种注重企业形象和声誉性质的广告。它着重介绍企业的历史、地址、商标、服务对象、生产能力、销售市场、服务项目、优良信誉、取得的业绩等。其目标是提高企业在社会上的形象和信誉，以利于企业的长期发展。

知识点三　网络广告的原则

网络广告策划是对网络广告运作制订一个执行计划方案的过程，以及经由这一过程后确定的执行计划方案。因此，由网络广告策划所提出的广告运作执行计划方案不能简明扼要，或应该周密详尽，它的主要任务是根据企业的传播战略和特定目标受众的结构特征，为网络广告的运作设定广告目标和广告预算。在实施时主要有以下几个原则。

1. 整体性原则

(1)网络广告要采用多种形式宣传同一产品或服务，同时，保证各种形式的网络广告在广告目标、广告策划、广告表现等方面协调一致。例如，某一线时装品牌新品发布会同时采用了巨幅广告、旗帜广告和流媒体广告等多种形式，但统一以模特作为代言人，强调其"时尚一线"的品牌形象和定位。

(2)网络广告与线下广告相协调。网络媒体虽然属于新型媒体，但它不可能取代传统媒体，必须考虑各种广告媒体之间的相互搭配，因此，绝大多数广告主都是运用网络广告结合传统广告进行产品宣传，两者互相补充，达到全面覆盖、受众更多的效果。

2. 灵活性原则

任何事物都处于动态、变化的环境之中。社会生活方式在变，市场环境在变，人们的心态也在变。以企业广告为例，由于消费者对产品态度不断发生变化，企业的生产及产品在市场上的位置也不断发生变化。在这种情况下，策划的重心要随着市场和消费者的变化而变化；如果客观情况发生变化但是宣传策略不随之变化，就可能犯主观主义的错误。

策划方案从一出来，就要对其进展情况、消费者态度、竞争对手的反应及市场变化进行密切监视，及时反馈相关信息，并以定期控制检查的管理体制作为组织上的保证。条件发生变化，实施中的方案受挫，难以实现其预期效果，就应尽早作出调整和改变，或转用其他备用方案，甚至准备拟订新方案。

3. 创新性原则

所有的广告都应该尽量做到创新，创新性对网络广告来说尤为重要。在信息涵盖量极为庞大的网络体系中，只有创新才能使广告更容易受到目标消费者的注意，才能达到广告的目的。网络广告必须出奇制胜，寻求独特的表现形式，实现网络广告活动的创新。无论是单纯的文字广告还是图像广告，也无论是网幅广告还是插页式广告，都应该尽量突出创新性。

4. 效益性原则

网络广告策划必须以经济效益为核心，网络广告策划的经济效益是指策划所带来的经济收益与策划方案实施成本之间的差额。成功的网络广告策划应当是在策划方案实施成本既定的情况下取得最大的经济收益。

虽然所有的广告策划方案都应该遵循经济性原则，但网络广告策划在经济性方面尤为重要，其原因主要是与网络广告的计费方式有关，必须准确地核定该广告投放后预计消耗的资金数量，这样才能完整地部署其广告实施的各个环节。

知识点四　网络广告的策划——5M法(图4-1)

1. Mission(任务)——广告目标

针对新产品或产品新特点，通常多渠道、尽可能广地覆盖市场，让消费者信服企业的信誉及产品的优点。

2. Money(金钱)——广告预算

影响广告预算的因素：产品生命周期、市场份额和消费者基础、竞争和干扰、广告频率、产品的可替代性。

3. Message(信息)——广告信息

回答"为什么要买这个商品"的信息策略：寻找符合品牌定位并能帮助建立共同点或差异点的诉求、主题或构想。

4. Media(媒体)——广告媒体

网络广告策划的主媒体即网络平台，如网站、综艺节目、自媒体等。

5. Measurement(衡量)——测量广告(传播)效果

在广告投放后，建立科学的广告效果评估机制。

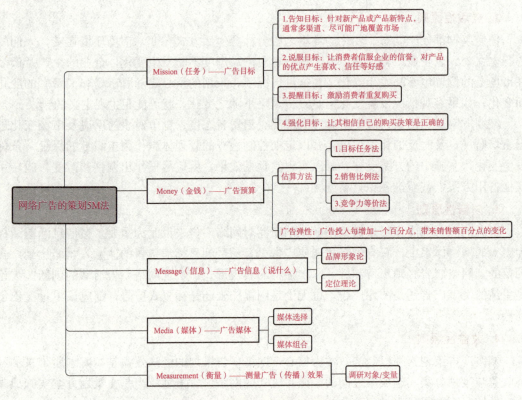

图 4-1　网络广告的策划 5M 法

二、知识训练

网络广告新形式：综艺节目《奇葩说》中老板亲自上阵

2017 年 5 月 19、20 日更新的第四季《奇葩说》独家冠名商某手机品牌创始人雷军成为大来宾，节目现场更是被玩坏，魔性鬼畜视频、何炅直呼"干爹"救场……这算是网综史上第一次将赞助商老板请到节目中参与全程讨论。

预热阶段《奇葩说》节目组就围绕雷总"R U OK"英文梗提前发布微博预热活动，邀请粉丝神翻译"掏出来搞事情"这句口播。当期节目内容，再现雷军哔哩哔哩灵魂歌手的一面，运用鬼畜版 mini talk 介绍起自家手机产品，马东及辩手陈铭等将某手机品牌坚持做好产品的品牌精神全程植入到论点中。雷军更是在节目内频频爆出"手机是工业品，人生是艺术品"等金句。

同时，节目中在与粉丝互动上有更有趣的玩法，更自然且极具吸引力，如玩 H5，节目广告策划中由某品牌手机发起"《奇葩说》花式广告大赛，说出创意马东就念给你听！"通过 H5 用户输入自定义文字，或者选择一个模板文字，之后就可以看到视频中的马东真的念给你听（通过语音合成技术），还能听到自己的名字。

（资料来源：《奇葩说》：如何与品牌方一起玩转"奇葩"的娱乐营销，http://www.woshipm.com/operate/671664.html）

讨论：通过对该案例的了解，请分析网络广告策划和传统广告策划的区别。

三、思政课堂

推动互联网广告健康发展（市场漫步）

推动互联网广告行业健康发展，监管需要及时迭代升级，同时也要广泛依靠社会力量，畅通消费者投诉，加强广告主自律，强化行业协会监督，特别是要充分发挥相关平台的积极性和主动性，完善平台治理规则。市场监管总局日前公布2021年度医疗美容领域反不正当竞争执法典型案例，明确提出要整治通过"软文""种草笔记"等形式进行植入推广、虚假营销等变相误导公众行为。

"种草"一般是指宣传某种商品的优异品质以诱导购买的行为。"种草"由来已久，最早流行于各类美妆论坛与社区，直到移动互联网时代大量扩散到社交媒体平台、短视频平台、内容分享社区。这其中哪些是内容分享，哪些是商业营销，消费者往往很难辨别。

当前，自媒体"种草"逐渐成为一种商业营销宣传的新模式，其主要运营方式是品牌主或品牌代理商委托相应市场主体在相关平台通过被委托公司旗下自媒体、账号等发布所谓商品使用心得文章，并在互联网平台购买信息流量进行推广，利用消费者从众心理达到引流、"种草"的效果。

内容分享和广告营销界定不清，消费者权益就可能受损。事实上，多家平台都曾陷入内容造假风波，伪造消费者的"种草笔记"，其实是利用人们对原创内容的信任，招募写手代写、代发所谓的消费心得。这种"种草笔记"通过用户画像精准推送，极易激发一些用户的购买欲望。更有一些"种草笔记"含有虚假宣传、夸大其词的内容，让不少消费者吃亏上当。

当前，纯粹内容分享和广告营销的界限亟待厘清。分享还是广告，一个重要的判断依据是"种草"内容的发布者是否与商家签订合同或有所约定、收取费用进行宣传推广。如果构成广告，相关发布者必须履行《广告法》规定的相关义务，查验有关证明文件，核对广告内容，内容不符或证明文件不全的广告不得发布。

事实上，不仅消费者难以从"种草"内容中分辨背后是否签署商业合约，广告监管部门也很难在海量信息监测中快速甄别哪些是分享，哪些是广告。一些商家和博主以分享的名义进行营销，甚至虚假宣传，是不是有可能逃避监管呢？此次曝光的医疗美容领域反不正当竞争执法典型案例让人拍手叫好。从这些案例中可以看到，只要经营者对其商品的性能、功能、质量、销售状况、用户评价、曾获荣誉等进行虚假或引人误解的商业宣传，欺骗、误导消费者，就违反了反不正当竞争法，同样会受到处罚。

更为重要的是，应着力压实相关平台的主体责任，进一步完善互联网平台分级分类管理机制，明确平台法律责任，推动平台完善运营规则，加强内容巡查；平台也应自觉担起主体责任，不能任由代写、代发等灰色产业发展。否则，消费者终将离开充斥着虚假宣传的内容分享平台，平台自身的长远发展也将无从谈起。

面对互联网广告新业态的快速发展，推动互联网广告行业健康发展，监管需要及时迭代升级，同时也要广泛依靠社会力量，畅通消费者投诉，加强广告主自律，强化行业协会监督，特别是要充分发挥相关平台的积极性和主动性，完善平台治理规则。

（资料来源：林丽鹂　推动互联网广告健康发展《人民日报》2021年12月08日第19版）

四、知识扩展

1. 网络广告的起源

追本溯源，网络广告发源于美国。

1994年10月27日是网络广告史上的里程碑，美国著名的《Hotwired》杂志推出了网络版的《Hotwired》，并首次在网站上推出了网络广告，立即吸引了14个客户在其主页上发布广告Banner，这标志着网络广告的正式诞生。值得一提的是，当时的网络广告点击率高达40%。

2. 中国网络广告发展史

中国的第一个商业性的网络广告出现在1997年3月，传播网站是ChinaByte，广告表现形式为468像素×60像素的动画旗帜广告。Intel和IBM是国内最早在互联网上投放广告的广告主。我国网络广告一直到1999年年初才稍有规模。历经多年的发展，网络广告行业经过数次洗礼已经慢慢走向成熟。

任务二　网络广告的策划表现

一、知识认知

知识点一　网络广告策划的类型

1. 按照网络广告策划的内容分类

根据产品、广告内容的不同，广告可分为以下几类：

(1)产品广告：提供产品名称、规格性能、应用范围、使用方法、价格等方面的信息，目的是直接促进销售。例如，奥斯卡最佳女主角奖获得者查理兹·塞隆出演"真我香水"电视广告的女主角，她拥有一双完美修长的腿和无可挑剔的五官，作为经典与智慧完美结合的理想化身，塞隆大气尊贵的气质与品牌风格不谋而合。广告中将塞隆与中性的条件刺激进行配合，受众会对迪奥真我香水产生与广告中的女主角同样的感受，即对该产品产生了条件反射。广告演绎得让人感觉到产品的高品位，每个看过广告的受众都会觉得如果自己喷了真我香水，浑身也会散发出迷人气息。

(2)企业广告：也就是前面所提到的声誉性广告，可间接加强产品销售推广。例如，董明珠成为某电器董事长后，第一件事竟然是换掉代言人成龙，自己代言，不仅董明珠代表着公司的形象，还有现在的某手机品牌创始人雷军和"我为自己代言"的陈欧，他们勇敢地出现在镜头前，亲自上场代言自己的品牌。这不仅节省了一大笔代言费，还是对自己品牌信任、负责的态度(图4-2)。

(3)服务广告：是以各种服务为内容的广告，如产品维修、人员培训及其他各种服务活动等。例如，某中介公司的广告：国内专业的"本地、免费、真实、高效"生活服务平台！找工作、找租房、找二手房、找商铺写字楼，买卖二手物品，二手车交易，买卖宠物，找搬家、找保姆、找保洁，租车拼车，工商注册，婚车婚宴，一站解决！信息真实可靠，先行赔付！一站式优选家政服务，全面解决生活所需(图 4-3)。

图 4-2　企业广告　　　　　　　　　图 4-3　服务广告

2. 网络广告策划的要求

(1)符合企业整体广告活动的要求。网络广告不是一项独立的活动，而是企业整体营销活动中的一项具体工作。所以，网络广告目标必须符合企业的整体营销目标，要反映出整体广告计划的方向，配合整体广告活动。网络广告目标也要考虑多种制约因素，必须切实可行、符合实际，保证网络广告活动的顺利进行。

(2)清楚明确，可以被测量。广告目标的确立要求清楚明确，可以被测量，这样可以保证在广告活动结束后准确地评价活动效果。因此，广告主应尽可能在网络广告活动之前，将广告活动的目标具体化，使人们可以用比较合理的标准对其进行测量，而且能够细化为一系列具体广告活动的目标。这些具体广告目标的一一实现将保证总目标的实现。

(3)要有一定的弹性。广告目标必须明确，同时要考虑环境的各种变化对广告的影响。广告为了更好地配合整体营销的进程，可能会做出适当的调整。

3. 网络广告策划具体目标的选择

企业在选择具体目标时要考虑销售目标、传播目标及与品牌相关的广告目标，一般在产品的不同阶段，广告目标的侧重点是不同的。

(1)提高新产品的认知度。新产品除设计研究的过程中，必须考量客户对于产品的整体需求，还需要了解这个产品使用的价值和意义，这样，在广告中也可以通过过程来展示自己的产品，当全新产品进入消费者视野时，广告主最重要的广告目标之一就是告知，告知消费者新产品的产品特色、使用方法等。

(2)加强品牌印象。当产品已经走进顾客的心中，广告往往不需要过多地宣传产品具体内容，而是把产品品牌意识制作成品牌形象广告强化在消费者心中的印象。但是，这是针对消费者已经有了解基础和基本认可的企业，对于知名度不高的企业，一定要谨慎使用。

（3）打造生活方式。让消费者了解产品并逐渐接受产品之后，看到了生活方式的多种可能性，生活方式型广告主要强调某一产品如何适合某种生活方式。例如，一则苏格兰威士忌酒广告，展示一英俊男士一只手握着一杯威士忌酒，另一只手驾驶着他的游艇。

（4）树立企业形象。企业形象主要包括两个方面：一个是知名度；另一个是美誉度。知名度是指企业被其公众所知晓的程度，包括深度和广度。许多企业认识到了这一点，在公共关系活动中竭力提高自己的知名度，并为此在广告中研究自身的视觉形象设计、建筑形象、企业标识、色彩的运用等。可见，知名度是企业形象的外在表现形式，美誉度能体现企业形象的本质。因此广告设计中一定要着重强调树立良好的企业形象。

知识点二　网络广告的定位策划

网络广告定位是以商品定位为前提的，所谓网络广告定位，是指网络广告宣传主题定位，是确定诉求的重点，或者是确定商品的卖点。就其实质而言，网络广告定位也就是网络广告所宣传的产品、服务、企业形象的市场定位，是在消费者心目中为网络广告主的产品、服务、企业形象确定一个独特的位置。在对网络广告策划的过程中，一旦在分析广告对象的基础上明确了目标，就要考虑选择什么样的主题，以达到预期的目标。对网络广告主题的策划是对网络广告灵魂的塑造。一则广告如果没有主题，就会使人们看到后不知所云，没有印象。广告主题要做到简洁、鲜明、新颖、便于记忆，这样才能给人留下深刻的印象。例如，2008年年底各大电视媒体铺天盖地的"送长辈，黄金酒"的广告，就是抓住给长辈送礼品需要养生的同时还要有格调，从而有利于抓住消费者的心理。

网络广告定位要结合企业的市场定位，可以从不同的角度入手，如目标消费成功的广告定位是建立在准确地理解和把握商品定位的基础之上的，恰当的广告定位能增强广告的针对性，强化广告效果，起到事半功倍的作用，从而减少广告费用支出，提高经济效益。

1. 产品的定位策略

品牌定位点的开发是从经营者角度挖掘品牌产品特色的工作。必须强调的是品牌定位点不是产品定位点，品牌定位点可以高于产品定位点，也可以与产品定位点相一致。品牌定位点的开发不局限于产品本身，它源于产品，但可以超越产品。

（1）质量。质量定位是以产品优良的或独特的品质作为诉求内容，如"好品质""天然出品"等，以面向那些主要注重产品品质的消费者。适合这种定位的产品往往实用性很强，必须经得起市场考验，能赢得消费者的信赖。要求产品的所有技术指标均高于竞争对手，所采用的技术与世界同步，并不断地根据用户的使用要求进行技术改革，满足用户的需求。不断研发和引进世界最新的技术，制造出世界领先产品，满足市场的需要。

（2）功能。产品功能是整体产品的核心部分。事实上，产品之所以能为消费者接受，主要是因为它具有一定的功能，能够给消费者带来利益，满足消费者需求。如果某一产品具有独特的功能，那么品牌就具有了其定位时的优势，选择异于同类产品的特色，例如，某品牌特色洗地机，就因为不仅能扫地、吸尘，还具有水洗地面的功能，一上市就收到了广大消费者的好评。

（3）产品外观。产品的外观是消费者最易辨识的产品特征，也是消费者是否认可、接受某品牌产品的重要依据，产品形状本身就可形成一种市场优势。由此，如果选择产品的外观这个消费者最易辨识的产品特征作为品牌定位基点，则会使品牌更具鲜活性。如某感冒药将感冒药的颜色分为白、黑两种形式，并以此外在形式为基础改革了传统感冒药的服用方式。这种全新形式本身就是该产品的一种定位策略，使名称本身就表达出品牌的形式特性及诉求点。

（4）价格。价格是厂商与消费者之间分割利益的最直接、最显见的指标，也是许多竞争对手在市场竞争中乐于采用的竞争手段。由此推理，价格也可作为品牌定位的有效工具。以价格为基点进行品牌定位，就是借价格高低给消费者留下一个产品高价或低价的形象。一般来说，高价显示消费者事业成功，有较高的社会地位与较强的经济实力，比较容易得到上层消费者的青睐；低价则易赢得大众的芳心。

（5）附加值。品牌附加值是品牌通过各种方式在产品的有形价值上附加的无形价值，如运送、维修、安装、使用培训、产品本身品牌影响力等。无形价值与有形价值是同时存在的，它是在产品的物质功能基础上建立起来的消费者的精神享受。在不考虑品牌效应的情况下，对于功能、质量完全相同或相当接近的商品，其有形价值是相近的，一旦贴上品牌标签，则商品价格就完全不同。例如，很多奢侈品大牌的附加值甚至超过了产品本身的价值。

2. 优先定位

要想得到别人的认可，必须注意要给别人留下良好的第一印象，在心理学的角度分析，广告也应该先声夺人。

优先定位策略就是要抓住接受群体容易先入为主的特点，借助网络广告宣传产品、服务及企业形象，使其在消费者心目中占据领导者的第一位置。

这种策略适用新上市的产品及老产品进入一个新市场，或产品、品牌进入导入期时，运用差异化的策略（功能差异化、品牌形象差异化、概念差异化），通过视频形式的网络广告去刺激受众者的感观，在消费者某个心理区隔上占据一个领导位置，引导消费者购买，使产品在同类中具有领先优势。

3. 以退为进

当领导者地位已被别人占领，跟进者要想正面抗争十分困难，于是聪明的网络广告主或网络广告人往往委曲求全，以比照领导者的方法，为自己的产品争得一席之地。例如，某牛乳品品牌在初期力量非常弱，在乳品行业中微不足道，其品牌放低姿态，避免跟行业排名第一品牌起直接"冲突"，还提出"创内蒙古乳业第二品牌"的创意，并将之运用在户外广告上，这让很多人记住了某牛。某牛就是采用了以退为进定位策略，才拥有了今天的品牌价值和地位。

4. 流行文化元素

由于文化发展的非均衡性，要进行准确的网络广告文化定位，必须对目标市场的消费者行为进行广泛的跨文化分析，有关文化知识基本上可以分为两类，一是关于文化的事实知识，掌握起来比较简单，是关于文化的释意知识；二是释意知识，是指观察和理解文化差异的能力，包括对目标市场的道德规范、思维特性、价值取向、民情风俗、宗教信仰、文化教育及社会经济发展状况等的确切把握，这样才能应对由此而形成的各种消费需求。

网络广告的文化定位离不开本土这一基本坐标点，因此必须先客观分析自身所处文化的优点和缺点，合理定位，才能扬长避短充分发挥优势，要充分了解广告受众所处的文化背景，以其最容易接受的方式进行广告创意，以增强针对性，有的放矢。网络广告必须使用能被所有相关文化认同的信息符号，例如，近几年来，我国的传统文化越来越受世界的关注，无论是汉服、故宫还是有韵味的诗歌，都成了当下的热点甚至是时尚潮流的元素。随着我国实力的增长、国人民族文化自信心的崛起，国潮回归主流文化成为趋势。品牌要很好地抓住这一改变，可以国潮为广告的创作灵感，为品牌融入新动力，推动品牌核心价值的升华。

知识点三　网络广告的策划表现

拓展资料

广告的目的之一是说服消费者形成积极的品牌态度，进而产生购买行为。如何有效对消费者进行说服呢？

其中有两种说服方式是进行"理性诉求"和"柔性诉求"。什么是广告的理性诉求与柔性诉求？理性诉求与柔性诉求的标志有哪些？制约广告策划效果的因素有哪些？

1. 按诉求种类

（1）理性诉求。理性诉求是指广告诉求定位于受众的理智动机，真实、准确、公正地传达企业、产品、服务的客观情况，使受众经过概念、判断、推理等思维过程，理智地作出决定。这种广告策略可以作正面表现，即在广告中告诉受众如果购买某种产品或接受某种服务会获得什么样的利益；也可以作反面表现，即在广告中告诉消费者不购买产品或不接受服务会对自身产生什么样的影响。理性诉求广告是一种采用理性说服方法的广告形式，这种广告说理性强，有理论、有材料，虚实结合，有深度，能够全面地论证企业的优势或产品的特点，是现代化社会的重要标志，它既能给顾客传授一定的商品知识，提高其判断商品的能力，促进购买，又会激起顾客对广告的兴趣，从而提高广告活动的经济效益。

理性诉求的基本思路：明确传递信息，以信息本身和具有逻辑性的说服加强诉求对象的认知，引导诉求对象进行分析判断。理性诉求的力量不会来自氛围的渲染、情感的抒发和令人眼花缭乱的语言修饰，而来自具体的信息、明晰的条理、严密的说理。

例如某润肤露广告：某润肤露有三种不同滋润、配方和香味，充分呵护不同性质的肌肤。如白色润肤露含有天然杏仁油及丰富滋养成分，清香怡人，令肌肤柔美润泽，适合中性和油性肌肤。这则广告简单明了，将产品的特性和由此产生的功效一一准确阐述，可以使消费者对这种产品产生全面认识。

（2）柔性诉求。随着居民收入的大幅度提高，消费者的观念也在悄然发生着变化，人们纷纷转向于感性引导消费，凭自己的感觉喜欢什么就买什么，消费观念趋向个性化、差异化。如今，商品的品质差异越来越小，更多的人是因感觉而消费，广告中只要投入一定的情感因素，就可能会吸引人们的眼球，引导人们的情感投入，从而忽略了产品的厂家、品种、质地等过去理性消费时期的关注点，过去产品的硬性宣传已经落伍，取而代之的是柔和亲切的风格，让人们不知不觉融入广告情境中，使人们欣然地接受产品与消费。

例如，"你挥一挥衣袖，不带走一片云彩，我动一动手，不留下任何饭菜。"这是某大学食堂楼道处所张贴的一则公益广告，此公益广告运用了著名诗人徐志摩《再别康桥》中的诗文，用抒情的语调代替宣传珍惜粮食的直接宣讲，让受众在此意境中受到感化，从而自觉监督自己的行为。

2. 按表现方式

(1)感受式。感受式网络广告不同于传统的广告，感受式是鼓动消费者参与、体验、感受，在参与的过程中，潜移默化地对某个品牌或产品产生认同和接受，从而购买此产品。这种感受式的广告尤其适合网络等新兴媒介，因为新兴媒介更具有互动性。感受式网络产品是一种软广告，以消费者感受和体验为核心，目的是最终达到消费者购买、企业盈利的目的。

一些软件产品可以通过网络让消费者进行试用。通过产品的试用，让消费者亲身体验该产品的好处，这也是与顾客沟通的方式，同时，也可以听到消费者对产品的使用反馈，真实地使用体验就是最好的广告。

(2)奖励式。奖励式广告又称激励式广告，最初主要是在玩手游过程中弹出广告，用户可自行选择是否观看游戏介绍视频，看完视频会有积分或特定道具的奖励。在网络广告活动中，可设置即时可以得到的"奖励"，以诱导目标受众主动参加，从而达到深度诉求的效果。从心理学的角度来看，行动源于需要，而发于诱因，网上互动要有驱策力。"奖励"诱因是目标受众对营销活动产生行动的原动力，如赠品、优惠、奖品、会员卡、荣誉等。互动策略是网络广告活动成功的法宝。

例如，某新能源汽车为了增加客户的点击率，保证软件的日浏览量和新品的曝光效果，每天都有签到任务奖励积分，消费者可以通过奖励积分兑换商品，并在不知不觉中浏览最新的车辆信息和最新的产品，此互动策略非常有效。

(3)剧情式：悬疑、爱情等。剧情式广告是较新的一种创新形式广告，将广告投放到拥有剧情的故事片或故事短片中，剧情式广告不完全等同于植入广告，投资方会根据自身的产品特性要求制片方设计调整剧本。在网络视频中，将广告设计成几分钟到几十分钟不等，放到各种视频网站，如公交车、银行、超市中等内容形式和前两种基本一致，只是在时间上根据移动传媒的特性有所压缩或剪辑，便于"过客"欣赏。从制作成本方面来看，剧情式广告因为相对普通广告时间和剧情设计等方面原因会出现偏高的问题，但是广泛的应用场合与剧情式广告的"人缘"，使剧情式广告在投放后的效果上明显超过普通广告，因此，投资剧情式广告是今后广告发展的新方向，也会有越来越多的厂商将其作为自己首选的广告形式。例如，在综艺《奇葩说》中，总是用男女主角的爱情故事小短剧展现商品的浓浓暖意，加深观众印象。

二、知识训练

"多元派"：某牛奶品牌×《向往的生活 3》
让冠名不只是冠名
用沉浸式体验传达品牌诉求

近年来，快节奏、高压力的繁忙都市生活让人身心疲惫，因此，人们对品质生活的追求越来越高。作为《向往的生活》第三季独家冠名商，某牛奶品牌始终在为大众提供一条通向"更好"的路径。

节目里，某牛奶品牌既是明星嘉宾随时随地畅饮的"团宠"，也是黄磊老师潮流菜品里必不可少的"点睛之笔",红枣牛奶粥、醪糟冲蛋等各种花式吃法的软性植入,都从生活的各种角度潜移默化地影响着观众。另外,作为某牛奶品牌为节目特别准备的礼物,可爱的新伙伴小牛苏苏陪伴各位嘉宾和屏幕前的观众度过了一个个怡然恬静的田园生活……

对某牛奶品牌而言,这次娱乐营销不再只是简单的冠名,而是发掘双方价值理念关联,将产品特点与节目亮点完美融合。湖南卫视《向往的生活》第三季在既契合节目主题又突出产品亮点,并为产品打造场景式记忆点,营造沉浸式体验的基础上,进一步帮助某牛奶品牌加深与消费者的情感沟通,传达出"懂自然,自然更好"的产品理念。这些充满趣味、情感又极具话题性的场景,富有新意及创意玩法的植入,也让某牛奶品牌在娱乐营销中绽放活力。节目播出后便成功引起新一轮"某牛奶品牌"热潮,销量也获得大幅度提升。

(资料来源:五大案例,回顾湖南卫视 2019 创新营销高光时刻,https://www.sohu.com/a/368903012_505816)

讨论:通过对该案例的了解,请分析网络广告策划的策划表现。

三、思政课堂

中国广告协会发布《网络直播营销选品规范》

2021 年 3 月 18 日,中国广告协会召开《网络直播营销选品规范》(以下简称《选品规范》)发布会,这是中国广告协会继 2020 年 6 月发布国内首份《网络直播营销行为规范》(以下简称《行为规范》)后发布的关于网络直播营销选品的自律规范。多家拥有众多头部主播的 MCN 机构参加会议,对中国广告协会的网络直播营销选品规范表示支持并签署了《诚信自律承诺书》。

据介绍,《选品规范》旨在为网络直播营销及直播选品、直播销售和售后服务活动提供指南。《选品规范》包括条文和附件《常见行业商家商品资质要求》两部分,涉及商家、商品资质,质量检验把控,商品的直播描述,直播后出现质量问题的消费者权益救济,主播和机构在选品方面的基本要求与导向等。

中国广告协会会长张国华在致辞中表示,网络直播营销近年来对促进消费扩容提质起到了积极作用,在消费领域表现尤为亮眼。选品是网络直播营销业态的基础和源头,也是网络直播营销活动行为规范的关键环节之一,选品做好了,商品质量把住了,一方面将提升直播营销效果;另一方面将有效降低直播营销活动的风险。中国广告协会出台《选品规范》具有积极意义,一是及时追踪了当前网络直播营销业态发展快、作用大,但是门槛低的特点,对于帮助主播和机构提升选品能力,发挥直播营销业态有积极作用,十分必要和及时;二是直击业态发展中的问题痛点,直播营销中的产品质量问题是消费者投诉和反映比较集中的,行业组织加强选品规范,将有效维护消费者合法权益,营造良好消费环境;三是体现行业自律的出发点和落脚点,将助推主播和机构的诚信建设,保护消费者权益、服务业态健康发展,服务扩大国内市场,积极参与构建社会共治体系,体现行业组织的社会价值。

3 月 15 日,国家市场监督管理总局发布《网络交易监督管理办法》,对于网络交易监督管理非常及时。国家市场监督管理总局网监司负责人充分肯定中国广告协会加强网络直播营销选品自律规范的做法，他指出，网络直播营销是互联网经济的一种新业态，应当客观认识其积极作用和存在的问题，有针对性地解决问题，才能更好地发挥其作用，行业自律是行政监管的重要补充，在规范网络直播营销活动中扮演着重要角色。《选品规范》在《行为规范》基础上，更加深入务实，便于有关主体操作，是网络直播营销社会共同迈出的重要一步。他同时建议《选品规范》应与时俱进，根据实际情况不断完善。

十多家具有影响力的直播带货 MCN 机构代表参会，并在发布会上共同签署《诚信自律承诺书》，公开向社会承诺：支持并遵守中国广告协会《选品规范》，不制假售假；如实发布产品信息，不做虚假夸大宣传；直播中坚持正确价值导向，抵制低俗、庸俗、媚俗内容；确保产品售后有保障，服务过程可追溯。知名 MCN 机构"交个朋友"创始人黄贺发言表示，"交个朋友"直播间将认真贯彻落实《选品规范》的要求，主动作为，不断加强自身建设，充分发挥带头模范和宣传推广作用，维护消费者合法权益，营造良好直播带货环境。

淘宝、抖音电商、快手、哔哩哔哩、小红书等头部平台企业代表参加发布会，认为《选品规范》能够为业务提供风险提示，对相关业务开展起到保驾护航的作用。

（资料来源：中国质量新闻网记者：徐凤 2021 年 3 月 29 日）

四、知识扩展

1. 马斯洛的需要层次理论

（1）人类至少有五种基本需要，即生理需要、安全需要、爱与归属的需要、尊重的需要及自我实现的需要。其中，生理需要是其他各种需要的基础。

（2）上述基本需要是相互联系的，并且每种需要相对地组成层次，由低级（生理性）需要顺序地发展，组成一个金字塔式的结构。

（3）未满足的需要将支配意识，并调动有机体的能量去获得满足。已经满足的需要，就不再是活动的推动力。新的需要会取代已经满足的需要，而成为待满足的需要。只有当一些低层次的需要基本得到满足后，才会有动力促使高一级需要的产生和发展。

（4）缺陷：该理论过于强调自我，忽视了社会因素的作用。

2. 第一种网络广告形式

网幅广告和传统的印刷广告有点类似，但是有限的空间限制了网幅广告的表现，它的点击率不断下降，平均的网幅广告点击率已经不到 1%。面对这种情况，网络广告界发展出了多种更能吸引浏览者的网络广告形式。

3. 转化率

转化率是指访问某一网站访客中，转化的访客占全部访客的比例。这里所说的"转化"，可以是从单纯的访问网站转变成网站会员（即注册会员）的行为，可以是网站的会员从零购买经历转变成有购买经历的会员的行为，可以是从单纯的网站访客转变成参加网站活动的访客的行为，可以是邮件营销中的潜在客户转变成产品正式客户的行为。

任务三　网络广告的策划流程

一、知识认知

知识点一　网络广告策划的一般流程

网络广告策划的流程主要在于其网络平台的特殊性，策划的决策要经历循序渐进的过程：提出问题，分析问题，找到问题的关节点；确定决策目标；收集情报资料；拟订行动方案（计划）；方案评估、优化，决定最佳方案；贯彻实施，反馈调节。以市场营销中的广告战略策划为例，首先要分析市场，寻找市场机会，结合企业目标制定营销目标；其次是围绕目标制定出营销战略，并将战略细化为具体的计划——营销组合；最后是执行报告与评估结果。

1. 调查分析阶段

网络广告策划需要信息的调查涉及产品、顾客和市场，甚至网络媒介的方方面面，如企业状况、顾客收入、消费偏好、宗教文化等，具体来说包括市场调查和广告传播调查。前者包括市场环境调查、竞争状况调查、消费者调查、产品调查等；后者包括广告概念调查、广告创意调查、广告媒介调查和广告效果调查。

将前期调查获得的信息加以分析综合，确立网络广告策划的目标，划定策划范围，厘清细节，同时，也为广告后期的实施提供依据。可以说，围绕广告策划的前期调查分析，在相当程度上决定着广告策划及广告实施的效果和成败。

调查方法有抽样调查法、问卷调查法、新闻信息收集法等。

2. 拟订计划阶段

拟订计划阶段是广告策划的实质性阶段。由于广告策划本身是一个创造性的过程，不同的工作人员，不同的思考方式，使用不同的分析方法，都会得出不同的结论，因此要尽可能的多角度、综合多观点的进行整个广告的策略分析，尽可能降低实施过程中的风险。

在经过分析与整合后，就会形成一个较为明确的目的和纲要，其内容包括广告目的、预算设定、广告媒介、广告形式、广告语言、广告时间、广告地域、广告对象等问题。在这一过程中，实施团队一定要善于总结和提炼，为后来的一系列实施计划奠定基础。

值得注意的是，在目的和纲要形成过程中，不仅应该有广告设计人员参与其中，而且还应该有产品的设计者、生产代表、企业经营者、企业决策层等参与其中，以便产品的性能更多地被表现，策划得更加周全。

随后，应以各个方面对纲要进行充实，形成一个较为完成的计划书。计划书一旦形成，广告策划的大致方向就已经确定下来了，但这并不表示广告策划就已经完成，在随后每次计划书充实内容时，都可能对前面的计划进行调整和修改。一个成功的广告策划，通常需要进行多次反复的修改才能最终成型。在具体的修改过程中，要考虑到各类因素的变化，包括时间的变化、社会状态的变化、经济背景的变化等，每个突发的变化都可能使整个广告计划全线修正。

在网络广告中，临时修正的情况更为突出，由于网络本身具有即时性、多变性的特征，因此为了适应网络的特征，网络广告也应该相应保持其新鲜度。

经过反复修正后的广告计划将进入正式制订阶段，在这一阶段中，要对广告宣传和投放的各个环节制订更为详细的方案，其中包括网站及网页的选择、经费的预算、广告播放时间和时长、广告播放频率、网络广告的发布形式等。

3. 执行计划阶段

网络广告策划的执行计划阶段要完成网络广告设计制作和网络广告实施、评估、反馈两个任务。

(1)网络广告设计制作。广告设计是广告创意的体现，广告创意都期望被完美诠释，取得最佳广告效果。网络广告设计有多种形式，可以根据策划的需求选择使用。需要告知时，应当使用信息丰富的文字形式；想要表现吸引力时，大面积的图文结合效果比较好。广告设计表现一定要符合广告创意策略的要求，要有吸引力，还要提供充分的广告信息。

(2)网络广告的实施、评估和反馈。网络广告的实施、评估和反馈十分重要，直接关系网络广告策划的成功，不能因为前期准备充分就掉以轻心，网络广告实施、评估和反馈还关系着下一次网络广告策划的开展。

①实施。广告实施之前应再次分析有关市场调查、市场预测的市场报告，核对广告目标，确保广告活动始终围绕着广告目标，避免偏离。例如，广告的目的是打响品牌知名度、提升品牌形象，就应该关注广告到达的目标受众的范围和频次，可暂时不要求点击浏览人数；促销等特定的广告活动应关注到特定页面上查看详细品牌信息的目标受众的数量，此时，点击率就非常重要。

广告实施过程中还应该核查发布广告的网站，保证广告的点击率。根据网站的种类选择适合的广告发布载体，以站点流量、点击率来测广告点击率及广告目标的达成状况，和广告发布网站保持沟通和了解，随时获知广告的到达情况，点选情况、修正和完善后续的广告活动。随时了解广告的发布情况，及时进行网上调查、受众情况分析，使策划紧跟网络广告的实施，保证广告活动与受众的及时互动。

②评估。网络广告实施后必须进行评估。评估的目的是分析活动中得到的数据，与之前的市场调查、市场分析、市场预测结果对比，通过定量分析和定性分析，找出偏差，完善和指导以后的活动方案。在定量评估中，尽量比较计划和执行在量上的区别；在质的评估上，要研究广告实施过程中广告效果的呈现及广告的衰竭曲线。

③反馈。传播学上的反馈是指受传者对接收到的信息的反应或回应，也是受传者对传播者的反作用。反馈体现了现代社会传播的双向性和互动性，是传播过程不可或缺的要素。信息的反馈能使传播者及时了解传播对象对信息的需求、希望或评价等，传播者据此对传播的内容或形式进行调整，使之更符合传播对象的口味和需要。对反馈信息的态度直接影响策划活动。同时，反馈要遵循反指导性原则，因为它又是下次网络广告活动的开端。

知识点二 网络广告策划书的内容与格式

网络广告策划书的内容包括市场环境分析、竞争对手分析、网上消费者行为分析、产品分析、优势/劣势/机会/挑战分析、广告目标与主题、定位与瞄准、与传统广告的整合、网络广告创意与互动方案、网络媒介方案、网上促销与公关的配合、测试与评估方案等，事先进行周密的策划，才能保证广告活动有条不紊地顺利实施。完整的网络广告策划书包括以下要件。

1. 项目概述

对于项目的名称应该选取容易记忆、以描述为主的项目名称，以方便讨论、记录与提案。对于项目的描述应尽量用简短的文字来描述广告项目，活动的目的是什么？采用什么形式？做了哪些工作？对这个项目的期望有多高？尽可能清楚地、准确地描述这些问题，便于执行。

2. 市场分析

市场分析是网络广告策划的基础，主要包括市场环境分析、竞争对手分析、网上消费者行为分析和产品分析。市场环境分析主要分析网上目标市场的潜力、企业竞争对手最近的动态、干预政策等。具体的广告策划要受到各种市场环境因素的影响，这些市场环境包括自然环境、国际环境、国内政治环境、行业环境、技术环境、企业环境等。策划前应尽量收集、掌握产品、企业销售渠道，企业以往的广告活动情况等企业内部资料，还应收集相关政策、网民人口构成、网上消费行为、市场供需、电子商务发展情况等企业外部资料，得出具体的市场环境分析。

3. 竞争对手分析

竞争对手分析主要是弄清楚本企业、本产品直接竞争对手和间接竞争对手的整体销售情况，比较各自的长短。了解竞争对手的网上广告活动、广告传播量、在哪些网站上投广告、选择了什么样的网络广告形式、费用大小及网上广告诉求等。重点弄清楚下列问题：哪些竞争对手在做类似的工作，是否正和别人竞争，使用类似的战术，项目什么地方比对手做得更好，从竞争对手那里可以学到什么。

4. 网上消费者行为分析

网上消费者行为分析主要是分析网上消费者的消费情况，充分了解目标消费者的特性。例如，网络用户多有猎奇心理，对网页的吸引力的要求较高，网页广告和内容如果不吸引人，就不会引起他们的关注，广告设计时应针对这一心理，提供简洁的广告信息。网络用户具有较高的教育水平，这一特征有助于企业开发有影响力和购买力的潜在消费群体。消费者分析的重要内容：上网的人口有哪些，他们整体的人口统计特征与心理特征是什么，谁是这个项目的目标对象。使用人口统计特征（地理、年龄、收入等）、社会观点（环境保护主义、体育迷、政治团体、时髦、开放等）、历史消费记录，通过大数据的整合和挖掘方法构建目标群体模型，描绘出对这个项目产生反应的理想目标群体，通过这一模型可以了解目标消费对象的需求和爱好，为开发企业的潜在目标市场做好准备。

5. 产品分析

网络广告的目的是推介产品。只有对产品有全面深入的了解，才能准确把握产品的卖点，进行有针对性的广告宣传。对产品的分析首先要了解产品的特征，掌握产品的性能、质量、生产材质、生产工艺，以及与同类产品的比较等；其次要了解产品的生命周期，在产品的不同生命周期阶段，营销的策略和手段都是不同的，必须弄清楚产品目前处于什么样的生命周期，才能更好地进行广告的创意与策划；最后要明确产品的品牌形象和市场定位，这对于媒介的选择和目标消费群体的确定都是至关重要的。

知识点三　网络广告策略

网络广告策略包括以下几个方面的内容。

1. 网络广告目标

网络广告目标的描述可以是定性的传播效果，也可以是定量的相关响应指标数。在传播效果上既可以是品牌形象的建立，也可以是产品功能特性的认知。在相关响应指标上，既可以是网民的点击率、响应率，也可以是实际的销售数。

2. 目标市场策略

任何一个企业的任何一种产品，都不可能满足现代社会所有人的需要，这就要求企业认定自身产品的销售范围、销售对象，这个被认定的销售对象，就是产品的目标市场，也就是网络广告宣传的目标市场。例如，婴幼儿洗发液的目标市场是年轻的父母。有的产品的目标市场可能有多个，例如，书架的目标市场有图书馆、学校、机关、知识分子家庭等各个阶层的人。

（1）表达方式。广告的表现策略主要体现在广告的主题和广告的创意上。广告主题是广告的中心思想，是广告内容和目的的集中体现与概括，是广告诉求的基本点，也是广告创意的基石。广告主题在很大程度上决定着广告作品的格调与价值，它是广告策划、设计人员经过对企业目标的理解，对产品个性特征的认识，以及对市场和消费者需求的观察、分析、思考而提炼出的诉求重点。广告主题必须是真实的、可靠的，服务于广告目标，必须蕴含商品和服务的信息，必须保证消费者的利益，必须鲜明而具体，使人一目了然。广告主题有广告目标、信息个性和消费心理三个基本组成部分，三者相辅相成。广告主题是广告的核心与灵魂，所以，广告主题要深刻、独特、鲜明、统一，要防止广告主题同一化、扩散化、共有化。

例如，李宁广告的主题"一切皆有可能"广告创意就是该企业的广告诉求以有创造力的形式表达出来，制造与众不同的视听效果，最大限度地吸引消费者，从而达到品牌传播与产品营销的目的，是广告表现的重要载体。另外，广告表现的风格、各种媒介的广告表现和广告表现的材质都承载一个广告内涵。

（2）网络媒介策略。网络媒介是一种对广告媒介进行选择和组合的策略，由于不同媒介有不同的定位，其受众略有差别，收费标准也不同，因此，正确选择媒介对于广告的成功有至关重要的作用。

媒介的选择可以参考该媒介之前所做广告的曝光次数、点击次数、点击率、转化次数、转化率等指标，另外，广告产品应符合受众的定位，即广告应该投放到其受众潜在消费者的频道或网页。只有定位一致才能将广告传达给特定的目标消费者。

网络广告媒介的组合可以考虑以下三种策略：

①不同网络媒介的组合。网络媒介主要包括网站、自媒体、邮件列表、终端软件等。不同的媒体各有优势和不足，不同的媒体组合后能互相取长补短，最大限度地覆盖网络广告受众，有效发挥各种广告的强势效果。

②不同网络广告形式的组合。单一的广告形式只能满足一部分人的浏览习惯，广告形式的单一势必会流失很大一部分受众，动态的画面、含有互动游戏的广告能打动青少年网民，而旗帜型等大幅面的页面内嵌广告更容易吸引那些上网寻找信息的中青年网民。

③网络媒介与传统媒介的组合。网络媒介不可能完全取代传统媒介，两者有效的结合必定产生惊人的效果，在网络上投放广告的同时，要注意利用平面广告进行复合和交叉媒介宣传，以提高广告站点和公司站点的知名度。

知识点四　网络广告策划如何求新求异

1. 建立稳定主创团队，整合广告创编资源

要将传统广告创意流程的线性模式打破，将具体化与细节化逐渐转化为框架与整合。一般情况下，传统广告创意的诞生，采取的线性模式是市场调研部、策划部、客户部及创意部。在传统创意广告的发展中，创意广告内容往往需要广告人先行制作好，然后利用相应的媒体进行广告传播，使消费者能够对产品有进一步的认识，作为消费者只能被动接收相应信息。同时要掌握广告的娱乐化发展趋势，广告朝着娱乐化方向发展的主要目的是使消费者的精神需求能够得到满足，这就需要广告创新工作人员能够将传统媒体框架束缚打破，促使消费者能够参与到广告创新中，这样可以在很大程度上实现广告的更好发展。

2. 多屏互动，广告的投放渠道开拓提供了新的契机

在当今新媒体快速发展的背景下，传播技术使广告创意得到完善与创新。要强化受众参与性，增强与受众之间的互动，海量的信息内容使受众的注意力被吸引，这给广告的发展带来了一定的危机。因此，需要对新媒体互动性进行合理应用，这样才能将传播者与受众之间的距离消除，将受众分众化与小众化现象更好地解决。例如，现如今自媒体广告传播的一个明显特征就是将一些关联性较高的广告与内容信息进行了融合，实现了广告即内容。将广告信息融入幽默、搞笑、轻松、美文、实用生活贴士等内容中，以强烈的可读性、亲和力提升用户对广告的消费体验，避免了生硬劝服带来的用户抗拒。这种方式既增强了广告的传播效果，又不会损害用户的浏览体验。

3. 提升艺术审美追求，创新文化内容

网络广告受众群体比较年轻，对于新鲜事物更容易接受，而且愿意思考、充满激情、对生活更加向往，追求智慧的力量与自由平等的精神。对于这类群体，如果内容符合其人生观、世界观与价值观，那么他们是愿意接受并传播相应内容的。在此背景下，广告创新工作人员要对此类群体的实际特点与发展规律等进行正确认知，利用高品质、充满智慧的创意，吸引更多此类群体人员的注意力。例如，可以通过举办广告创意创新设计大赛的方式，引起群体的关注与重视。对于优秀的广告作品，要及时进行宣传，将创意与现代最为流行的元素及内容进行有机结合，以提升人们的关注度。通过不同的方式，营造出重视创新、推崇创新的文化氛围。除此之外，还要进一步提升广告的创新维度与创意维度。从不同角度对广告所要传达的内容进行阐述，使受众能够对广告的深一层含义产生正确的理解。

4. 善于出奇制胜，思维保持多角度

网络广告创新构思体现了广告设计的艺术价值和艺术魅力。广告创新构思的优劣直接决定着广告设计的艺术地位。比如，在日本有一种名为"沃尔沃"的别针，这种别针质量暂且不论，但其广告设计新颖独特堪称经典，展现了较高的艺术价值。也许有人会说这则广告一定投入很高，聘请了明星做代言，其实这两者都没有，该广告凭借出其不意的广告创新构思赢得了广大消费者的赞誉，体现了产品过硬的质量。仅是简单地把别针做成汽车形

状，之后放在蓝色的场景之上。花费之小令人咋舌，朴素之极令人惊讶，但其构思在当时是独一无二的：把小小的别针做成汽车形状，预示着别针质量过硬，就像汽车的外壳一样安全可靠。就这样一个朴素的广告在当年国际广告节上获得了金奖。可见广告设计并不是资金投入越多就越好，也并不是邀请明星来展现明星效应，而是要用新颖独特的构思。

二、知识训练

papi酱2 200万天价广告真相：四方的狂欢

当papi酱的广告拍卖，最终以2 200万元定锤的时候，这场由罗胖、杨铭（papi酱CEO），以及丽人丽妆和投资人们，四方一起自导自演的狂欢才刚刚开始。

2016年4月21日下午，papi酱广告拍卖会在北京诺金酒店举行，丽人丽妆最终以2 200万元成为本次标王，这次拍卖会也被罗辑思维称为是"新媒体史上第一拍"。

papi酱CEO杨铭透露，本次广告拍卖所得2 200万元将全部捐赠给papi酱母校中央戏剧学院。我们不去质疑所谓线上线下同步拍卖，有细心的网民发现，直播本次拍卖的平台是优酷，优酷是阿里投资的，丽人丽妆也是阿里投资的，拍卖平台也是阿里提供的，罗胖是优酷投资的，这整个拍卖就是一场秀。

随后，罗振宇对于此质疑，在朋友圈回应"别传什么阿里家宴了。很显智商。2 200万元去做个局？这钱是要真金白银捐出去的。您倒是做啊"。

但如果从资本层面来做局呢？

把时间倒回到一个月前，罗辑思维宣布联合真格基金、光源资本和星图资本三家联合投资papi酱1 200万元人民币，"外界"传言估值3亿元人民币。

随后，根据腾讯科技报道，实际上本轮1 200万元人民币投资占股12%，其中真格基金、罗辑思维、光源资本、星图资本分别持股比例为5%、5%、1%、1%，也就是说真实估值1个亿。

无论具体估值是1亿，还是3亿，按本次2 200万元的收入，根据papi酱过往视频制作成本与发行成本，即使加上传播成本，也至少有2 000万元以上的利润，假设一年只做这一单广告，按照广告、传媒、文化行业普遍6～15倍PE，就按15倍PE算，下轮估值将会在3亿元人民币左右。

当然，papi酱不可能一年只接一单广告，所以下轮估值还会有很大的增长空间，总之第一轮进去的投资人，将会赚得钵满盆满。

又或者这本身就是事件营销？

根据腾讯财经的报道来看，该公司是一家美妆电商公司，公司成立于2012年，阿里是其A轮投资方，但占股比例不高。报道中，丽人丽妆的COO黄梅透露，该公司去年刚刚完成一亿美金B轮，已于2020年上市。

作为一家知名度相对一般市场份额也不算太大的美妆电商公司，暂且不说上市，就自身市场营销节点来看，他们需要一场针对市场认知度的传播。

再回到papi酱事件，从百度指数可以看出，papi酱于2016年2月突然爆红，紧接着罗辑思维宣布投资papi酱，随后各种"网红排行榜"在业内流传，到papi酱广告拍卖，到视频被"点名下线"事件，再到2 200万元拍卖价收尾，这看起来就是一个完整的事件营销，借助这个事件，丽人丽妆获得了大量的关注度。

也就像罗胖之前说的那样，这个广告多贵都有可能，他的价值不是罗胖与 papi 酱广告本身，而是"新媒体标王"这个称号，这个称号背后是全民的关注。

要知道比 papi 酱火的网红有很多，根据热血马广告的报价单来看，他们的广告报价还不到 2 200 万元的 1%，即使放在整个内容生态来看，那些电视台、互联网热播的综艺节目，那些亿级播放量、高成本制作的综艺节目，单集的冠名、贴片、口播加内容深度合作的报价也很少有超过 2 000 万元的。

但实际上这个标王是否真的有效，是否真的被大众关注，可能只有丽人丽妆自己知道。因为从一开始，这个事件就只在小范围传播，更多的大众可能并不知道这次拍卖，从优酷同时观看直播的人数就可以得出结论，怕就怕这个事件营销还触及不到用户，只在业内传播。

（资料来源：papi 酱 2 200 万天价广告真相：四方的狂欢，http：// www.myzaker.com/article/57198edf1bc8e08b37000005）

讨论：通过所学知识，请分析此事件网络广告策划的新奇思路。

三、思政课堂

规范网络电商广告用语

"全网仅一家""史上最低价""销量总冠军""行业领导者"……打开互联网平台的商品页、直播间，广告极限词并不鲜见。一些消费者被类似广告吸引，购买商品或服务后却发现名不副实，既影响体验又面临维权难题。

滥用广告极限词属于违法行为。《广告法》明确规定，不得使用"国家级""最高级""最佳"等用语。由于语言词汇的复杂性，列举所有极限词并不现实，因而在具体实践中，需要把握立法本意。参照《广告法》对虚假广告的界定，商品或服务的质量、价格、销售状况、曾获荣誉等信息与实际情况不符的，即属违法。那些动辄标榜"唯一""独创""问鼎""极致"却又拿不出有效证据的商家，其广告用词明显不适当。有的商家要小聪明、打擦边球，采用异体字、谐音等方式变相使用极限词，实质上也涉嫌违法。

滥用极限词的虚假广告，其危害值得警惕。商家使用极限词发布广告，实际上利用了信息不对称，损害了消费者的知情权。从长远来看，这种行为也是在透支商家自身的品牌信用，无异于竭泽而渔。如果助长类似行为，就会形成"破窗效应"，导致"劣币驱逐良币"，最终影响的是行业的良性发展。实际上，有的商家也自食苦果。据媒体报道，某地公安部门侦破一起案件：有不法分子在电商平台搜索包含"最""永不"等词的广告，以广告用词违法、要投诉举报为由，向商家敲诈勒索。

互联网时代，当滥用极限词的虚假广告搭上技术的便车，其负面影响更不可小视。起起伏伏的价格、稍纵即逝的福利，常令人眼花缭乱、无暇思考。销售渠道的丰富多元、广告形式的灵活多变，也对监管的覆盖面、精准性、灵敏度提出了更高的要求。广告极限词虽被明文禁止，但仍有商家铤而走险，究其原因在于相关做法成本低廉、屡试不爽。商家以极限词为卖点，吸引消费者掏腰包，往往只重售前不管售后，让消费者直呼上当受骗。由于维权成本较高，不少顾客也没有时间和精力去找商家讨说法。在这种背景下，对于网络电商广告的失范行为特别是广告极限词等乱象，亟待有针对性地加强治理。

规范网络电商广告用语，整治滥用极限词乱象，需要多措并举，久久为功。在技术层面，应当与时俱进，加强创新，更好运用现代信息技术进行监管。互联网的普及让商品更容易被消费者检索到，也方便了对极限词使用的捕捉、筛查；让商家可以随时做广告、发文案，也有利于监管部门及时存储数据、留存证据。在机制层面，不妨畅通渠道、充实力量，让媒体、用户、志愿者等发挥更多作用，进而延展监管触角。同时，还应加强引导，帮助广大消费者提高警惕，积极辨识、揭露虚假广告。另外，采取有力措施加强管理，让不法平台、商家、代言者付出应有代价，也有利于激发警示效应，推动行业加强自律。

11月26日，《互联网广告管理办法（公开征求意见稿）》发布，明确将以互联网直播等方式直接或间接地推销商品或服务的商业广告、跨境电商广告纳入监管。面向未来，紧跟互联网业态发展，落实落细监管举措，严格规范广告发布行为，才能推动互联网电商恪守底线、健康发展，维护好消费者的合法权益。

（资料来源：人民日报《规范网络电商广告用语》作者刘念，2021年12月15日）

四、知识扩展

1. 网络广告联盟

网络广告联盟又称联盟营销，是指集合中小网络媒体资源组成联盟，通过联盟平台帮助广告主实现广告投放，并进行广告投放数据监测统计，广告主则按照网络广告的实际效果向联盟会员支付广告费用的网络广告组织投放形式。网络广告联盟包括广告主、联盟会员和广告联盟平台三要素。

2. 富媒体

富媒体（Rich Media）是以动画、声音、视频为交互性的多媒体组合等技术设计的广告。其包括利用一些矢量技术制作的广告，运用一些程序语言实现或控制的广告，利用一些流媒体技术制作的广告，富媒体邮件广告，其他如微型站点、插播广告、鼠标指针广告等。

3. 画中画广告

画中画广告是指在文章里强制加入广告图片，这些广告和文章混杂在一起，读者有时无法辨认是新闻图片还是广告，即使会辨认，也会分注意力。该广告将配合客户需要，链接至为客户量身定做的迷你网站，大大增强广告的命中率。该广告一般大小为360×300，甚至可达到360×408，主要在网站的内容页面（如新闻、文章的页面）投放。

项目小结

一、核心概念

网络广告策划 Network Advertising Planning　　网络广告的策划 5M 法

流程策划 Process Planning　　广告定位 Advertising Positioning

理性诉求 Rational Demand　　项目概述 Project Overview

市场分析 Market Analysis　　竞争对手分析 Competitor Analysis

消费者行为分析 Customer Purchasing Behavior Analyst

产品分析 Product Analysis

二、思考与讨论

1. 什么是广告策划？什么是网络广告策划？两者有什么联系？
2. 网络广告策划的基本方法是什么？
3. 网络广告策划的定位原则有哪些？
4. 网络广告策划的流程是什么？
5. 网络广告策划的项目书包括哪些内容？

三、案例分析题

空调广告策划书

案例：南风 KY-16 移动型空调。

前言：空调大战的序幕在杭州市场早已拉开，"东宝""春兰""西泠""华日"等产品在市场中各领风骚，竞争十分激烈，市场营销几乎处在饱和状态，加之现已进入初夏时节，南风 KY-16 移动型空调却姗姗来迟。针对上述情况，本公司的促销广告重点应放在诱发消费者对南风移动型空调的爱好和兴趣上，突出宣传该产品的独特性能——可随意移动，制定出一整套营销策略。

市场调查：

A. 在杭州地区的空调市场主要产品样式为壁挂式、窗式、立柜式，在安装使用上只能固定在一个空间内，且耗电大。

B. 近年来，世界大气检测中心和我国大气检测站预报今夏气温比往年有所升高，给本身就十分炎热的杭州地区居民的生活带来许多不便。

C. 近年来，杭州市区大搞建设，拆房建路，涉及千家万户，居民拆迁流动大。拆迁户租借的临时房屋大都比原住房面积小，且居住时间短。这样大批拆迁户就需要一种制冷性强、安装方便、可以移动、耗电量小的经济制冷器，南风 KY-16 移动型空调正是如此，这时就可进入占全市 30％以上的拆迁户家中。

D. 杭州市为省府机关所在地，政府机关、科研单位、大专院校、文化演出团体、中小型企业众多，工薪阶层占全市人口的 65％以上，在生活上大都有勤俭节约的习惯，在家庭投资心理上求其方便、节能、实用。

竞争分析：杭州市场现在已被省内外几家空调生产单位所占领，但分析南风 KY-16 型空调的特点，有它的竞争优势。虽然该产品是近两年才进入市场的，在各地也做了电视、报纸广告，只因创意主题不明确，广告定位不准确，设计方案不精彩，在广大消费群体中没有产生震荡效应。鉴于以上情况，本公司制定了在短期内使南风 KY-16 移动型空调尽快挤进杭州市场的策略。

目标市场：政府机关、科研单位、大专院校、文化演出团体、饭店旅馆、拆迁户及中小型企业。

广告策略：

A. 突出南风 KY-16 移动型空调可以移动的优势，大力传播其能多处使用的产品特点。

B. 突出周全服务，体现企业雄厚实力，建立广泛的认同感和信任感。

C. 凭借媒体传播，使南风 KY-16 移动型空调在质量、价格、节能、形象、服务等方面所反馈产生的综合效应优于其他产品，使消费者深知这一产品的存在，并产生强烈需求。

D. 树立为大众全心全意的服务宗旨，使销售工作顺畅进行。

广告中心：强调广告语，"南风空调，随心所移"。

广告运作方案：

A. 预备期(制作期)：时间在5月15日前，着手制定广播广告文稿、报纸创意设计、电视广告创意设计和制作。

B. 传播期：时间在5月16日开始，同时黄金时间在三大媒体中向全市传播一周。

C. 二度传播期：时间在5月25日开始，根据传播后结果调查再加强广告密度，在四五天内完成上周所有广告传播内容，要使80%以上市民对南风KY-16移动型空调的品牌、厂家和代理商加深了解，对南风KY-16移动型空调有一定的感性认识。

D. 销售期：时间在6月5日，在武林广场举办大型促销活动(具体办法待定)，主要目的是让产品与消费者直接见面，在活动中回答消费者的提问并当场发送DM广告，突出宣传它的随心所"移"的优越性，在人们心目中增加知名度，使人产生购买欲望。

媒体推荐：

A. 广播电台(拟用西湖之声广播电台)。

理由：杭州诸多广播电台中西湖之声栏目丰富，以新闻、商业信息及综合娱乐节目为主要特色，在杭州地区收听率较高。

B. 电视广告(拟用明珠电视台)。

理由：明珠电视台以娱乐节目为主，雅俗共享，收视率高，在娱乐节目中经常硬行穿插电视广告节目，使观众在轻松愉快中了解产品信息。这种传播手段要优于专设的广告栏目，更有机会被观众接受。

C. 报纸广告(拟用钱江晚报)。

理由：该报纸是全省发行量最大、传播最广的晚报，在杭城几乎人手一份。若在该报纸创意设计一系列精致广告，可达到家喻户晓的程度。

D. 大型促销活动(采用方式暂未定)。

理由：三大媒体传播在视听观众心目中产生共鸣后再举办大型促销活动，有机会使消费者与产品、厂家、代理商直接见面。

南风KY-16移动型空调在杭州地区制定三媒体一活动的广告战略所需费用预算：

广播电台：西湖之声广播电台播放一周，每日4次，计28次。广播广告内容创意文稿，制作节目，共计10 000元。

电视广告制作：胶片广告为60 000元(加3D制作)。明珠电视台连续播出一个月，每天2次，计36 000元。

报纸广告：设计制作并连续三天刊登，计3 050元。

广场促销活动：横幅、场地租用、秩序维护、DM广告印刷制作等需费用100 000元。

总预算：257 050元。

总　　计：260 755元。

广告评估(略)

(资料来源：百度文库)

项目五

网络广告创意

　　通过对本项目的学习，学生对网络广告创意有了更深层次的认识。本项目要求学生对网络广告创意的原则、要求和注意事项有一定的了解，并深刻理解网络广告创意、创意策略和创意设计等基本概念。学生通过知识训练能够掌握如何进行网络广告创意产生的方法，通过接触网络广告典型创意案例的学习和分析，在案例的辅助下掌握创意产生的步骤，系统掌握网络广告创意的思维方法和过程。

知识目标

1. 了解网络广告创意的基本含义。
2. 了解网络广告创意的原则。
3. 了解网络广告创意的方法。
4. 了解网络广告创意的策略。
5. 了解网络广告创意的步骤。

能力目标

1. 能够深刻认识网络广告创意的重要性。
2. 具备网络广告创意的思维方式。
3. 具备网络广告创意的创新能力。

课件：网络广告创意概述

素质目标

1. 培养学生树立正确的价值观。
2. 培养学生建立网络广告的创意意识。
3. 培养学生创新思维的能力。

任务一　网络广告创意概述

一、知识认知

知识点一　网络广告创意的概念

1. 创意

创——创新、创作、创造……将促进社会经济发展。

意——意识、观念、智慧、思维……人类最大的财富，大脑是打开意识的金钥匙；创意起源于人类的创造力、技能和才华，创意来源于社会又指导着社会发展。人类是创意、创新的产物。类人猿首先想到了造石器，然后才动手动脚把石器造出来，而石器一旦造出来类人猿就变成了人。人类是在创意、创新中诞生的，也要在创意、创新中发展。创意即创造意识或创新意识的简称，是对传统的叛逆，是打破常规的哲学，是一种通过创新思维意识，从而进一步挖掘和激活资源组合方式进而提升资源价值的方法，是破旧立新的创造与毁灭的循环，是思维的碰撞、智慧的对接，是具有新颖性和创造性的想法，也被称作不同寻常的解决方法。正因为创意的出现才产生了无数新颖的实物，使人们的物质和精神生活更加精彩。

创意是一种突破、产品、营销、管理、体制、机制等方面主张的突破。

创意是逻辑思维、形象思维、逆向思维、发散思维、系统思维、模糊思维和直觉、灵感等多种认知方式综合运用的结果。要重视直觉和灵感，许多创意都来源于直觉和灵感。创意不仅属于广告领域，创意存在于人们的生活中，如产品设计、艺术设计、包装设计及社会和经济之中都存在创意。在艺术史上，塞尚打破了古典艺术的规则，他更多地表现画家对客观事物的主观感受，体现出更鲜明的艺术个性。他将事物用几何图形去概括，塑造出强烈的质量感和体积感。这种创新的艺术风格也影响到后来的立体主义，他创造了一个艺术的新世界，所以，塞尚也被称作现代艺术之父。在现代艺术的发展史中，人们可以看到许多具有创意的伟大艺术家，他们不断地打破传统，推翻旧的理论，建立新的规则，因为他们的存在，成就了绚烂的现代艺术史，让人们看到风格多样的艺术作品。

2. 网络广告创意

广告创意是介于广告策划与广告表现制作之间的艺术构思活动，它不仅是一种表面的设计构成形式，而且是以正确的品牌理念和传播策略为指导的表现形式，广告创意的形式永远是为内容服务的。

网络改变了世界，带来了一场新的传播革命。网络广告就是通过互联网来发布和传播营销信息，从而引起受众和广告主之间互动的活动。由于互联网与传统的大众传媒的差异性，使网络广告与传统广告相比，具有其自身的特点。在网络广告创意中，广告设计人员要充分利用网络技术优势，根据不同的传播内容和受众创造出丰富多彩的作品。以往传统广告效果所依赖的强制性、单向性的传播，以及对渠道的强调和重视，在互联网的环境中已经发生了翻天覆地的变化。

在互联网的环境中，信息的海量化、传播渠道的密集化、信息发布主体的复杂化，已经使如何争夺用户的注意力，引起用户的关注，并进行互动沟通成为信息传播的核心问题。信息的发布很容易，但要产生效果却越来越难。没有创意就等于没有传播。与传统广告传播相比，创意在互联网广告传播中具有更重要的地位和价值，而且创意的表现形式和特点也有重大变化，网络广告创意也不例外，企业将广告投放于信息海量的互联网上，消费者对广告创意提出了更高的要求。在互联网时代，人人都可以既是信息的制造者，又是信息的传播者。媒体的界限已经模糊，信息传播是双向的、交互的。同时，互联网技术的日新月异为广告创意开辟了一个又一个全新的表达空间，创意本身在技术的支持下，不断创造着新的表现形式，使广告创意、品牌塑造的能量有常新的发挥余地和传播渠道。正因为互联网广告创意形式的不确定性和多变性，决定了互联网广告创意在品牌的整体广告传播中发挥着越来越特殊的作用。

因此，可以将网络广告创意概括为根据广告所要表现的主题，经过精心思考和策划，运用艺术手段和网络工具将所掌握的材料进行创造性的组合，以塑造具体的、可感知的形象的过程。网络广告作为一种新型的媒体广告，是基于网络技术发展而产生的电子广告。它融合了文字、图像、声音、视频等媒体信息，综合调用人的多种感官来传递信息。随着工程师对新网络平台的开发，设计师开始探索和研究交互式、体验式类型的网络广告，新设计出的网络广告投放准确，广告形式受到用户喜欢。

知识点二　网络广告创意的基础

在确定广告创意之前，广告人应该明确广告创意的基础，把创意之前的工作做好才能使创意顺利地实现。要了解在广告活动中，广告主的根本目的是要通过有效的宣传来促进产品的销售。在网络广告的实施过程中重要的目的是要找到企业或产品的关键问题，并通过广告妥善地解决。广告的基本功能就是传递信息，在传递信息的过程中，广告必须针

杯中岁月

对关键问题及消费者的关注点，使企业的广告宣传活动获得最佳的经济利益。下面，我们来具体说明进行网络广告创意之前几个重要问题。

（1）要确定主题。为某一产品或服务制作网络广告必须清楚广告需要传达什么内容，了解企业的意图和要求，把握产品的特点。在网络广告创意设计过程中利用图片、图形字体、色彩等视觉元素突出产品的诉求，准确地传达信息。

所有的精妙构思都是为展现产品信息服务的，不能为了突出广告的形式感而忽略了所要传达信息的清晰性。例如，有一些广告创意采用抽象的图像或极少的文字，制造画面的视觉美感，这样也许能体现广告画面的艺术效果，但却不能保证广告信息的有效传播。广告信息可能让观众误读或不理解。

（2）明确诉求对象。网络广告创意要以消费者作为创意发展的中心，网络广告有别于其他媒体投放的广告。在传统媒体中广告是灌输性的传播方式，但是在网络媒体中受众的细分和选择的复杂性，为广告信息的传播带来很多挑战。准确定位产品的诉求对象对广告的传播有着重要的意义。虽然通常大家认为网络用户大部分是年轻的、受教育程度较高的

人群，但是随着网络的发展、终端设备的丰富，接触网络的人群更加多样化，甚至是全民性的，所以网络媒体与其他媒体一样，要面对的是多样化的群体。创意人要对产品有深入的了解并明确相应的诉求对象。针对诉求对象的需求和喜好产生广告创意对受众更有说服力。

（3）确立概念。在明确了产品的基本信息和网络广告目标之后，创作者需要进一步提出网络广告的核心概念，也就是设定广告的焦点和目标，为广告创意确立一个基调，并且明确此次广告活动要解决的核心问题。我们可以用提问的方式来聚焦问题，避免在创意产生的过程中跑题。提问的方式通常可以设定为固定的句式，如"我们如何才能实现……"或"如何以……的方式（风格）帮助……实现……"概念的提出就是广告战略的凝练，优秀概念应该是内涵小、外延大，也就是说概念应该是非常简练的，但是其包含的信息是丰富的，并且这个概念可以延伸出大量的创意，不会限制思维，而会促进创意的产生，提供给创意更广阔的空间。

知识点三　网络广告创意现状

1. 创意人才缺乏，创意水平有限

对于网络广告的发展而言，相关设计人员与广告创意的匮乏是限制其发展的主要原因。对于网络广告而言，具有多种多样的作品与繁多的创意，但是对于现今的现状而言，广告作品缺乏高水平、高质量及高创意，网络广告的传播形式多以传统的按钮广告、弹幕式广告、弹窗式广告及旗帜广告为主，在形式上大多趋向一致，其分别度与差

你比你想的更美丽

异性不够明显，多数的用户无意点击后会出现厌烦的感受，从而导致广告与媒体的发展受到了巨大限制。虽然网络广告的点击率获得提升，但是其品牌形象及美誉度却有所下降，给网络广告的效果带来了负面影响。

2. 偏离受众心理认同，环境亟须改善

现如今由于网络广告的环境不佳，从而致使群众的心理认同感降低。多数屡封不绝的弹出式广告及强行被塞入信箱的邮件广告，以及用户在上网期间，界面会被强制性地塞入大量不具有针对性的投放广告，这些会让用户感觉是垃圾广告，致使用户始终处于被动接收广告的状态，导致对其丧失认同感，而感到厌烦。另外，对于网络广告的管理法律仍不完善，并没有对其进行明确的规范及对顶，导致网络无论是在法律、内容还是技术方面都需要进行更改。

3. 受众消费能力有限

在网络用户中，低收入人群是主要的消费人群，并且人群的结构多以学生为主，其中，高中教育程度的人数占据网络用户总人数的42％，此部分人群具有十分强烈的购买欲望，虽然消费比较活跃，但是也在一定程度上将网络广告的受众价值进行了限制。

知识点四　网络广告创意的特点

近20年以来，新的广告形式发展势头迅猛，广告创意是为了表现广告主题而进行的新颖独特的、带有创造性的构思，也被称为"好点子"。网络广告建立在网络新媒体的基础上，其创意具有与传统广告不同的特点。

1. 跃动性

广告创意不可避免地要受到表现形式的制约，因此必须符合媒体的表现特点。网络广告出现在屏幕上，但又不可能像电视那样展现一个生活场景，或是表现一段生动的故事情节；它是一条平板的条幅或标语，但却又可以跃动，不仅条幅中的景、物、文字可以动，整个条幅也可以动，这就使它比报纸广告更富于动感。因此，跃动性是网络广告表现的特点，也是网络广告创意的特点。

2. 链接性

具有链接功能是网络区别于传统媒体的一个重要特点，网络广告要充分发挥这一优势。在进行网络广告创意时，无论图、文都必须考虑到这一层与下一层（或更多层）之间的关系。这一层面表现什么，下一层面表现什么，它们之间如何衔接等。将每一层面相互联系并融为一个整体，让链接这一网络特有的属性在网络广告中发挥到极致。

3. 多样性

网络广告有多种形式，每种形式又有各自的特点。同时，一个企业要想在网上树立自身的形象，仅在一个网站上做一种形式的广告是难以奏效的，它必须整合多种形式的网络广告（当然还要与传统媒体相结合）。这就要求网络广告在创意时要注意多样性的特点，抓住不同网络广告形式的不同特点，在保持内在一致性的前提下充分展示不同形式的网络广告优势。

4. 互动性

互动性是网络媒体的最突出特点。网络媒体与传统媒体相比最突出的特点就是互动性强。网络媒体的根本意义在于它颠覆了传统媒体传播者与受众之间的严格界限，变单向传播为双向交流。研究表明，网络广告的互动性会影响受众的喜好度和信任度，网络广告的互动性更能增强消费者的好感与参与程度。网络广告可以有效地吸引受众的参与、反馈，这种参与有在线参与、线上线下结合的参与两种形式。就在线参与而言，通过 Java、Flash 等技术手段，可以编制一定的程序。例如，可以将一个 Banner 制作成一个小游戏，或是在大幅广告内加入与随鼠标移动的数字符号，或是有奖问答等，使目标受众参与到广告本身的互动中，甚至产生在线购买行为。就线上线下结合的参与而言，可以先在线下取得某种标识再上网抽奖（或摇奖），如饮料易拉罐拉环内有一个号码，用户得到这个号码后登录相应的网站，输入号码就可以得到一次现场摇奖的机会；也可以先在线上得到某种提示，再在线下进行交互活动，例如，麦当劳在邮件广告中鼓励人们"转发麦当劳的球迷优惠券"，网民在线上可以转发优惠券，在线下又可以凭着优惠券享受优惠。创意时可以充分发掘并利用网络广告的互动性特点。

5. 娱乐性

在快节奏的生活环境中，许多求知型的阅读也开始富有消遣和休闲色彩。碎片式的语言，拼盘式的内容，越来越受到人们的认同。因此，网络广告创作在基于受众需求信息告知的同时，结合网络的特殊传播语境，也越来越青睐于富有休闲、娱乐色彩的网络文化风格。一般情况下，受众参与意愿会受到情趣、好奇、网络时尚热点等因素的影响。所以，幽默式和悬疑式的广告创作策略对吸引网络受众参与具有明显的作用。

另外，网络广告还具有可测评性、目标性、针对性。网站通过提供免费服务，通常可以利用尖端算法分析获取到用户的数据库,包括用户的生活地区、年龄、收入程度、爱好等。广告主可以根据用户特点,有针对性地向用户投放广告,并根据用户的反馈结果对广告的投放渠道、广告形式、数据收集等方面作出及时调整,实现对投放的广告进行准确的评价。另外,不同的网络广告可以提供有针对性的内容环境,完美地迎合客户的需求,使客户拥有满足的体验感。

知识点五 网络广告创意的原则

进行网络广告创意时应该遵循一般广告创意的原则和要求。广告的基本功能就是传递信息,我们只有做到将广告信息清晰有效地传递,才能完成广告的使命。广告信息作用于受众的感知器官,如眼睛、耳朵等,并通过感知器官进而作用于受众的心理,形成一定的心理反应。因此,我们在进行网络广告创意时首先要关注的是如何吸引受众的注意力,也就是如何通过颜色、图案、声音等信息诱导受众从无意到有意关注广告。网络广告创意要达到引起受众注意并且不违背相关商业伦理规则的目的,一般应坚持以下几项原则。

1. 目标性原则

目标性是网络广告创意的首要原则,网络广告必须与广告目标和营销目标相吻合,创意的最终目标是为了促进营销目标的实现。任何广告创意都必须考虑:广告创意要达到什么目的?起到什么效果?

2. 关注性原则

网络广告必须能吸引消费者的注意力,美国广告大师大卫·奥格威说:"要吸引消费者的注意力,同时让他们来买你的产品,非要有很好的点子不可。除非你有很好的点子,不然它就像快被黑暗吞噬的船只。"

3. 简洁性原则

广告创意必须简单明了,切中主题,才能使人容易读懂广告创意所传达的信息。

4. 互动性原则

网络广告的创意必须关注目标对象是哪些人,他们的人文特征及心理特征是什么?从而运用网络媒体互动性的优势,设计能和受众进行互动的广告,以调动他们的兴趣,主动参与到广告活动中。

5. 多样性原则

网络广告的多样性是指网络广告表现形式多样的创意,随着web2.0网站的出现,广告创意应该多样化,这样才能充分利用网络的优势来达到更好的广告效果。

6. 精确性原则

网络广告趋向于进行精准传输,也就是"把适合的信息传达给适合的人"。目标受众的精确定位是网络广告的创意原则之一,这就是网络广告发展的未来趋势之一。

二、知识训练

华为Mate 20的广告上演了一出在危险面前土拨鼠利用华为Mate 20系列化险为夷的故事,故事情节出乎意料。

短片开场是一个和我们处在同一个季节的画面，寒风凛冽，落叶满地，三只土拨鼠被一个花生吸引了(图 5-1)。

图 5-1　短片开场

如图 5-2 所示，这只机智的土拨鼠吃花生前熟练地用华为新款手机识别食物内含的卡路里指标，一个花生就有 610 kcal(图 5-3)。

图 5-2　土拨鼠吃花生

图 5-3　花生的卡路里

　　于是它告诉了另一个瘦瘦的同伴，另一个土拨鼠用行动证明了它减肥的决心——吃起野菜(图5-4)，秉持着食物不能浪费的原则它把花生踢给了胖土拨鼠(图5-5)。

图5-4　土拨鼠吃野菜

图5-5　将花生踢给胖土拨鼠

　　胖土拨鼠一看就是个吃货，正当它拿起花生准备下口时，老鹰来了！因为太胖，胖土拨鼠钻不进洞里，老鹰的影子就把胖土拨鼠全身包围，胖土拨鼠吓得全身哆嗦。在这紧要关头，胖土拨鼠想起了刚才同伴的华为手机，它用最新的AI识别卡路里功能告诉老鹰先生：别吃我！我热量高！吃了飞不起来！就这样，胖土拨鼠避免了一次"血光之灾"(图5-6、图5-7)。

图5-6　老鹰

图 5-7　胖土拨鼠的卡路里

讨论：华为手机的这个网络广告的创意点是什么？想宣传华为 Mate 20 的什么功能？它满足当今人们的什么需求？

三、思政课堂

　　网络广告以多维的价值形式呈现在大学生面前，优秀的网络广告作品能够有效传达产品信息，丰富大学生精神文化层面的需求。然而，劣质的网络广告在传播过程中违反了社会规范和道德规范，会对大学生的精神世界及社会主流文化产生不良影响。大学生是祖国的希望，同时，也是社会主义建设的重要接班人，因而，加强大学生思想政治意识的引导尤为重要。大学生思想开放，个性多元，容易接受新事物，但由于其价值观的不稳定性和可塑性，因此极易受到外部环境的影响，尤其在互联网时代，大学生是网民的重要主体，对于网络广告的接触度和认可度都极高，所以，网络广告带给大学生价值观的影响不言而喻。加强网络广告对大学生价值观的正向引导可以提升大学生的综合素质，完善广告素养教育，为大学生健康成长提供一个风清气正的网络广告环境。近年来，我国党和政府意识到互联网已经成为思想文化信息及社会舆论的集散地，因而，如何做好大学生的思想意识工作，引领好大学生的价值观导向成为当下非常重要的工作。为此，党和政府出台了一系列相关政策，进行战略部署。习近平总书记也经常发表重要讲话，给予具体的方针政策指示。在党的新闻舆论工作座谈会上，习近平总书记指出新闻舆论的各个环节都要坚持正确导向，其中特别强调新媒体和广告宣传也要讲导向。

四、知识扩展

　　《广告法》第 2 条第 2 款至第 4 款将信息传播主体类型化为广告主、广告经营者、广告发布者及广告代言人四类。网络直播营销主要存在两种类型：一是商品经营者或服务提供者借助网络平台自建直播间亲自直播营销，此时，信息传播主体结构简单，通过消费者与广告主订立的买卖合同或服务合同确定双方的权利义务关系，未有太大争议；二是主播在其直播间为商品经营者或服务提供者进行直播带货，并从中抽取佣金或取得相应报酬，此时即存在多个信息传播主体，实践中关于网络直播营销的争论大多集中于此，本文也是主要以该种类型为讨论对象。在该种类型中，主播与商品经营者或服务提供者正式分离，成为网络直播营销中的核心主体，并承载着多重信息传播身份。现行规范、指导性文件要求网络直播营销主播承担广告经营者、广告发布者或广告代言人的责任和义务也以此为理论基础。首先，主播以广告代言人为主要角色。《广告法》对于广告代言人的定义包含了两项要素：一为客观上存在的广告主之外的人；二为在主观上以推荐为目的表达个人意见或消费经历，即当众替广告主说话。显然，主播在直播中以个人名义及形象为他人的商品或服务做推荐符合广告代言人的定义。广告代言人作为形式上的、最直观的角色，其人物属性往往承载着网络直播营销的商业效益，因此，广告代言人构成主播最核心的身份。其次，主播构成广告经营者。随着互联网分工愈加专业化，作为舶来品的 MCN 机构（Multi-Channel Network，多频道网络机构）蓬勃发展，成为隐匿在网络直播营销背后的幕后推手。但是 MCN 机构难以与传统大众传媒中的广告经营者等量齐观，MCN 机构可能会参与到内容的设计及制作中并发挥辅助性功能，但从外观上无法识别其在内容生产环节中的具体贡献；且基于网络直播的交互性，主播为保持与受众实时互动需要即兴发挥，内容的即时增减在所难免，应认为当且仅当能够证明其参与了内容的设计及制作时方可认定其广告经营者的身份。因此，作为内容主要生产者的主播虽然不具备《广告法》第 32 条规定的合法经营资格，但实际上承担着广告经营者的角色，在直播中，因临场应变的需要，主播随时可能调整直播内容，也在发挥广告经营者的功能。最后，主播也可能是广告发布者。网络平台将部分网络空间出租给主播，主播在其直播间进行直播营销，网络平台为传统意义上的广告发布场所，但是，不能据此即认定网络平台为广告发布者。在传统大众传媒模式下，大众传媒的信息发布渠道具有时间、空间上的稀缺性，其主要通过对渠道的控制实现营利，故其承担广告发布者责任具有现实基础。但与传统模式不同的是，现在网络平台的信息发布节点不再稀缺，其并不适用传统大众传媒的经营模式，对于各直播间发布的内容，平台不再严格管控，完全保持技术中立，网络平台因此也丧失了归责基础。《关于加强网络直播营销活动监管的指导意见》对此已经做了明确说明，网络平台提供付费导流等服务对网络直播营销进行宣传、推广时认定其构成广告发布者或广告经营者，否则应根据网络平台是否参与运营、分佣及对用户的控制力等情形，确定其承担《中华人民共和国电子商务法》规定电子商务平台经营者的责任和义务，或者《广告法》规定的互联网信息服务提供者的责任和义务。由此可知，网络平台仅在特殊情况下才分担广告发布者责任，而主播所处的直播间是固定的商业广告发布场所，直播间运营者应承担主要的广告发布者责任，通常情况下直播间运营者与主播不发生分离，此时，主播也是广告发布者。

[资料来源：钟瑞栋，毛仙鹏．网络直播营销中主播的法律地位构建[J]．晋阳学刊，2021（06）：102-103]

任务二　网络广告创意的步骤和方法

一、知识认知

知识点一　网络广告创意的步骤

关于创意的生成过程，有些人认为是灵感的体现，是突然顿悟的体验，没有灵感就没有创意。创意是要经过长期的积累而生成的,创意是知觉和知识重新组织的过程,从模糊不定、无组织的状态到有意义、有组织的状态。创意的生成有一定的规律和步骤可循。美国著名广告大师詹姆斯·韦伯·杨在其著作《创意的生成》一书中提到创意的五个步骤,即吸收素材、开动大脑、思维酝酿、创意诞生、修正实施。詹姆斯的创意方法得到广告界的极大认可,他强调创意不仅是靠灵感而产生的,还是通

课件:网络广告创意
的步骤和方法

过思考而获得的结果。除此之外,广告界还有多种关于创意产生的理论,例如,广告学家奥斯伯恩提出创意形成要经过查询资料、创意构成、导优求解三个步骤。香港的广告学者黄露先生提出的创意程序为"藏":收藏资料;"运":运算资料;"化":消化资料;"生":产生广告创意。

基于詹姆斯提出的创意生成方法详细说明创意产生的过程。

1. 收集素材

一位优秀的有创造力的广告人,几乎对生活中的所有事情都感兴趣,并且广泛涉猎各个学科的知识。这里的收集素材不仅是针对某一个广告项目的资料收集,还包括个人在各个方面的知识积累。

詹姆斯将素材分为"特殊素材"和"一般素材"。特殊素材是指与目标直接相关的信息,就是与广告目标或问题本身紧密联系的信息,如那些与产品、消费者、市场有关的资料,了解产品的功能、掌握产品的优点和缺点;了解消费者是什么职业、什么年龄、有什么习惯,了解产品的竞争对手有哪些,这些信息都可以让创意者全面了解产品,帮助他们提出新的创意。一般素材是指与目标关系较远的信息,这些信息也许和目标本身没有直接关联,但是它也许会间接地影响创意生成或成为创意生成的基础。一般素材来自创意者日常生活中多元的信息积累,这些信息也许是创意者平常的知识储备,也许是对事物的观察、体会和感受,例如,可以了解当下的流行趋势,网络上有什么流行语、流行色,年轻人喜欢看什么电视节目,社会经济情况是怎样的……这些问题可能与广告创意本身的联系不是十分紧密,但是这些信息均可能成为创意产生的基础和必要条件。所以要想生成优秀的创意,平常就要对身边的事物多留心、多观察、多体会,有意无意的信息积累都可能对创意的生成产生作用。创意常来自生活,生活中的方方面面都充满着创意的元素,没有什么事情是不新鲜的。

2. 分析资料

洞悉事物之间的关联是生成创意的关键,詹姆斯提出"创意是旧元素的新组合",分析所掌握的资料就是在寻找旧元素的组合方式。创意人对收集到的全部资料进行分析整理,寻找信息之间的相互关系,其主要目的是要找到广告的主要诉求和目标受众。这是一个比较理性的思维过程,深入地研究、剖析所掌握的信息,从中探寻问题的本质。创意的过程就是思维的过程,在这个过程中有时需要感性思维,有时需要理性思维,有时需要发散思维,有时需要逻辑思维;在分析资料的过程中,将在收集资料时的发散式思维逐渐收拢,重新聚焦在重要的几个问题上。建立一个严密的、具有条理的分析模型,将问题逐渐具体化。

在这个过程中可以利用一些分析方法,如"情绪板"的应用。这种方法是设计领域中常用的一种分析技巧,它遵循视觉化原则,将调查研究产生的关键线索用图像的方式体现出

来，再用于设计工作中，这样可以形成具体形象，并且更加准确的设计元素，有助于创意的顺利产生。当创意者收集到资料后，便可以着手制作"情绪板"。具体的方法：将前期收集的资料、访谈记录等进行梳理、分类、研究，并凝练为几个关键的问题或关键词，再用具有代表性的图片或绘图进行编辑和拼贴。"情绪板"与设计师的看板有相似之处，可以像设计师一样将色彩、材质及一些产品的样本集合起来展示，用来传达或建构设计系统。视觉化的呈现让信息更直观、易于理解，也让广告的创意思路变得越来越清晰。

经过对资料的分析整理，明确广告以谁为目标对象和广告要表现的核心内容。这些问题是非常具体的，例如，广告的受众是大学生还是家庭主妇？或是出租车司机？以及广告要宣传什么？明确产品的诉求点和卖点。例如，突出产品的外形设计、轻便的特点，还是突出其新颖的功能设计？产品应该具有怎样的风格？它给人什么样的感受？类似具体的问题都会在这个步骤中给出答案。

3. 酝酿组合

在这一阶段，创意者必须开动大脑把之前所得到的信息认真细致地揣摩一遍。可以选取某一个元素，从不同的角度去观察它，并用不同的思路去理解它；也可以将两个不同的元素组织在一起，尝试找到它们之间的关系。寻找事物之间的关联性，有助于广告创意的产生，通过仔细挖掘事物之间的联系，常常能够发现其间的微妙关系。例如，从上一个步骤中，我们采用了"情绪板"的方法，会产生一些图像元素，那么现在我们就利用这些视觉化的元素进行创意。这些图像可能是抽象的，或者与产品本身没有直接的联系，但是一定有它存在的意义，创意者需要置身于这些信息中，为它们建立一些联系。

4. 产生创意

在这一阶段，创意者对头脑中那些碎片化的、还不完整的想法，作出进一步的推敲，努力将大脑中的想法设计为一个切实有效的、有利于产品信息传播的、有利于市场营销的创意。创意者要考虑到广告传播的媒介，具体利用哪个媒体进行传播，并针对媒体的特点或内容进行有效的创意开发。对于不同的媒体、不同的受众人群，都有相应的创意方法和创意技巧。所以，在这一步骤中要考虑到以何种广告形式来推广产品，借用哪种媒体来投放广告。这也许是创意过程中非常艰苦的一个阶段。因为在这个阶段，不仅需要新颖独特的想法，也需要切合实际地考虑广告传播的渠道和方式，这是感性思维与理性思维结合的一个关键步骤。

5. 修正实施

在最后一个步骤中，要对之前形成的创意进一步作出修正，让广告创意做到切实有效，广告要实现有效需要，满足各个方面的条件，这就需要创意者不断思考、不断修改、不断创作，只有这样才能让广告创意展现出完美的效果。

常常有一些原本非常好的创意在这一步骤中没有得到正确的对待，而最终以失败而告终。创意者有时像一个概念提出者，有精彩的想法，却没有耐心和毅力对创意进行完善，或者因为带有武断的情绪没有听取他人的意见，不愿意完成广告创意反复修改的过程，但是，如果想让一个成功的广告创意诞生，那么反复的修改工作是必不可少的一个重要环节。

创意过程主要可分为以下三个主要阶段：

第一阶段，创意的准备期。在这个阶段中创意者需要了解广告所传达的信息、广告主的目的，以及与创意、与产品相关的必要信息。除此以外，创意者还要广泛地收集资料，在收集资料的过程中，不仅要收集书面的资料、图像的资料，还要应用观察、访谈、讨论等这些相关的调研方法，这就像画家在作画之前要思考作画的主题、构图和要使用的工具，这一阶段的工作是在为创意的产生打基础。

第二阶段，创意的形成期。在这个阶段，创意者需要全力地调动大脑的思考能力和想象能力，让大脑快速"运动"起来。创意者要对之前所收集到的资料和信息进行分析、整理、研究、归纳；并且还需要创意者根据自己平时对生活的观察和体会，发挥自己的想象力。围绕着产品去创造有创意的点子。在这个阶段，当创意者进行资料和信息的整理时主要靠创意者的理性思维，从逻辑上，要明确问题，找到创意的立足点。在想点子的过程中，主要依靠创意者的艺术思维、发散性思维，创意者要使自己的精神放松下来，摆脱思维中的束缚，要自由、大胆地去想创意，哪怕是一些不切实际或滑稽搞笑的想法。

第三阶段，创意的实践期。将创意放置在广告战略和市场的环境中，综合衡量广告创意的传播方式、表现形式等方面，继而确定创意的可行性与实效性。如果出现问题或缺陷，就要及时进行修改和完善，最终完成创意的实施。

知识点二　网络广告创意的方法

一个优秀的网络广告创意并不是靠偶然的突发奇想，而是在多次广告创意的经验中结合科学合理的创意方法来实现的。在具体的广告创意中，常常会运用到以下几种方法。

1. 头脑风暴法

头脑风暴法又称集体思考法或智力激荡法，它由现代创造学的创始人——美国学者阿历克斯·奥斯本于 1938 年首次提出。头脑风暴法原指精神病患者头脑中短时间出现的思维紊乱现象，奥斯本借用这个概念来比喻思维高度活跃，打破常规的思维方式，而产生大量创造性设想的状况。头脑风暴法的特点是让与会者敞开思想，使各种设想在相互碰撞中激起创造性风暴。它可分为直

星巴克：把明天交给今天

接头脑风暴法和质疑头脑风暴法。前者是在专家群体决策的基础上尽可能激发创造性，产生尽可能多的设想的方法；后者则是对前者提出的设想、方案逐一质疑，发行其现实可行性的方法。头脑风暴法是一种集体开发创造性思维的方法，是当今网络广告创意过程中最常使用的思考方式之一。

运用头脑风暴法时应注意以下规则：

（1）不要轻易判断和否定：当觉得他人讲的内容或提的创意与你的意见不一致时，请不要立即予以判断或批评，要给对方机会让他讲完。

（2）不局限思考的空间：不要预先设定条件或给出方向性的诱导，让参与者尽情发挥创意。

（3）数量比质量重要：这是头脑风暴法中很重要的一个准则，鼓励参与者尽可能多提想法，打开思路，想到什么都可以，在这个环节中要保证创意的数量。

（4）借鉴他人的观点并加以发展：也许其他参与者会提出你认为有趣的点子，不必刻意绕开它去想其他方向，你可以尝试完善这个点子让它变得更完美。

（5）鼓励新奇的想法：也许有些想法是天马行空不切实际的，但是不要担心，越新奇的想法越应该得到大家的重视，因为创新也许就从这里诞生。

以上这些规则能够为头脑风暴参与者营造出一个平等、开放、积极的创作氛围，参与者不会受到干扰，可以随意地表达创意理念。

奥斯本认为，创造过程包括两个步骤：观点的产生和观点的评价点的产生，或者分为发现事实和发现观点。头脑风暴法力图通过一定的讨论程序与规则来保证创造性讨论的有效性，由此，讨论程序构成了头脑风暴法能否有效实施的关键因素。从讨论程序来说，组织头脑风暴法关键在于以下几个环节：

(1)确定议题。一个好的头脑风暴法从对问题的准确阐明开始。因此，必须在开会前确定一个目标，使与会者明确通过这次会议需要解决什么问题，同时不要限制可能的解决方案的范围。一般来说，比较具体的议题能使与会者较快产生设想，主持人也较容易掌握，比较抽象和宏观的议题引发设想的时间较长，但设想的创造性也可能较强。

(2)会前准备。为了使头脑风暴畅谈会的效率较高、效果较好，可在会前做一点准备工作。如收集一些资料预先给大家参考，以便与会者了解与议题有关的背景材料和外界动态。就参与者而言，在开会之前对于要解决的问题一定要有所了解。会场可作适当布置，座位排成圆环形的环境往往比教室式的环境更为有利。另外，在头脑风暴会正式开始前还可以出一些创造力测验题供大家思考，以便活跃气氛，促进思维。

(3)确定人选。一般以8~12人为宜，也可略有增减(5~15人)。与会者人数太少不利于交流信息、激发思维，而人数太多则不容易掌控，并且每个人发言的机会相对减少，也会影响会场气氛。只有在特殊情况下，与会者的人数可不受上述限制。

(4)明确分工。要推定1名主持人，1名或2名记录员。主持人的作用是在头脑风暴畅谈会开始时重申讨论的议题和纪律，在会议进程中启发引导，掌握进程。如通报会议进展情况，归纳某些发言的核心内容，提出自己的设想，活跃会场气氛，或者让大家安静下来认真思索片刻再组织下一个发言高潮等。记录员应将与会者的所有设想都及时编号，简要记录，最好写在黑板等醒目处，让与会者能够看清。记录员也应随时提出自己的设想，切忌持旁观态度。

(5)规定纪律。根据头脑风暴法的原则，可规定几条纪律，要求与会者遵守。如要集中注意力积极投入，不消极旁观，不要私下议论，以免影响他人的思考；发言要针对目标，开门见山，无须客套，也不必做过多的解释；与会者之间相互尊重，平等相待，切忌相互褒贬等。

(6)掌握时间。会议时间由主持人掌握，不宜在会前定死，一般来说，以几十分钟为宜。时间太短与会者难以畅所欲言，时间太长则容易产生疲劳感，影响会议效果。经验表明，创造性较强的设想一般要在会议开始10~15分钟后逐渐产生。美国创造学家帕内斯指出，会议时间最好安排在30~45分钟。倘若需要更长时间，就应把议题分解成几个小问题分别进行专题讨论。

头脑风暴法是促使创意产生的好方法。在实施头脑风暴法时，也应该遵守其相应的要求。一次成功的头脑风暴畅谈会除在程序上的要求外，更为关键的是在探讨方式、心态上的转变，也就是说，要充分、非评价性、无偏见地交流。具体而言，可归纳为以下几点：

第一，自由畅谈。参加者不应该受任何条条框框限制，放松思想，让思维自由驰骋。从不同角度、不同层次、不同方位大胆地展开想象，尽可能地标新立异，与众不同，提出独创性的想法。

第二，延迟评判。头脑风暴畅谈会必须坚持当场不对任何设想作出评价的原则。既不能肯定某个设想，又不能否定某个设想，也不能对某个设想发表评论性的意见。一切评价和判断都要延迟到会议结束以后才能进行。这样做一方面是为了防止评判约束与会者的积极思维，破坏自由畅谈的有利气氛；另一方面是为了集中精力先开发设想，避免把应该在下阶段做的工作提前进行，影响创造性设想的大量产生。

第三，禁止批评。禁止批评是头脑风暴法应该遵循的一个重要原则。参加头脑风暴畅谈会的每个人都不得对别人的设想提出批评意见，因为批评对创造性思维无疑会产生抑制作用。同时，发言人的自我批评也在禁止之列。有些人习惯于用一些自谦之词，这些自我批评性质的说辞同样会破坏会场气氛，影响自由畅想。

第四，追求数量。头脑风暴畅谈会的目标是获得尽可能多的设想，追求数量是它的首要任务。参加会议的每个人都要抓紧时间多思考，多提设想。至于设想的质量问题，自可留到会后的设想处理阶段去解决。在某种意义上，设想的质量和数量密切相关，产生的设想越多，其中的创造性设想就可能越多。

在进行头脑风暴畅谈会后，需要对大家提出的想法进行整理。整理也是进一步提炼创意精髓的过程。通过组织头脑风暴畅谈会，往往能获得大量与议题有关的设想。至此任务只完成了一半，更重要的是对已获得的设想进行整理、分析，以便选出有价值的创造性设想来加以开发实施，这个工作就是设想处理。

头脑风暴法的设想处理通常安排在头脑风暴畅谈会的次日进行。在此以前，主持人或记录员应设法收集与会者在会后产生的新设想，以便一并进行评价处理。

设想处理的方式有两种：一种是专家评审，可聘请有关专家及畅谈会与会者代表若干人（5人左右为宜）承担这项工作；另一种是二次会议评审，即由头脑风暴畅谈会的参加者共同举行第二次会议，集体进行设想的评价处理工作。

头脑风暴法是一种方式，一种技能，一种艺术。头脑风暴法的技能需要不断提高，如果想使头脑风暴保持较高的绩效，必须每个月进行不只一次的头脑风暴畅谈会。

有活力的头脑风暴畅谈会倾向于遵循一系列陡峭的"智能"曲线，开始时动量缓慢地积聚，然后非常快，接着又开始进入平缓的时期。头脑风暴主持人应该懂得通过小心地提及并培育一个正在出现的话题，让创意在陡峭的"智能"曲线阶段自由形成。

头脑风暴法提供了一种有效的就特定主题集中注意力与思想进行创造性沟通的方式，无论是对于学术主题探讨或日常事务的解决，都不失为一种可资借鉴的途径。唯需谨记的是使用者切不可拘泥于特定的形式，因为头脑风暴法是一种生动灵活的技法，应用这一技法时，完全可以并且应该根据与会者的情况及时间、地点、条件和主题的变化而有所变化、有所创新。

2. 形象思维法

形象思维法是对于形象元素进行思考的方法。这种思维方式在广告创意过程中是比较常用的。网络广告创意多是用视觉来表现创意的。那么根据视觉和形象进行创意是最直接、有效的一种方式。联想和想象是形象思维法中常用的两种创意思维方式。

（1）联想。联想是由一个事物想到另一个事物的心理过程，具有相似性或具有对比性的事物之间最容易引发关联性的想象。万事万物都可以通过一定的方式联系在一起。联想与记忆密切相关，人的许多记忆片段常常是通过联想进行衔接和转换的，而联想也可以成为人提高记忆能力的一种方法。美学家王朝闻曾指出："联想和想象当然与印象或记忆有关，没有印象和记忆，联想或想象都是无源之水、无本之木。但很明显，联想和想象都不是印象或记忆的如实复现。"实际上"联想"一词代表了两种力的合成：若"想"代表记忆力，则"联"代表想象力。通过"想"从记忆仓库中把两个记忆中的元素提取出来，再通过想象把它们"联"在一起，即形成"联想"。联想的基本类型有接近联想、相似联想、对比联想和因果联想。

①接近联想：又可以称作"时近联想"或"邻近联想"，是指两个事物在时间上、空间上和经验上相接近，一个事物的知觉和回忆会引起对另一个事物的联想，从而产生相应的情绪反应。

②相似联想：是指由某一事物或现象想到与它相似的其他事物或现象，进而产生某种新设想。事物之间的相似性可以体现在它的外形、性质、内容逻辑、情感反应上。

③对比联想：是指事物之间完全对立或存在某种差异而引发的联想。例如，由冷想到热，由光明想到黑暗。由于事物之间存在共同特征却又显示出明显的差异，从而形成的对比也能引发联想。

④因果联想：是指事物之间存在的因果关系而引发的联想，这种联想往往是双向的，可以由原因想到结果，也可以由结果想到原因。

上述几种联想方式在创意过程中并不是单独存在或单独应用的，创意者常常会交替、混合运用联想、想象等方法进行创作。联想的方式能够帮助创意者提出生动、独特的创意，联想是一种形象思维法，用形象的比喻和想象能够将信息更准确地传播，使受众容易理解，并以一种更具深意的表达方式引发受众的好奇与思考，甚至可以激发受众主动地参与到创意构想之中，共同完成对广告作品的解读。

(2)想象。想象是一种特殊的思维形式，是人脑思维对记忆的表象进行加工、改造形成新形象的心理过程。想象并不是凭空想出来的，它是基于人脑中的记忆产生的。广告创意的形成就是找寻信息传递的方法。创意人员根据产品的特点、产品的诉求，运用多种思维方式和创意方法，形成一个独特的表现形式。要形成这种独特性最重要的是不拘泥于现成的概念和惯有的思维，要自由地发挥想象力，从中选择独特而恰当的内容。

①再造想象：是指根据他人的描述或图像，在头脑中形成与现实事物相应的新形象的过程。其基本条件是能够正确理解文字、符号、图像、标志的意义，并具有丰富的表象储备。在广告创意中，再造想象是思维的一个重要基础。

②创造想象：是指不依据现成的描述，而在大脑中独立地产生新形象的过程。其中，创造想象的一种特殊形式，即幻想，是与个人生活愿望相联系并指向未来的想象。积极的幻想是创造力实现的必要条件，是激励人们创造的重要精神力量。

知识点三　网络广告创意的思维方式

思维是人脑借助语言对客观事物的概括和间接的反映过程。思维以感知为基础又超越感知的界限。它探索与发现事物的内部本质联系和规律性，是认识过程的高级阶段。思维是人脑的机能和产物，是人类在劳动和语言交往的社会实践中产生并发展起来的。它是以语言、符号和形象为载体，概括地反映事物本质和规律性的复杂的生理与心理活动。人类的思维非常复杂，除逻辑思维外，人类还具有形象思维、对比思维、求异思维等多种思维形式。在广告创意中，广告人还具有一种独特的创意思维，多种独特的思维方式和方法帮助广告人实现创意。

云南白药牙膏

1. 具象思维与抽象思维

（1）具象思维也称为形象思维，是艺术家在创作过程中常见的一种思维活动，也是艺术家通过自身的想象力，利用存储在大脑里的形象信息进行加工，从而将认识上的内容进行形象化的概括。在广告创意中，创意者常常需要将一种看不见、摸不到的感受或体验，以形象化、具体化的方式传递给受众。在这个过程中，具象思维或形象思维是经常用到的一种思维方式。

（2）抽象思维是指人的大脑通过对客观事物的比较分析、综合和概括等思维活动，舍弃客观事物中表面的、非本质的、偶然的属性，将隐藏在客观事物中内在的、本质的、共性的、必然的属性提取出来，并用概念、范畴和规律等形式固定下来，以反映事物的本质特征和内在规律。具象思维与抽象思维在广告创意的过程中是一组相互依赖的概念。

2. 聚合思维与发散思维

（1）聚合思维又称"收敛思维""求同思维"，是指从已知信息中产生逻辑结论，从现成资料中寻求一种有方向、有条理的思维方式。聚合思维法是将分散的想法聚集成一个焦点的方法。它是一种有方向、有范围、有条理的收敛性思维方式，与发散思维相对应。聚合思维也是从不同来源、不同材料、不同层次探求出一个正确答案的思维方法。因此，聚合思维对于从众多可能性的结果中迅速作出判断，得出结论是最重要的。

（2）发散思维又称"辐射思维""放射思维""多向思维""扩散思维"或"求异思维"，是指从多个目标出发，沿着各种不同的途径去思考，探求多种答案的思维。在广告创意的过程中，常常需要利用发散思维来展现产品和品牌的个性。抓住一个关键要素，以此作为创意的核心，与此相关的词、事物都可以被提出。例如，在思考一则运动鞋广告时，就可以用发散思维来打开思维的空间，考虑运动鞋除在运动的时候穿外，还可以做什么，它可以作为交通工具吗？它能成为食物吗？它能够变成通信工具吗？可以作为武器吗？由此大胆地设想运动鞋给人们带来的一切创意。发散思维的应用需要创意者的大胆思考，不断探索思维的可能性，天才广告大师乔治·路易斯在著作《蔚蓝诡计》中谈到做广告的态度时，他强调要"大胆"一些，他说："有想法、有创意的作品，事实上，永远都是不合常规、突破传统的。"

3. 顺向思维与逆向思维

顺向思维是指常规的、有逻辑性的、有规律的一种思维方法。它是人们按着传统的、从上到下、从小到大、从低到高的常规序列方法进行思考。例如，对于一款果汁产品，可以从果汁想到新鲜的水果，想到果汁的香甜可口，想到果汁的纯粹。逆向思维是指从常规思维的反向去思考，问题在广告创意思维中逆向思维的应用常会带来与众不同的创意点。逆向思维可以从事物性质的对立点、关系上的对立点进行思考，如质地的坚硬与柔软，位置的上与下、高与低、远与近，情感的爱与恨。无论哪一种方式都是从一个方面想到与之对立的另一个方面，这些点都可以成为逆向思维的创意。2013年的双十一，三大网络女装品牌裂帛、茵曼和阿卡联袂推出了系列广告，在其他品牌宣扬"脱离光棍"的时候，这一系列广告却采用逆向思维创造了"光复单身"的主题。反潮流、反常规的概念，充满正能量的文案，画面中美丽的风景、自由的青春、自信的态度，引起了受众的关注，并成功地吸引了大量网店新客。另外一个例子：Patagonia(巴塔哥尼亚)是美国一线的户外品牌，在户外界有Gucci之称，无论是产品设计、工艺、功能，还是企业责任，都有很好的口碑。这是一家注重产品质量而非产品销售数量的公司，因其让顾客在购买自己家产品前三思而出名。在美国的黑色星期五(也就是传统意义上的销售高峰期开始的周五)，其他品牌都在大肆做营销活动，但是这个品牌却推出了一个"反黑色星期五"营销活动，鼓励他们的消费者去维修旧物而非购买新品。Patagonia也因为打出不要购买这件外套的广告而出名。看似劝导顾客不要购买新品，实则这个营销策略取得了巨大的成功。这个策略帮助这家品牌赢得了良好的社会口碑。随着环保低碳的理念深入人心，这个品牌所倡导的生活态度被越来越多的人接受和欣赏。Patagonia所提倡的"拒绝过度的消费"，一度让它成为与快时尚品牌H&M和Forever21一较高下的运动品牌。Patagonia的品牌理念为它树立了良好的品牌形象，所有Patagonia的粉丝相信这个品牌，欣赏这个品牌的理念，并且坚持这样的观念和生活方式。Patagonia表示，"我们设计和售卖商品必须是持久耐用的，这是为了环保，也是为了消费者少花冤枉钱。我们必须告诉消费者，不要购买自己不需要的产品，因为你浪费的不仅是自己的钱，还是地球的资源。我们从地球索取的资源远多于回馈给地球的。"现在这一代人穿着快时尚长大，这些衣服意味着用低价就能享受时尚，并且穿一季，或者一个场合就被抛弃了。从环保角度，这是不值得提倡的。庆幸的是，现在的顾客越来越注重产品质量，而非产品数量。

4. 垂直思维法与水平思维法

垂直思维法与水平思维法是英国心理学家爱德华·戴勃诺博士所倡导的广告创意方法，因此，此方法通常又被称作戴勃诺理论。

(1)垂直思维法又称直接思维法、逻辑思维法，即按照一定的方向和路线，运用逻辑思维的方式，对问题进行一定范围内的纵深挖掘，它是生活中最为常用的思维方式。这种思维模式最根本的特点：根据前提一步一步地推导，既不能逾越，也不允许出现步骤上的错误，它当然有合理之处，如归纳与演绎等，都是非常重要的思维方法，但如果一个人只会运用垂直思维一种方法，他就不可能有创造性。垂直思维法是传统的逻辑分析的思维方式，它偏重于借用已有的知识、经验和模式，按照特定的思路在固定的范围内进行直线运动，这种方法在收集材料、总结经验等方面具有较强的实用性。

(2)水平思维法是指在思考问题时摆脱已有知识和旧的经验约束，冲破常规，提出富有创造性的见解、观点和方案。这种方法的运用一般是基于人的发散性思维，故又把这种方法称为发散式思维法。水平思维法是相对垂直思维(逻辑思维)法而言的，它不过多地考虑事物的确定性，而是考虑多种选择的可能性；关心的不是完善旧观点，而是如何提出新观点；不一味地追求正确性，而是追求丰富性。水平思维法是一种促使创意产生的创造性思维方法，是指摆脱某种事物的固有模式，从多角度、多侧面去观察和思考一件事情，善于捕捉偶然发生的构想，从而产生意料不到的创意。

垂直思维法与水平思维法相比，两者有不同的特点。戴勃诺认为两者有以下差别：

①垂直思维法是选择性的，水平思维法是生生不息的。

②垂直思维法只在一个方向上移动；水平思维法是朝着多个方向移动，而移动的目的是找到一个最为合适的方向。

③垂直思维法是分析性的；水平思维法是激发性的。

④垂直思维法是按部就班的；水平思维法是灵活多样的。

⑤垂直思维法要求每一步都必须正确；水平思维法则没有此要求。

⑥垂直思维法要求阻绝错误途径；水平思维法则不需否定各种途径。

⑦垂直思维法要求排除无关项目；水平思维法则相反。

⑧垂直思维法的种属和类别均被固定；水平思维法在此方面则更加灵活。

⑨垂直思维法遵循最有可能的途径；水平思维法则探索最不可能的途径。

⑩垂直思维法是线性的过程；水平思维法则与或然率有关。

垂直思维法在完善、发展已有的知识体系和推导性分析中具有重要的作用，但在提出新思路、新观点等具有创造性、开发性的问题中却有着许多束缚。因此，既要把握已有知识的规律性，运用垂直思维的方法对发展方向进行把握，又要充分发挥水平思维的方法，在同一个平面中进行多角度、多方向的思维探索，以达到在网络广告创意中新想法、新观念的诞生。不能放弃两种思维方法中的任何一种，而是应该将两种思维方法有机地结合，以获得最具独创性和市场性的创意。

二、知识训练

不要高高在上——维多利亚的秘密弃用性感女星

维多利亚的秘密成为美国最值得一提的内衣品牌。这个公司占有美国 35% 的内衣市场，在零售行业非常引人注目。虽然许多其他内衣品牌试图和它竞争，抢占一定的市场份额，但是从 American Eagle 到 Adore Me，没有一个品牌能与之抗衡。维多利亚的秘密是一家善于利用线上数据帮助线下销售的公司，这家公司注意到哪些产品在其中一个渠道销售良好的时候，就会运用在另一个渠道上。除善于利用大数据外，这家公司在俘获女孩和妇女的心方面也颇有心得。

对于内衣品牌来说，选用性感女星或模特作为代言人成为必然的选择，但是维多利亚的秘密成功的其中一个秘诀则是弃用性感女星。这个品牌的广告团队在挑选代言模特时非常挑剔，之前其代言模特 Kate Upton 性感十足，但是代言期间却并没有促进销售，后来究其原因则是这个女星过于性感，对于维多利亚的秘密的女性消费者来说，成为一种威胁，并且购物时具有压迫感。根据这样一个市场反馈，以及市场广告团队的精准定位，这个品牌启用了女星 Angel Alessandra Ambrosio，她作为妻子和妈妈温柔贤惠的特质帮助这个品牌树立了形象，让更多的消费者感觉到这个品牌离自己很近，甚至感觉亲切。在性感和平易近人之间，维多利亚的秘密成功实现了平衡，所以不得不承认这样一个事实，每个女人都想成为维多利亚的秘密一样的女孩。

讨论：维多利亚的秘密广告案例采用的是哪种思维方法？

三、思政课堂

　　网络广告监管是一个庞大而复杂的工程，在不断转变政府职能，创新行政监管方式和手段的同时，要着力推进网络广告行业自律的规范化。2007年6月13日，中国广告协会互动网络委员会（以下简称互动网络委员会）正式成立，通过并签署了《中国互动网络广告行业自律守则》，这是我国互联网广告界第一部自律守则，旨在促进广告行业的自我约束，维护广告市场的秩序和互联网用户的合法权益，促进我国互联网广告行业健康和谐的发展。对违反守则、逾期未予整改、情节严重的网络广告，互动网络委员会将通过新闻媒体向社会披露，以保证网络广告稳定良性发展。未来应进一步发挥互动网络委员会的自律作用，督促网络广告主严格遵守各类广告法律、法规和行业自律守则的要求，正确引导大众消费，尊重妇女，关注儿童身心健康，维护网络用户的正当权益，通过公平的方式开展竞争，尊重他人的劳动及知识产权，不设计、制作在商品和服务的功能、承诺等方面使人误解的广告；督促网络广告经营者和发布者认真履行广告的审查义务，在提供软件安装服务时应明确提示用户并经用户许可，杜绝恶意广告弹出、恶意捆绑、窃取用户信息等现象发生。

　　［资料来源：席琳. 加强我国网络广告监管的路径探讨［J］. 行政与法，2020（11）：78-85］

四、知识扩展

电商广告2019—2020年的整体市场情况

1. 宏观背景分析

　　在我国互联网广告市场结构中，电商广告位列第一，2019年占整体互联网广告市场规模比重的36%；其次是搜索、视频、新闻资讯和社交广告，占比均在10%以上，分别为15%、13%、12%、10%；然后是分类、工具、垂直广告，占比均在5%以下。从网络广告的细分领域看，主要包含电商广告、信息流广告、搜索广告、品牌图形广告、视频贴片广告等几个重要领域，随着网上购物消费习惯的转变，电商广告成为其主要的细分领域，2019年上半年，电商广告收入占比为35.05%；信息流广告和搜索广告收入占比分别为28.40%和16.35%，比较之下，占比也较大；其余细分领域收入占比低于10%。

2. 产业环境分析

　　从中国电商广告增速来看，类似中国线上实物零售的增速稳中有降，但在2019—2020年有26%~28%的同比增长，接近在线广告大盘的增速，份额在三分之一左右，最为稳健。根据统计局的社会消费品零售数据算得，2019年迄今为止，线上约贡献了44%的整体零售总额。同时由于市场整合，电商巨头市占率进一步提升，头部电商交易额的增速将保持稳中有降或小范围内波动。到2019年三季度，天猫和京东在中国线上B2C零售的市占率保持上升，两者市占率接近89%，其他线上B2C的份额降至11%。由于零售竞争的加剧和电商行业的集中度提升，预期电商平台的变现率将稳中有升。在我国主要互联网广告企业中，拼多多收入占比排名第一，达到89%；其次是新浪微博和字节跳动，收入占比均为86%；然后是百度和58同城，互联网广告收入分别占比73%、65%；阿里巴巴、腾讯和美团点评占比分别为 37％、18％、16％；其他企业互联网广告收入占比均在 10％以下。

[资料来源：黎翔. 电商广告创意营销分析[J]. 传媒论坛，2021(4)：32-33]

任务三 网络广告的创意设计和技巧

一、知识认知

知识点一 网络广告创意设计

网络广告创意设计主要包括展示型设计和互动型设计两类。

1. 展示型设计

展示型设计包括直白型设计、解剖型设计、强大资讯型设计。

课件：网络广告的
创意设计和技巧

(1)直白型设计。广告的作用主要是告知，用浅白明确的语言传递产品的功能和服务的项目信息，使消费者一看即明。如竞拍广告，非常简单明了地展示了所拍卖的产品类型，属于典型的直白型设计广告。

(2)解剖型设计。网络技术的发展为网络广告的设计提供了更大的创意空间，在以推广产品为目的的产品广告(如电子产品广告)中，解剖型设计为广告设计者提供了一个新思路。如 SONY 产品的网络广告，将产品的各个部分解剖给消费者看，使消费者能更清楚地了解到他们所想要了解的各部分的结构构造，一方面更好地展现了自己的产品；另一方面也体现了与消费者的交互性沟通的企业信念，达到了传统广告所不能达到的效果。

(3)强大资讯型设计。强大资讯型设计充分利用了网络巨大的虚拟空间。在传统广告中，广告的空间是有限的，例如，要将一个产品一段时间内的一些具体情况逐一向消费者介绍，则需花费相当大的成本，而运用在网络广告中则不然。当消费者想要全面了解一种产品时，网络无论从纵向还是横向上都能给予广阔的延伸空间，充分满足了消费者对广告信息的渴求。例如，人头马寰盛洋酒股份有限公司推出一款人头马洋酒，其利用强大的资讯，将该系列的酒按年代的顺序非常完整地介绍出来，给予消费者充分的信息满足。

2. 互动型设计

互动型设计包括试用型设计、现场演示型设计。

(1)试用型设计。试用型设计能够保持一种与消费者的互动，使其通过网络参与到产品的试用过程中，真实地体验与感受产品的各种功能。这样的网络广告比起传统广告长篇赘述产品功能如何全面、使用如何方便更具真实性，更容易使消费者产生信赖感。

(2)现场演示型设计。由于消费者与企业之间是通过网络进行沟通的，企业的产品究竟如何是消费者关注的问题，因此不仅要让消费者明确产品的功能，还应该使其感受到产品运用于现实的真切效果。

知识点二 网络广告创意技巧

现代互联网的页面都是多媒体的动态网页，所以，在表现上存在很多的表现技巧，但目的只有一个，引起网民的关注，调动兴趣。其大概可分为以下几种。

1. 动、静态网幅广告

动、静态网幅广告通常没有特别的制作技术，通常是在打开网页时，在网页中间或顶端出现大篇幅的画面信息，非常醒目。这种表现技巧一般应用于期盼已久或有很大利益的时候，使网民感到大制作、大手笔，可信度会增强，产生点击欲望。

2. 幻灯式广告

幻灯式广告是现代网页中应用较多的技巧，占用面积比较小，是按一定的时间循环播放的招贴式广告，一般是对某一事物多方面多角度的宣传；或是运用一些时下较为敏感的话题作为广告的切入点，以便应对不同品位的网民。

3. 流媒体式广告

流媒体式广告是网络视觉传达设计中一种十分特别的技巧，会随着网民主观意向受控于网民自身，广告依附于流媒体之上，网民在使用流媒体的同时，便会接收到广告信息，也属于被动接受。

4. 弹出式广告

在计算机或网页中使用某些程序时，会强制弹出广告，如 QQ、迅雷、RealPlayer 等。

5. 引导式广告

引导式广告是一种以 Flash 的形式出现的互动技巧，由设计者提出问题与网民产生共鸣，并由网民自主操作逐步解决问题的一个过程；或与轮转技巧结合，自动逐步解决问题，循环播放。

6. 定向行为广告

定向行为广告是指网络服务器根据网民的操作，自动出现与之操作相关的广告。在第三届艾瑞新营销年会上，CCMedia 业务副总裁丁玉青表示，看过行为定向广告的网民有 93% 可以产生购买行为，这是非常惊人的一个数字。由此看来，定向行为广告在网络广告发展中有很大的优势。

知识点三　网络广告的创意表现

1. 形式的创意

不同形式的广告具有不同的特点，而对于网络广告来说，运用方式多样、多元化是其最主要的表现形式。企业可以通过网络广告对商品进行品牌推广与销售。而创意表现形式重点是以网络技术的表现视角来看，其中包含线上购物、评论发表、相关链接、Flash 动画等，能够实现企业与用户之间的相互沟通，可以说，网络广告的展现形式是根据群众的意见所调整并发生演变的。当前在多数正在探索及应用的广告模式中，主要以电影植入式广告、多媒体广告、Flash 广告、视觉中心广告、网络游戏植入式广告、精确制导网络广告、连播巨幅广告、网易邮件系统用户个性化界面广告等形式为主。例如，康师傅便是通过悬浮式广告及通栏广告等传统形式进行，另外，选择了专题发布、赞助冠名等形式对广告进行发布。并且在一些主题网站中利用专题的效应进行广告传播，将互动性网络的优点充分地进行发挥，将受众与活动的互动进行增强。同时，选择线上投票的方式，自由地让群众或团队进行投票，并在一些论坛中与网民进行互动，促使网民能够对康师傅的品牌有所熟知，并将对该品牌的好印象进行提升，从而将品牌美誉度、知名度的提高得以实现。

2. 形态的创意

（1）直观展示形态和功能。多媒体技术是支撑网络广告创意的重要形态，通过思维活动的实际感受，从而将商品功能的高效、质地的精美、做工的精良进行表达，将广告信息符号的纯粹简洁明了地进行呈现，并且将商品差异性的独特功能进行强调与突出，从而向群众告知服务与产品的功能及价格，例如，京东有许多的商品广告，便是通过容易理解、直白的方式进行传播，促使大众能够容易接受。

（2）故事情节形态。在时间的角度方面，网络广告具有十分显著的优点。例如，近些年非常火爆的微视频广告，便是将视频广告与微电影进行结合，成为新兴的广告形式，即微视频广告，并且被许多的人所接受、所认可。用户在观看广告时，已不再是观看单纯的广告，同时，也要求广告具有娱乐欣赏的目标，而视频网站所提供的丰富的娱乐资源，刚好能够将我国用户的故事情节广告需求进行满足。

知识点四　网络广告创意设计的发展路径

网络广告发展只有短短十几年，如何才能更好更快地适应新媒体环境的高速发展？如何提高网络广告创意设计的质量与水平？结合当下的理论研究成果和实践经验，笔者认为，新媒体环境下网络广告设计发展路径与策略的探索应当包括理念创新、内容创新、形式创新、评测与监管机制创新和创新人才培养几个方面。

1. 网络广告创意设计的理念创新

在新媒体环境下，网络广告创意设计革新了传播主体与客体的关系，广告目标群体在网络广告创意设计中的参与需求和互动需求得到了充分重视。鉴于此，网络广告创意设计需要与时俱进地促进理论创新，及时发现网络广告创意设计的新特点、新规则和新价值，站在目标受众的角度，深入思考并运用行之有效的网络广告创意设计方法，做好目标受众的分类、管理和关系维护，继而有针对性地进行网络广告创意的设计、投放和优化，以取得更好的广告信息传达效果。除人性化、互动化的要求外，新媒体环境下的网络广告创意设计还十分强调趣味性和娱乐化。放眼当下，网络中传播交互的信息越来越多，但人们在每个网页停留的时间却越来越少，要想在有限的时间里迅速吸引目标受众，网络广告创意设计应当与时俱进地革新设计理念，打造娱乐化、趣味性的广告内容或形式，以更富有吸引力的内容和冲击力的视觉形式，满足目标受众多元化的需求。但是，值得注意的是，网络广告创意设计还应当坚持绿色、健康、可持续的发展理念，不能一味地谄媚市场和受众，在了解受众需求的基础上保持理智，以前瞻性发展的眼光，推动网络广告创意设计的健康、长效、创新发展。

2. 网络广告创意设计的内容与形式创新

在新媒体环境下，网络广告创意设计研究应当将重点放在内容与形式的创新上。在内容方面，新媒体技术与平台让信息传播的效率得到了显著提升，优秀的网络广告创意设计一经出现，搬运、抄袭、同质化的设计就会随之出现，不仅严重影响了网络广告创意设计的传播效果，而且在网络广告创意设计行业中逐渐形成了不良风气，不利于网络广告创意设计行业的健康长效发展。所以，网络广告创意设计应当坚持内容创新，丰富网络广告创意设计的表现手法，增强网络广告创意设计的感染力和影响力。在形式方面，网络广告创意设计应致力于打破现有以图片、文字、视频等为主的传播展现形式，寻求更具有实时性、交互性、创新性的表现方式，吸引目标受众的眼球，引导目标受众沉浸式地参与到广告创意的互动设计中，给目标受众带来更高质量的视觉体验和信息接受体验。无论是内容创新还是形式创新，网络广告创意设计都需要充分考虑新媒体的媒介特点和目标受众的需求，定制化地设计网络广告的内容和形式，更好更快地发挥新媒体的优势，扩大网络广告创意的覆盖面，增强网络广告创意的宣传效果。

3. 网络广告创意设计的评测与监管机制创新

广告效果评测与监管是网络广告创意设计研究中不可忽视的重要环节。就广告效果评测机制而言，它能够更好地借助新媒体环境下的各项技术，收集、整合和分析网络广告投放的效果与受众的接受情况，进而反馈到广告创意设计的创新创作环节，改变并优化广告创意设计的内容、形式和目标规划，以期达到更好的网络广告创意设计效果。不仅如此，良好的广告效果评测机制也能够有效地避免注水、作假等情况，给予广告主更加客观、真实的广告效果参考，鼓励广告主在真实、有效和权威的评测标准体系下更好地进行选择和投放。就网络广告创意设计的监管机制而言，传统的广告法律法规在新媒体环境下是相对滞后的，只有与时俱进地健全和完善网络广告创意设计的监管机制，网络广告创意设计行业才能更好地健康长效发展，提高公众的信任度和好感度。

4. 网络广告创意设计的创新人才培养

在新媒体环境下，网络广告创意设计的创新发展对广告创意设计专业人才的培养提出了新的要求。从专业人才培养的角度出发，广告创意设计专业的教学需要根据新媒体环境的新特点和新变化，与时俱进地革新人才培养的目标、方向和计划，让更多优秀的广告创意设计人才能够服务于网络广告创意设计行业。一方面，新媒体环境下网络广告创意设计人才需要始终如一地训练强化自身的广告创意设计专业能力，开阔自身的专业视野，夯实自身的专业基础，以扎实的专业基本功应对日新月异的新媒体的发展；其实，无论时代如何变化，新媒体环境如何迥异，广告创意设计的本质和核心目标是不变的；所以，与传统广告创意设计人才的培养一样，网络广告创意设计人才的培养也应当以专业能力的训练强化为重点，确保网络广告创意设计人才能够充分发挥自身的知识优势、技术优势和资源优势，投身于网络广告创意的研究工作、设计工作和营销管理工作。另一方面，新媒体环境下网络广告创新设计人才需要提升自身的新媒体理论素养，了解新媒体传播方式的优势与不足，了解网络广告运作中的流程、方法和问题，了解目标受众的习惯、心理和需求变化，并具备传播学、营销学等跨学科的知识与技能，进而更好地服务于网络广告创意设计行业，快速适应新媒体环境下的新变化。

二、知识训练

多芬的励志广告《你，远比自己想象的美丽》是与美国罪犯肖像艺术家 Gil Zamora 合作拍摄的。Gil 根据 7 位女性本人和陌生人对她们五官和外形的描述画像，有趣的是，本人眼中的自己和陌生人眼中的完全不同，最后得出结论：你，远比自己想象的美丽。大部分人在别人眼中，都比自己描述的更美、更开朗、更有自信。通过广告创意来告诉消费者，其实没有美不美，只有不同的美。每个女孩都美，却不是每个女孩都能看见自己的美。整个广告向观众传达着"自信美"的理念。

［资料来源：褚鑫鑫. 综合素养课的课程思政设计和实践——以经典广告作品赏析为

例[J]. 现代职业教育，2019(2)：274-275]

讨论：这则广告的创意设计传递了什么样的创意设计理念？

学校里新开了一间茶吧，请你与其他同学组成一个创意团队，为这个茶吧创作形式多样的网络广告。

三、思政课堂

随着物质水平的提高，人们越来越追求精神文明建设，文化发展被提升到国家战略的高度，十七届六中全会明确提出了"文化强国"战略。在新时代网络的普及下，网络广告作为大众传媒的一种表现手段，已经成为精神文明发展和建设的重要载体，对完善社会发展具有重要的作用。网络广告对大学生价值观的影响有利于优化网络广告行业的途径和制度建设。网络广告在一定程度上反映了当代人们的意识观念、道德规范和行为准则，具有鲜明的时代性。在探索研究其对大学生价值观影响的同时，也有利于发现网络广告在制度层面和途径层面的不足，目前，互联网虚假违法广告层出不穷，各地纷纷出台了专项整治政策，在网络广告时代，完善网络广告途径和制度建设，积极应对网络广告带来的负面影响，更好地发挥网络广告对核心价值观的引领作用，对促成大学生价值观的健康形成具有重要的研究意义。

2020 年 9 月 22 日，习近平总书记在教育文化卫生体育领域专家代表座谈会强调了在十四五时期文化建设的重要性，指出新时期建设社会主义文化强国必须坚持社会主义核心价值观的引领，加强精神文明建设，助力推动社会发展。而网络广告是文化传播的重要载体，因此，研究网络广告对大学生价值观的影响具有重要的意义。

[资料来源：李倩玉. 网络广告对大学生价值观的影响研究[D]. 昆明：昆明理工大学，2021.05：(1-3)]

四、知识扩展

网络广告不同于电视、广播、报纸与杂志等传统媒体广告，是基于互联网 HTTP 协议与 App 应用并形成推动产品营销和信息服务的新技术、新业态与新模式，具备信息传播、传播定位与商业动员的核心功能，成为网络社会促进社会经济繁荣发展与满足美好生活需要的新景观。

(1)2020 年由于新冠肺炎疫情，网络广告年增幅相对放缓。中国互联网络信息中心(CNNIC)第 47 次《中国互联网络发展状况统计报告》数据显示：2020 年我国网络广告市场规模为近 5 000 亿元，达到 4 966 亿元，年增长率为 14.4%。2016—2018 年，我国网络广告年增长率均在 20% 以上，2019 年为 16.8%。2016 年我国网络广告市场规模突破 2 000 亿元，2018 年突破 3 000 亿元，2019 年突破 4 000 亿元，为 4 341 亿元(图 5-8)，已经突破我国年广告市场总规模的 50.50%(国家市场监督管理总局数据)，2020 年约为 69%(MAGNA 数据)。Quest Mobile 数据显示，2020 年我国互联网广告市场规模已经超过 5 000 亿元大关，达到 5 292.1 亿元，年增长率为 5.4%。我国网络广告平台发展格局基本形成。经过 23 年的发展，电商、视频、搜索、新闻资讯与社交媒体成为我国网络广告的主要载体与收入来源，门户、搜索、社交、电商等平台主导我国网络广告的发展方向、市场规模与传播技术。现在社交媒体广告不处于相对发展优势，但社交媒体的即时性、直播化与短视频化等发展趋势，将推动社交广告发展。艾瑞咨询《2020年中国网络广告市场年度洞察报告》显示：我国电商广告自2017年超越搜索广告成为第一大广告平台以来，其广告龙头地位就没有被撼动，并与其他媒体平台广告收入差距不断拉大。中关村互动营销实验室数据显示：2020年电商广告占媒体平台广告的37.02%，而2019年为35.9%。由于电商直播，我国视频广告收入形势较好，为媒体平台广告收入的18.17%。另外，搜索引擎为11.76%，新闻资讯为10.76%，社交媒体为9.80%。

资料来源：根据企业公开财报、行业访谈及CNNIC统计预测模型估算　　　　　2020.12

图5-8　2020年我国网络广告市场规模发展概况（单位：亿元）

（2）人工智能、大数据、区块链与算法的广泛渗透及应用，使平台网络广告系统建设取得重大进展，优化了我国数字广告智能化发展趋势的新技术、新业态与新模式。网络广告是基于互联网HTTP协议与App应用并形成推动产品营销与信息服务的新技术、新业态与新模式，具备信息传播、地理定位与商业动员的核心功能。我国各大网络平台的电商广告系统、广告文案系统、广告算法推荐系统、广告区块链系统等取得较大成绩，数字广告智能化发展态势成为我国网络广告业发展的主流趋势。阿里电商广告平台是服务商平台，提供应用程序编程接口（API）、需求方平台（DSP）或软件开发工具包（SDK），以广告交易平台、移动广告交易平台与数据管理平台服务客户与广告主加强品牌营销。广告主根据需要随时随地自主投放广告，以电商平台可以提供的各种广告数据及其投放方案作为参考，采取适合自己投放的广告形式与投放方案，实现自身广告利益与市场营销的最大化、最优化。

［资料来源：王凤翔.我国网络广告发展的现状趋势、问题挑战与对策建议——以2020年网络广告发展为例［J］.市场论坛，2021（9）：1-3］

任务四　网络广告的创意策略

一、知识认知

知识点　网络广告创意策略

1. USP理论

罗杰·瑞夫斯提出的USP理论是指广告要有独特的销售主题（Unique Selin Proposition），只有当广告能指出产品的独特之处时才能行之有效，即应在传达内容时实现和发展自己的独特销售主题。USP 有以下三部分特点：

课件：网络广告的创意策略

（1）必须包含特定的产品效用，即每一则广告都要向消费者提出一个销售主张，给予消费者一个明确的利益承诺，即产品效用。

（2）必须是独特的、唯一的，该主张必须是竞争对手所不能或未曾提出的，是其他同类竞争产品不具有或没有宣传过的主张。

（3）必须有利于促进销售，即这一主张一定要强有力到能招来数以百万计的大众。由于科学技术急速发展，人类社会不断向前推动，仅靠一般化、模式化的广告创意和表现已不能引起大众的注意和兴趣，必须在产品中寻找并在广告中陈述产品的独特之处，即实施独特的销售主题。这一新的广告创意策略一经问世便立即在广告界引起热烈响应，并在二十世纪五六十年代得到广泛推广。

2. 品牌形象理论

品牌形象理论产生在第二次世界大战后的美国，由大卫·奥格威提出。第二次世界大战后，伴随着西方经济发达国家生产力的迅速发展，新产品不断涌现，产品的同质化现象也越来越严重，从而使寻求产品的"独特卖点"越来越难。大卫·奥格威认为，在产品完全同项的基础上，谁更有独特气质，谁就能脱颖而出。因此，为品牌产品赋予一个独特的个性对一个广告运作的成功是非常重要的，企业必须为品牌树立一个形象（Image），即个性。广告不仅要挖掘产品本身的卖点，还要赋予产品人格化的形象，即一个产品就像一个人，要有自己的个性，这个形象决定了在市场营销中是成功还是失败。

在关于如何树立形象的问题上，大卫·奥格威认为广告不是娱乐，而是要提供信息，促使顾客购买的不是广告的形式，而是广告的内容。这个广告内容是什么呢？按照形象理论看法，这个内容就是包含创意（Creative）的个性形象。所以，形象论认为，一个好的广告应该让人们感觉这不是一个广告，不强卖，应该让顾客在无意识下购买你的产品。

罗杰·瑞夫斯对 USP 理论与品牌形象理论的关系做过一段评价，USP 和品牌形象之间的关系：一个演讲者的穿戴、气质、说服力就是品牌形象。演讲内容是 USP，并主张将两者结合起来，认为纯粹的 USP 和纯粹的品牌形象都不可取。换而言之，USP 是内核，而品牌形象是外壳，因此，USP 仍然是一个广告的关键，USP 理论并不会随着时间的推移而暗淡无光。

3. 定位理论

网络广告的特质是点击上的由浅入深，而这个趋势的推动力就是用户对网络广告的接受程度和兴趣等级。所以，广告创意要充分结合和把握用户群体的心理活动，层层递进，将用户带入广告的核心区域。当然，这种诱导不是欺骗，只是针对用户心理和需求进行的具有亲和度的广告设计，使消费者逐渐缩短双方距离和隔膜，最终实现广告推广的目的。因此，较高或较远的定位，会使广告诉求脱离用户的关注范围，直接导致了广告的无效性，所以，恰当的、具有亲和力的明确定位才能够使广告被更多人所接受。

定位（Positioning）是由著名的美国营销专家艾尔·莫瑞斯（Airies）与杰克·特劳特（Jack Trout）于 20 世纪 70 年代早期提出来的。定位理论的产生源于信息爆炸造成的人类各种信息传播渠道的拥挤和阻塞，几乎把消费者推到了无所适从的境地，想在信息过多的社会中成功，公司必须在其潜在顾客的心中创造一个位置。

定位的对象从产品开始，可以是一件商品、一项服务、一家公司、一个机构，甚至是一个人，也可能是你自己。定位并不是要你对产品做什么事情，而是要将你的产品在潜在顾客的脑海里确定一个合理的位置。也就是说，定位要针对潜在顾客的心理采取行动。因此，定位是对顾客的头脑进行争夺，其目的是在潜在顾客心中建立有利的地位。定位的真谛就是"攻心为上"，消费者的心灵才是营销的终极战场。要抓住消费者的心，必须了解他们的思考模式，这是进行定位的前提。《新定位》一书列出了消费者的五大思考模式。

模式一：消费者只能接收有限的信息。在超载的信息中，消费者会按照个人的经验、喜好、兴趣甚至情绪，选择接受哪些信息，记忆哪些信息。因此，较能引起兴趣的产品种类和品牌，就拥有打入消费者记忆的先天优势。

模式二：消费者喜欢简单，讨厌复杂。在各种媒体广告的狂轰滥炸下，消费者最需要简单明了的信息。广告传播信息简化的诀窍就是不要长篇大论，而是集中力量将一个重点清楚地打入消费者心中，突破人们复杂的心理屏障。

模式三：消费者缺乏安全感。由于缺乏安全感，消费者会买与别人一样的东西，免除花冤枉钱或被朋友批评的危险。所以，人们在购买商品前(尤其是耐用消费品)都要经过缜密的商品调查，而广告定位传达给消费者简单而又易引起兴趣的信息，正好使自己的品牌易于在消费者中传播。

模式四：消费者对品牌的印象不会轻易改变。虽然一般认为新品牌有新鲜感，较能引人注目，但是消费者真能记到脑子里的信息还是耳熟能详的东西。

模式五：消费者的想法容易失去焦点。虽然盛行一时的多元化、扩张生产线增加了品牌多元性，但是却使消费者模糊了原有的品牌印象，美国舒洁公司在纸业的定位就是一例。舒洁以生产舒洁卫生纸起家，后来它把自己的品牌拓展到舒洁纸面巾、舒洁纸餐巾及其他纸制品，以至于在数十亿美元的市场中，拥有了最大的市场占有率，然而，在这些盲目延伸的品牌中，使消费者失去了对其注意的焦点，最终让宝洁公司乘虚而入，难怪一位营销专家以美国式的幽默发问：舒洁餐中纸和舒洁卫生纸到底哪个产品是为鼻子而设计的呢？

产品广告定位主要有以下两大类：

第一，实体定位。实体定位是指在广告宣传中突出产品的新价值，强调本品牌与同类产品的不同之处及能够给消费者带来更大的利益。实体定位又可分为市场定位、品名定位、品质定位、价格定位和功效定位。

第二，观念定位。观念定位是指在广告中突出宣传品牌产品新的意义和新的价值取向，打动费者的心理定式，重塑消费者的习惯心理，树立新的价值观念，引导市场消费的变化或发展趋势。观念定位在具体应用上可分为逆向定位和是非定位。

4. 共鸣理论

共鸣理论要求创作人员对目标受众的世界，包括他们的经历和情感在内有较深的理解。运用这种理论的广告并不强调产品说明或品牌形象，而是设计情境或渲染感情激发受众对记忆的积极联想。例如，1998年下半年，雕牌洗衣粉曾全面退市，1999年年初又以全新的包装切入洗衣粉市场，获得二次创业的成功，此次出击的雕牌大打情感牌，因"下岗潮"的出现，其不失时机地抓住这一引起社会普遍关注的资源，借势进行品牌的打造与传播。雕牌洗衣粉的情感诉求比较成功，其创造的"下岗篇"，就是其中比较好的情感宣传方式，妈妈下岗了，家庭生活日显拮据，并随着妈妈找工作的画面把情感推向了高潮，片中小主角的真情表白：妈妈说雕牌洗衣粉，只用一点点，就能洗好多好多衣服，可省钱了，妈妈，我能帮您干活了。这一宣传引起了消费者内心深处的震撼及强烈的情感共鸣，品牌迅速得到认同与提升。

二、知识训练

网络广告设计的核心在于创意，它是将抽象化的营销概念转化为具体表现形式的视觉化过程，来吸引受众注意并进行浏览。

"红牛"饮料

"红牛"（Red Bull）是全球首先推出且被人熟知的能量饮品之一。20 世纪 70 年代，红牛饮料创始人许书标的工厂研制出一款内含水、糖、咖啡因、纤维醇和维生素 B 等成分的"滋补性饮料"，取名为"红牛"。

红牛是一种维生素功能型饮料，主要成分为牛磺酸、赖氨酸、B 族维生素和咖啡因（含量相当于一杯袋泡茶）。红牛功能饮料科学地把上述各种功效成分融入产品之中，与以往普通碳酸饮料不同。从推广之初，就将产品定位在需要补充能量的人群上。

"汽车要加油，我要喝红牛"，产品在广告宣传中就将功能性饮料的特性：促进人体新陈代谢，吸收与分解糖分，迅速补充大量的能量物质等优势以醒目、直接的方式传达给诉求对象。让大家通过耳熟能详、朗朗上口的广告语，接受"红牛"作为功能性饮料能够提神醒脑、补充体力、抗疲劳的卓越功效。

（资料来源：经典广告创意案例分析 http://ishare.iask.sina.com.cn/f/avmvD0UqY5.html#page4）

讨论：根据以上给出的"红牛"广告案例，请分析案例采用的是哪种创意策略。

三、思政课堂

《广告法》是现存法律体系内对网络广告的规制起到核心作用的法律，有着特定的调整范围与适用对象。商业活动中各类参与主体的广告行为都要遵循《广告法》的基本规定。中国的市场经济环境发生了巨大变化，2018 年对《广告法》的具体法条进行修改和完善后，对违法广告的适用范围更加宽泛，内容更加具体，对网络广告的惩处也有了进一步的法律依据。《广告法》第 28 条对虚假广告的内涵进行了界定，确立了虚假广告的成立条件。第 49、50、53 条对市场监督管理部门的监管职责作出了新的规定。第 55 条到第 73 条对法律责任进行了规定，对处罚措施、罚金金额进行了规定，加大了处罚力度。《广告法》明确了虚假广告的定义与成立要件，新增了广告代言人的概念，对其法律责任与义务进行了规定。无论从广告行为责任主体的划分到广告内容的细化，对确定市场监督管理部门的职权范围到对违法广告的规制，都有了重大的进步。为解决网络广告发展中出现的新问题，2016 年《互联网广告管理暂行办法》（以下简称《暂行办法》）应运而生。《暂行办法》从网络广告的定义、范围、广告主体之间的权利义务划分及对违法网络广告的行政管辖等方面，对《广告法》进行了补充与完善，着重解决互联网广告中的一些特殊性问题，明确了网络广告范围，规定了网络广告主体责任。网络广告监管面临诸多难题，为应对网络广告监管的现实难题，《暂行办法》通过对《广告法》的相关条款进行细化，完善了网络广告监管的法律规范，对规范网络广告秩序具有积极价值。

[资料来源：田浩. 我国网络广告法律规制研究[D]. 长春：长春理工大学，2021.05：(16-20)]

四、知识扩展

伴随网络行业的蓬勃发展，网络广告也不再局限于普通的图片形式，为了给消费者带来良好的体验，使消费者对产品有更深入的了解，网络广告的形式也开始不断创新。网络广告形式多样，在网络新时代背景下，网络广告实现快速发展，其价值核心从以广告为中心转变为以内容形式为中心。我国网络广告的主要形式有以下几种：

（1）网幅广告。网幅广告是互联网广告的最基本形式，通常表现为商家广告的图片形式，大多网幅广告具有链接功能，可以点击进入了解广告的具体信息。网幅广告大多出现在用户所浏览的网站最顶部或最底部，是广告主宣传产品或服务的最有效的广告形式。

（2）文字链接广告。文字链接广告是一种以广告文字作为链接，点击即可访问相应站点的广告形式。此种广告形式对广告主来说创建困难但价格低廉，对用户阅读网站影响较小，能直达软件宣传的目的，是一种非常有效的广告形式。

（3）电子邮件广告。电子邮件广告通常采用文本格式，将广告性文字放置在新闻邮件或经许可的邮件中间，发送到客户邮箱，用户点击后从而链接到商品或服务的特定页面。真正的电子邮件广告与不经客户允许的垃圾邮件有着本质区别，它进入客户邮箱前都是经客户允许的。

（4）赞助广告。赞助广告的内容是企事业单位通过向社会公益项目和活动提供赞助，被提供赞助的单位通过发布广告的形式为赞助者提供宣传机会。赞助广告不仅仅是一种广告形式，它可以是任何广告形式的一种，甚至是多种广告形式结合而成。

（5）弹出式广告。弹出式广告包含文字、色彩、声音、图像等多种元素，这种广告制作成本低、时效长，成为越来越多广告主的选择。但这种广告在弹出时一般未经过用户允许，且多数时候不能关闭。弹出式广告往往带有低俗、色情、欺诈等违法内容，极不受网站用户喜爱。

（6）插播式广告。插播式广告是指访问者在访问网站过程中通过空隙页面将广告传递给访问者，但未经访问者同意或请求，此种广告形式与弹出式广告非常相似。插播式广告在用户浏览网页时跳入浏览界面，这种广告形式极易使网站的浏览者产生抵触情绪。

（7）富媒体广告。富媒体广告是一种区别于传统广告的数字广告形式，它利用富媒体技术将视频广告片与 Flash 广告等大容量的广告文件在门户网站上进行播放。富媒体广告通过创新广告的内容与形式吸引消费者，与消费者的互动性较强。

另外，还有如按钮广告、聊天室广告、浮动标识广告等广告形式存在。伴随互联网的飞速发展，网络广告的形式会进一步发展，内容也会更加丰富多彩。

任务五　网络广告创意的要求和注意点

一、知识认知

知识点一　网络广告创意的要求

1. 网络广告创意的一般要求

（1）熟悉网络。现如今从事广告创意的人员，大部分是传统媒体的广告从业人员，对传统媒体很熟悉，但对网络媒体却不熟悉，不了解网络广告的特点，创作出来的网络广告有些并不适合在网上发布，有些不符合网上受众的心理特点，难以取得很好的广告效果。因此，网络广告创意的要求就是要熟悉网络，了解网络广告的特点，才能有效地进行网络广告创意。

课件：网络广告的
创意要求和注意点

（2）了解广告。现如今从事网络工作的人员，大部分是科技人员，他们对网络很精通，对各种软件能操纵自如，有的还能自己编程写软件，但他们对广告并不是很了解，或者以为广告发布出来就应当有效，或者不会去对网络受众进行细分等。因此，进行网络广告创意，还应该了解广告，知道什么产品的广告该如何做，该对谁说，如何说，在哪个页面上发布效果好等。

（3）懂得创意。网络广告是一种新的广告形式，如何进行网络广告创意是一门新的学问。除熟悉网络、了解广告外，还必须掌握广告创意的方法、技巧，并进一步了解网络广告创意的特点，这是因为网络广告具有与其他媒体广告的不同特点，其创意也具有自身的特点。只有具备以上条件，才有可能创作出好的网络广告作品。

2. 网络广告创意的特殊要求

（1）运用多媒体技术，增强网络广告的吸引力。网络广告具有自身的先天不足，但也有自身的优势，例如，含有比传统媒体广告更多的技术成分。在进行网络广告创意时，要善于利用它。网络广告应该成为实时、动态、交互的多媒体世界，呈现出一幅丰富多彩的画面，使广告具有文字、声音、图片、色彩、动画、音乐、电影、三维空间、虚拟视觉等所有网络媒体的功能，增强广告的吸引力，满足人们求新、求变的心理，充分调动网络受众的兴趣，使他们畅游网络世界时，在网络广告的指引下，充分享受网上购物的乐趣。

（2）区分不同产品，针对不同页面。目前，网络广告比较注重首页的创意，但对更深页面的创意不够重视，这是认识上的一个误区。事实上，从许多网站的经验来看，除一些大众消费品适合在网站首页发布广告外，对一些比较专业的产品来说，流量越大的页面，点击率越低；流量越小的页面，点击率越高。因为越往深处，内容越专业，虽然暴露次数少，但都是有价值的暴露。例如，一家经营摄影器材的客户在新浪网首页上投放广告，结果点击率只有 0.5%，后来换到更深的专业页面投放，结果点击率达到 20%，比在首页上增加了 40 倍。

因此，在进行网络广告创意时，要区分不同产品，针对不同页面。也就是说，不同产品的广告信息适合在不同页面发布，广告创意也要针对不同页面来进行。大众消费品适应面广，适合在网站的首页发布，创意时要根据产品的特点、网站的特点来选择适当的广告形式。而那些专业化程度比较高的产品，则适合在专业网页（或网站）上发布，在创意时，除要考虑专业网页的特点外，还要考虑专业网民（即经常上到这一网页的浏览者）的心理特点，以及他们的爱好和需求，广告信息也可以适当地专业化。

（3）争取受众反馈，促成网上购买。网络广告能达到的目标大体可分为两种：一是推广产品信息，树立品牌形象，这点与传统媒体广告相同；二是获得受众的直接反馈，这是网络广告与传统媒体广告的区别。在进行网络广告创意时，一定要努力做到能使受众反馈，后促成购买。因为网络是唯一能够把广告 AIDA（注意、兴趣、欲望、行动）四个步骤一气呵成的媒体，随着市场环境的成熟和网络技术的进步，网络营销会逐步发展、成熟。另外，消费者对购买方便性的需求也要求网络广告与网络营销相结合。一部分工作压力较大、高度紧张的消费者会以购物的方便性为目标，追求时间、精力等劳动成本的尽量节省，特别是对于需求和品牌选择都相对稳定的日常消费品，这一点尤为突出，如果这些人在看到网上自己喜欢的产品广告后，能立即购买，就会大大方便消费者，提高广告的促销效果。

知识点二 网络广告创意的注意事项

在进行网络广告创意时，要注意以下要点。

1. 明确有力的标题

据统计，上网者在一个网络广告版面上所花费的注意力和耐性不会超过 5 秒。因此，一定要在这段时间内以明确有力的广告标题吸引人潮进入目标网页，并树立良好的品牌形象。

2. 简洁的广告信息

强烈清晰的文案比制作复杂的影音文件更能吸引上网者点选。网络广告应确保出现的速度足够快，网络广告信息在目前互联网上发布时应力求简洁，多采用文字信息。

3. 语言要简洁生动

由于各网站对广告尺寸有一定限制，而且网络媒体也不适合长时间阅读，因而简洁、生动的网络广告文案才会有较高的注意率。至于深入的信息传播，可以通过吸引受众点击、链接到企业主页实现。

4. 语言与画面的配合

动画技术的运用为网络广告增强了不少吸引力，因而，在一般的网络广告中，语言更应服务于画面，起到画龙点睛的作用。

5. 语言风格的适应性

由于网络可以根据不同兴趣爱好，把受众高度细分化，因而在针对目标受众诉求时，应注意运用他们所熟悉的语气、词汇，增强认同感。

6. 语言形式受投放的网站影响

虽然网络无国界，但受众还是会受到语言的限制，因而，要根据企业的传播目标选择站点，决定运用何种语言。

7. 发展互动性

随着网络技术的开发，网络广告的互动性增强，这是网络广告强有力的优势。例如，在网络广告上增加游戏活动功能，将会大大提高上网者对广告的阅读兴趣。

8. 合理安排发布时间

网络广告的时间包括对网络广告时限、频率、时序及发布时间的考虑。时限是广告从开始到结束的时间长度，即企业的广告打算持续多久，这是广告稳定性和新颖性的综合反映；频率即在一定时间内广告的播放次数，网络广告的频率主要用在 E-mail 广告形式上；时序是指各种广告形式在投放顺序上的安排；发布时间是指广告发布是在产品投放市场之前还是之后。根据调查，消费者上网活动的时间多在晚上和节假日。针对这一特点，可以更好地进行广告的时间安排。网络广告的时间策略形式可分为持续式、间断式、实时式。网络广告时间策略的确定，除要结合目标受众群体的特点外，还要结合企业的产品策略和企业在传统媒体上的广告策略。

9. 确定网络广告费用预算

公司首先要确定整体促销预算，再确定用于网络广告的预算。整体促销预算可以运用财务能力法、销售百分比法、竞争对等法或目标任务法来确定。而用于网络广告的预算则可依据目标群体情况及企业所要达到的广告目标来确定，既要有足够的力度，也要以够用为度。

10. 设计好网络广告的测试方案

在网络广告策略策划中，根据广告活动所要选择的形式、内容、表现、创意、具体投放网站、受众终端机等方面的情况，设计一个全方位的测试方案是至关重要的。在广告发布前，要先测试广告在客户终端机上的显示效果，测试广告信息容量是否太大而影响其在网络中的传输速度，测试广告设计所用的语言、格式在服务器上能否正常显示，以避免发布后的广告效果受到影响。

知识点三　网络广告创意设计的不足

1. 网络广告内容真实性缺失

部分网络广告制作商与投放公司为追求网络广告的视觉效果与感官体验，会盲目夸大其内容，用过于浮夸的方式将广告呈现，给受众群体过分的观赏体验。然而其实际产品或服务并未达到其描述的水平，广告呈现虚假、夸大的态势。

2. 垃圾广告泛滥导致群众接纳度低

众所周知，趣味性较强、周期相对较低的广告更能够被社会群众所接纳，而目前部分网络广告内容过于恶俗，且过分夸大。由于缺乏一定的监管措施，网络广告的投放一般由投资成本所决定，只要向互联网平台投入足够的资金，即可进行广告投放。这样恶俗的垃圾广告，导致观众接纳程度不断降低，破坏了原有健康网络广告生态系统。另外，以垃圾邮件为例的网络广告，因其内容相对更差且传播的方式类似骚扰，更难以被人们所接纳。

二、知识训练

(1)2017年度暖心催泪广告片《有人偷偷爱着你》讲述几位主人公的故事，无情地揭露了生活的灰暗面，而在转折处凸显出来自陌生人的关心与帮助，让观众的情绪从寒心升至暖意，让每位观众与现实世界来了一场温暖的释怀，告诉大家："这个世界并没有那么糟糕，总有人在偷偷爱着你。"在感恩节来临之际，三九感冒灵这则暖心短片传递了品牌的情感和价值观。

(2)中国台湾大众银行的微电影广告《梦骑士》一开始便意味深长地发问"人为什么活着"，接下来镜头在几位耄耋老人昏沉的晚年生活场景中切换，家人和朋友的离去、疾病缠身，尽是不如意。之后癌症患者发出大声号召"去骑摩托车吧"，几位耄耋老人重拾年轻时的梦想，带着对友人和爱人的思念，以及对过去和未来的怀念与憧憬，骑上摩托车开启了新的征程！

请同学们以上面具体的广告作品为例，说明这两则广告案例是如何将知识传授和价值引领相结合？

三、思政课堂

网络广告承载着弘扬主流价值观、展示社会主义精神文明建设伟大成果的重要使命。网络广告之所以影响大学生的价值认同，关键在于网络广告的思想政治教育功能，主要包含导向教育功能和认知教育功能两个方面。网络广告的导向教育功能是指网络广告通过广告中的人物、情节和主题设置，为青年学生提供思考和行为的模式，引导并获得他们价值认同的过程。网络广告用人们乐于接受的方式去展示形象世界，大学生在接触过程中了解到各个国家及地域的人情风貌，在这个过程中网络广告寓社会教育和政治教育于其中，潜移默化地引导大学生形成正确的价值观，获得他们的价值认同。网络广告的认知教育功能是指网络广告对事物和性能的展示，使人们获取对主客观事物的认识。大学生观看网络广告的过程本身就是认知社会和接受信息的过程。这个认知的过程也就是价值认同的过程，网络广告让大学生学习知识、了解人情世故，获得丰富的人生体验，大学生经历对网络广告信息的接收、加工、储蓄到分析，最后形成价值认同。

[资料来源：李倩玉．网络广告对大学生价值观的影响研究[D]．昆明：昆明理工大学，2021.05：（24-25）]

四、知识扩展

国外网络广告监管现状

1. 美国网络广告监管现状

美国作为互联网广告的发源地，针对网络广告方面的监管具有大量的实际经验，值得我国进行积极参考。众所周知，美国采用通过政府机构进行主导的监管方式，面向网络广告具有非常大的监管执法强度，常常依靠非常严苛的限制举措对违法活动进行规制。

（1）网络广告主体的相关规定。美国对于网络广告的参与者一视同仁，规定了全部开展网络广告相关内容传播的主体，应当充分确保网络广告所涉及的内容合法及真实。在实施网络广告传播期间，倘若被查到属于违法活动，则所有参与者需承担所对应的法律责任。美国面向不同广告运营主体时所涉及的资质审核都存在非常严苛的要求，通常每年都会对有关主体的相应资质展开审核，针对审核达标的相关主体给予经营许可。面向广告运营者相关责任的认定层面，着重依据《在线版权损害责任法案》相关规定，避免由于网络广告违法者的不当行为而使平台背负不属于自己的罪责。"这种行为不仅卸下了网络服务平台所承担的以发布者角度确保所传播内容准确及安全的相应责任，另外，能够推动网络服务平台以广告传播人的身份保证不同职能的有效履行。"

(2)违法网络广告的监管规定。美国拥有较为完备的网络广告监管系统，其着重包含的监管部门有美国联邦贸易委员会、美国食品药品管理局及美国联邦通讯委员会。联邦贸易委员会属于权威最高的。依据美国所出台《贸易委员会法》的相关要求，"倘若广告相关主体牵涉到网络广告所涉及的运作过程，则全部参与人员都承担着确保网络广告相关信息合法及真实的相应责任，倘若出现网络广告触犯法律的问题，则全部参与人员都需连带。"在过去，美国联邦贸易委员会面向不止一家触犯法律的网络广告公司实施警告，同时，与联邦法院给予此类触犯法律的公司资金冻结的惩罚。国会也在相关法律中强调："广告活动会使消费群体面临被伤害的可能，同时，消费者不能依靠自身或借助别的方式对此类侵害展开有效抵御。"

2. 日本网络广告监管现状

日本与法国一样都是大陆法系国家，在网络广告相关规制的道路上，都贯穿着立法活动，逐渐建立了网络广告法律体系，与我国非常单一的法律层级存在显著差异。日本积极实施混合多层的立法方式，针对网络广告构建起非常全面的法律体系。日本的网络广告体系主要由六部法律组成，涉及民法及商标法等多种法律。日本不仅具有系统的法律要求，而且一些政府机构还会出台相关司法解释展开行政指导。另外，日本组建起网络广告监督及管理部门，着重面向网络广告所涉及的发布者实施严格监督，审核网络广告内容，对违法的网络广告责令其整改、处罚，同时，还兼具维护消费者权益的功能。日本的网络广告监管思路就是要以法律规制为中心，只有建立完备的法律体系才可能形成行业自我约束力，法律是成功规制的前提。日本也有相应的行业自律规则作为补充，行业自律也能在一定程度上体现广告行业自觉遵守法律法规的信念。同时，日本会不定期颁布一些条例，旨在提升消费者的自我保护能力，宣传面对网络广告时的安全意识。与法国提出共管制类似，日本为了加强网络安全，提出了"网络空间安全"一词，并且以月为单位定期举办网络安全知识宣传活动，由相关部门主办，可见日本对网络广告安全的重视程度。另外，各媒体、公司也都拥有各自独立的广告宣传、发布和放送的基准来对广告内容进行审核。

总体来说，日本已经形成以对互联网广告监督管理体系为主，强化法律对违法行为的规制作用，以行业自律、安全宣传、媒体企业参加为辅，多方联动地解决互联网广告违法问题，要求所有网络广告发布商将维护消费者权益放在首位，不得进行虚假、夸大、迷信或诋毁他人等违规宣传，也不能随意盗版、抄袭或伪造。

[资料来源：张羽翔. 网络广告监管问题研究[D]. 吉林：吉林财经大学，2021.05：(24-25)]

项目小结

一、核心概念

网络广告创意 Network Advertising Creative

逆向思维 Reverse Thinking

顺向思维 Forward Thinking

品牌形象 The Brand Image

理念创新 Concept Innovation

监管机制 Regulatory Mechanisms

创新人才 Innovative Talents

定位理论 Positioning Theory

二、思考与讨论

1. 什么是网络广告创意设计？

2. 网络广告创意的原则是什么？

3. 网络广告创意的注意事项有哪些？

4. 网络广告创意的思维方式是什么？

课后答案

三、课堂实践

学校附近新开了一间咖啡厅，其要对菜单进行宣传，请你与其他同学一起组成一个创意团队，为这次宣传创作形式多样的网络广告。

项目六

网络广告文案

通过对本项目的学习，学生对广告文案的概念和特点有全面的认知。同时，能够兼顾和秉持网络广告文案的具体特征，对不同情境下的网络广告文案做初步的撰写。学生要熟悉每个典型的网络平台特征，以及基于不同的平台撰写不同的文案。

知识目标

1. 了解广告文案的定义。
2. 了解网络广告文案的概念和特征。
3. 了解网络广告文案的写作流程。
4. 了解网络广告文案的载体和分类。
5. 了解网络广告文案的元素。

能力目标

1. 能够适应不同网络平台进行文案的撰写。
2. 能够运用写作技巧撰写出有创意的文案。

课件：网络广告文案

素质目标

1. 文案撰写者应具备政治敏锐性，坚持正确的舆论导向。
2. 文案撰写者同时具有大局意识和责任担当意识。
3. 文案撰写者需要精准表达，弘扬广告宣传正能量。

任务一　认识网络广告文案

一、知识认知

知识点一　广告文案的定义

关于广告文案，一直没有统一的定义，一般有以下三种看法：

(1)文案是广告作品中的语言文字部分。

(2)文案是广告作品中的正文。

(3)文案是整个广告作品。

广告文案一般是指广告作品中的语言文字部分，在传统纸质媒介中，如报纸、海报等广告文案就是指作品中的文字部分，但是在互联网等电子媒介中，广告文案不仅指文字，还包含语言、广告歌词、字幕等多种形式。也就是说，广告文案不是简单的文字，而是一种包含了销售信息的语言符号体系；广告文案不是一种文学作品，而是一种商业作品。

《广告时代周刊》曾经发表观点：广告的"文学性"不是衡量其成就的标准，有优美的辞藻不见得就是优秀的宣传文案，其他特色如标新立异、引经据典、别出心裁的想象也都不是成功文案的必备要素。

广告文案的创作需要依照广告文案的本质进行创作。

知识点二　网络广告文案的概念和特征

对于网络广告文案的概念，有多种认知。有人认为：网络广告文案是指一句简短并让人感兴趣的内容，是一种适用于细分化市场营销趋势的新媒体写作文案。学术界也存在这样的认知：网络广告文案是指网络广告作品中用以表达广告主题和创意的所有文字及语言的总和。总之，网络广告文案应该首先服务于营销，其次它具有一定的写作规律。一般来说，效果理想的网络广告文案具有以下鲜明的特征：

(1)简洁有力。要想让浏览者一瞥间明了广告的内容，留下深刻印象，文案一定要简短有力，出奇制胜。例如，百事清柠(Pepsi Twist)可乐网络广告是个很好的范例，一开始广告画面中只有提示语"Try it"，当用户不断拧可乐瓶盖后，出现结束广告词"Lots of lime flavor, till the last drop"。简单来说，好的广告词要能够立刻吸引浏览者的眼光，唤起点选的欲望。

(2)主旨明确。网络广告应该让浏览者迅速意识到广告内容。确立主题可以避免内容的空泛和散乱。主题明确后，选用材料和安排结构就有了依据，或突出商品品质，或突出价格优势，或突出特殊功能，或突出优良服务——广告只能有一个中心，不能面面俱到。如宝马汽车网络广告，为了表现 MINI COOPER 个性化定制这一概念，当用户拖动滑块后，可以发现 MINI COOPER 被组装成多种车型样式。

(3)生动形象。美国销售学家韦勒说："不要卖牛排，要卖烤牛排时的嗞嗞声。""嗞嗞声"正是牛排的卖点，它表明：人们买到的不仅是商品本身，更是伴随其中的诱人乐趣。"嗞嗞声"是牛排之所以能引起食客趋之若鹜的玄妙之处。当火辣辣的牛排一上桌，那嘶嘶作响的油爆声，着实让人恨不得立即大吃一顿，至于那牛排是否真的美不可言，反倒成了其次。肯德基家乡鸡的广告语是："连手指头舔起来都香。"广告文案应当利用巧妙的表达方法，以强烈的感染力吸引人们的注意力。

知识点三　广告文案的本质和作用

1. 本质

美国广告大师大卫·奥格威认为："每一则广告都应该成为一位超级推销员"。本质上写文案就是在说话，就是在表达信息，它只不过把人与人之间用嘴说的话，变成了用文字去表达，其目的和推销员一样，都是希望通过表达来实现产品的销售，只不过销售员每次面对的客户数量是有限的，而且特别的网络广告面对的受众非常广泛，传播速度快，传播面更广。同时，广告文案的语言要求精炼再精炼，让人一看到就被吸引。

广告文案的撰写者需要时常反问自己："我的广告文案有助于销售员推销产品吗？"不断回归广告文案的本质才能写出优秀的文案作品。

2. 作用

网络广告文案是消费者接触到的广告作品核心的内容。统一产品或服务，文案形式与内容不同，可能使广告效果呈现出显著的差异。曾经有一个实验，把一个电视课程的广告用两个不同的标题表现出来：

(1)电视台提供新的工作。

(2)电视课程每周 11.6 美元。

结果显示，前一个广告标题的效果比后一个多 6 倍，虽然两个标题都承诺了学习这个课程的好处，但是第一个标题切中了消费者的深层心理需求，即"通过学习可以找到工作"。在一些经典的营销活动中，优秀的广告文案功不可没，例如：

一个风和日丽的日子，有位老人坐在街边乞讨，他是一个盲人，在他的身边放着一个空铁罐和一个纸板，纸板上写着"我是一个盲人，请帮助我。"可是路人穿梭而过，没有人去施舍。有个年轻女孩路过，在背面写道："多美的一天啊，我却看不到。"不一会，路人纷纷往罐子里放钱，女孩再次经过时，老人从脚步声认出她，问道："你写的什么？"女孩说："不同的话。"接着，片尾出现广告："改变你的说辞，改变你的世界。"

这是紫色羽毛(Purple Feather)在线内容专业组织的一则广告，生动地说明了文案的力量。

知识点四　网络广告文案的分类

网络广告文案已经演化出不同的类型，每种不同的网络广告文案都在传播渠道、受众群体、传播效果等方面存在差异。根据不同的划分标准，网络广告文案有不同的类型，首先根据目标的不同，广告文案可分为以下几种类型：

(1)直接推销广告商品的广告文案：文案完整地展示产品属性及订购流程等各种细节信息，以便于消费者根据信息决定是否购买。文案写作的重点是解答消费者的疑问，让消费者信任你推销的产品，最终完成交易。直接推销商品的文案是最常见的一种形式。

(2)挖掘潜在客户的广告文案：企业锁定某一目标消费者群体后，就会发出一些邀请潜在消费者参与活动之类的文案。在撰写这一类型的广告文案时，侧重点在于寻找可能对产品感兴趣的人，引导他们主动向客服人员咨询更多的产品信息。宣传企业与工厂采购人员大宗交易，往往撰写这类型的广告文案。

(3)吸引消费者注意的广告文案：在零售业和餐饮业，广告文案的目标不在于促进直接的销售，而是在于持续地吸引客户的注意力，激发购买欲望。

(4)企业形象广告文案：这类广告的对象不是商品，而是企业本身，最终目的是在消费者的心目中树立良好的企业形象。无论是提升企业形象还是消除企业负面舆论形象，企业形象广告都是一个重要的宣传工具。

根据内容的不同，广告文案可分为以下几种类型：

(1)问题式广告文案：在标题中提出问题，在正文中逐渐揭开答案。

(2)新闻式广告文案：用于新产品或旧产品更新升级说明。

(3)测试式广告文案：即在广告中设置一个小测试，以了解用户是否是你的潜在顾客。

(4)奖励式广告文案：以阅读广告可以领取某种回报（如微信红包）为吸引顾客的手段。

(5)命令式广告文案：要求顾客按照广告的相关要求采取行动。

(6)优惠折扣式广告文案：告诉顾客哪些产品在什么时间段有优惠活动，折扣是多少，在哪里购买，怎样购买等信息。

(7)理由式广告文案：在文案中列举顾客应该购买某款产品的若干个理由。

(8)效果对比式广告文案：在广告中展现顾客使用产品前后的某种差异，以表明产品的功效。

(9)见证式广告文案：由名人或资深顾客为产品唱赞歌。

(10)故事式广告文案：讲述人和产品之间的感情故事或励志故事。

(11)信息式广告文案：向客户提供真实的产品信息，但不直接推销产品。

(12)场合式广告文案：在文案中描述产品在具体场合中表现出来的优势，如多功能、便利性、坚固耐用、美观性等。

(13)挑战式广告文案：向顾客发起挑战赛，并许诺参赛者能获得不同等级的奖品。

(14)比较式广告文案：在文案中对比同类型产品，让大家看到你的产品在哪些方面优于竞争对手的产品。

知识点五 网络广告文案撰写的步骤

(1)了解产品。在撰写一个文案前，撰写者必须花费足够的时间去了解和研究产品，产品里的很多细节里隐藏着足够吸金的卖点，撰写者很可能从中联想到某一句话、某一幅图、某一个故事。

(2)了解目标客户。在熟悉产品后还必须熟悉顾客，不要想当然地去看待顾客和他们的心理，也不要单纯依靠大数据的分析，好的文案策划者必须走进消费者，甚至与他们进行面对面的畅谈，只有多渠道地接触消费者，才能够清晰地辨别哪些是潜在消费者，哪些是典型的顾客。

(3)提炼标题和副标题。在广告文案中，最先被消费者看到的是标题和副标题，能否抓住消费者眼球，成败在此一举。标题应该是简短有力且经过精准凝练的，看到标题消费者会产生想法去阅读副标题，副标题可以略长一点，但是必须紧扣主题，并且引出正文。

(4)撰写文案初稿。撰写初稿时，心里想到什么，就可以大胆地写出来，不要计较自己的想法可能比较荒诞，不要担心被指出错误，也不要考虑谋篇布局、语法、标点的完善程度，只管毫无顾忌地去写。初稿不要很完美，要整理出所有的基本思路。

(5)编辑文案。浏览自己的初稿，把语法、标点、句式、表述的错误都修改过来，把觉得多余的内容果断删除，让广告文案保持必要的精简。把漏掉的内容补上，让广告文案的信息更加完整。这一阶段的核心任务就是把粗毛坯式的初稿加工成有模有样的稿件。

(6)酝酿修改。修改稿件可以休息和沉淀一段时间，放空自己的大脑，再酝酿下一步应该如何修改。

(7)最后检查。经过酝酿修改阶段之后，撰写者再回头看自己的文案，你会发现可能会有许多地方要修正、要精简，有的地方需要补充，经过最后的检查把这些不尽如人意的地方改正过来，直到满意为止。

二、知识训练

知识训练 1

有一家鸡肉生产企业，打算在网络上做一则广告，目的是宣传自己的鸡肉产品，宣传的重点是展现公司科学饲养肉鸡，为广大消费者提供健康的食品。企业负责人希望能够有第一眼就被吸引的文案，不要用"我们选用的是某某品种的鸡，是全国最广泛饲养的鸡种，绝不添加任何激素"之内的话。

请在下面的横线处写出你想到的第一个文案创意，然后在互联网上搜索并摘录类似实际的广告文案，对比自己的思路与资深广告文案专家的区别。

你想到的第一个广告文案创意：＿＿＿＿＿＿＿＿＿＿＿＿＿＿＿＿＿＿＿＿＿＿

＿＿＿＿＿＿＿＿＿＿＿＿＿＿＿＿＿＿＿＿＿＿＿＿＿＿＿＿＿＿＿＿＿＿＿＿＿

广告人埃德·麦凯布为珀迪尤公司设计的广告文案：＿＿＿＿＿＿＿＿＿＿＿＿

知识训练 2

淘宝旅行在自己的新品牌"去啊"的产品发布会上发布了这样一则文案："去哪里不重要，重要的是……去啊！"这则文案用双关的手法调侃了同行竞争对手去哪儿网。现在请你为去哪儿网想一则发布在官方微博上的文案，既要针锋相对，又不能有失风度，最后能够处理成心灵鸡汤的风格。

请在下面的横线上写出你想到的第一个文案创意，然后在互联网上搜索并摘录顾客实际采用的广告文案，对比自己和资深广告文案专家的区别。

你想到的第一个广告文案创意：＿＿＿＿＿＿＿＿＿＿＿＿＿＿＿＿＿＿＿＿＿

＿＿＿＿＿＿＿＿＿＿＿＿＿＿＿＿＿＿＿＿＿＿＿＿＿＿＿＿＿＿＿＿＿＿＿＿＿

去哪儿网实际应用的微博文案：＿＿＿＿＿＿＿＿＿＿＿＿＿＿＿＿＿＿＿＿＿＿

＿＿＿＿＿＿＿＿＿＿＿＿＿＿＿＿＿＿＿＿＿＿＿＿＿＿＿＿＿＿＿＿＿＿＿＿＿

携程网作为同行，看到上面的文案大战，没有理由会放过这个营销话题，你试着想一则文案，把"去哪儿网"和"去啊"同时比下去，请在下面的横线上写出你想出的第一个广告文案，并在网络上搜索，看看携程网实际应用的微博文案是什么。

你想到的第一个广告文案创意：＿＿＿＿＿＿＿＿＿＿＿＿＿＿＿＿＿＿＿＿＿

＿＿＿＿＿＿＿＿＿＿＿＿＿＿＿＿＿＿＿＿＿＿＿＿＿＿＿＿＿＿＿＿＿＿＿＿＿

携程网实际应用的微博文案：＿＿＿＿＿＿＿＿＿＿＿＿＿＿＿＿＿＿＿＿＿＿＿

＿＿＿＿＿＿＿＿＿＿＿＿＿＿＿＿＿＿＿＿＿＿＿＿＿＿＿＿＿＿＿＿＿＿＿＿＿

三、思政课堂

网络广告文案不仅是影响传播工具，也是一种文化产品，它对于社会风气和大众价值观具有一定的舆论导向作用。文案写作人员在进行写作时要避免以下两个基本问题：

(1)避免虚假广告。《广告法》第二十八条明确规定："以虚假或者引人误解的内容欺骗、误导消费者的，构成虚假广告。"虚假广告的内容是虚假的或者容易引人误解的，一是指商品宣传的内容与所提供的商品或服务的实际质量不符；二是指可能使宣传对象或受宣传影响的人对商品的真实情况产生错误的联想，从而影响其购买决策的商品宣传。例如，医疗器械广告主要违法行为表现为保证治愈或隐含保证治愈；利用专家或其他医学权威机构、人员和医生的名义、形象进行宣传，如"疗效最佳""药到病除""根治"等，片面夸大产品功效，误导甚至坑害消费者。

（2）避免对人们价值观的误导。广告文案虽然以商业利益为出发点，但是不要只追求商业化，忽视社会性。例如，在引导消费问题上，不可鼓吹消费，给人年轻就可以任意挥霍的感觉，把年轻作为消费的借口、批评吐槽不可避免，从广告的社会性看，无疑会强化"消费至上"的价值观。

习近平总书记在党的新闻舆论工作座谈会上指出：广告宣传也要讲导向。党的十九大报告将"坚持社会主义核心价值体系"作为新时代坚持和发展中国特色社会主义的基本方略之一。同时，习近平总书记还指出：做好网上舆论工作是一项长期任务，要创新改进网上宣传，运用网络传播规律，弘扬主旋律，激发正能量，大力培育和践行社会主义核心价值观，把握好网上舆论引导的时、度、效，使网络空间清朗起来。

四、知识扩展

1. 网络广告人必备的六个网站

（1）数英网。数英网是一个汇集众多营销、文案、广告、新媒体的垂直营销互动媒体平台，涵盖时下最新鲜、最热门的干货文案及项目，内容非常丰富，可以说是广告文案人的后花园。网址是 https：//www.digitaling.com。

（2）广告门。广告门是一个老牌的广告专业网站，主要专注于广告、创意领域，提供了互联网、数码、汽车、金融、快消、时尚、文化艺术等多个行业的广告案例和干货内容。网址是 https：//www.adquan.com。

（3）TOPYS。TOPYS是中国最受欢迎的创意垂直网站之一，分享全球范围内最优秀的创意资讯，包括文案、广告、创意及商业、设计、艺术等。网址是 https：//www.topys.cn。

（4）梅花网。梅花网主要聚焦行业营销案例，收录了丰富的营销作品，作品涵盖营销策划、平面海报、视频制作、创意设计、公关活动等。网址是 https：//www.meihua.info。

（5）新抖。自从抖音火了后，文案人少不了经常要写抖音相关的策划和文案，这个平台不仅提供抖音热门视频、直播、爆款商品、优质账号、抖音话题挑战赛等抖音创意素材，还可以查找抖音号及 MCN 机构排行、热门音乐 BGM、神评论等。网址是 www.xd.newrank.cn。

（6）中国广告。中国品牌营销与融合传播平台，它全面反映中国与华文广告发展状况及理论研究水平，展示高水平创意、策划作品为内容，并及时介绍海外一流广告成果，以国际眼光看中国广告，从品牌角度看广告运动，探索中国广告的现实问题，展示中国广告的最新成就，内容包括解析中国广告业界当下热门话题和趋势问题的"封面专题"；专访和报道广告主、广告公司重量级人物的"风云人物"；反映知名品牌的管理、经营之道，访谈品牌经营名家的"品牌问道"等，还评析一些全球设计奖获奖作品。网址是 http：//www.ad-cn.net。

2. 网络广告文案写作人员的知识结构

(1)营销学知识。广告文案是为营销服务的，营销知识对文案写作人员来说必不可少。

①不同的产品有不同的生命周期，产品生命周期主要是由消费者的消费方式、消费水平、消费结构和消费心理的变化所决定的。一般可分为导入(进入)期、成长期、成熟期(饱和期)、衰退(衰落)期四个阶段。导入期，文案以告知性广告为主，促进消费者产生了解和消费的动机，文案重点是介绍产品功效，引导消费者对产品的认知；成长期，广告以说服为主，建立在对某一特定品牌的选择性需求，说明这一品牌区别于其他品牌的特殊品质；成熟期，广告以提醒性广告为主，保持消费者对该产品的记忆；衰退期，广告一方面要维持企业和产品的形象，另一方面强调产品升级和新产品研发。

②文案写作人员需要展开对消费者行为的调查和研究，研读消费者心理，洞察事物的原理和方法，以达到文案更具有针对性和说服性的目标。今天，广告文案人员需要从新产品开发开始就介入，参与产品的整体营销策略策划中，最大限度地结合最新的平台、媒介，融入各种传播手段进行文案的撰写。

(2)传播学知识。文案写作就是信息编码的过程，充分考虑传播者、媒介、受众、反馈、噪声等因素，这一过程都要依据传播学的原理。传播学理论中有两个重要理论，即态度改变(什么是改变人们态度最有效的方法?)和大众传播普遍效果(大众传播对个人或社会产生了什么样的效果? 这些效果是如何发生的?)，这两个理论一直影响文案的宣传路径。广告文案经典语句"广告做得好，不如新飞冰箱好""999感冒灵不含PPA，安全有效"就是在坚定消费者对产品的基本价值判断。"我们都喝乐百氏，你的乐百氏呢?"其实是在暗示群体，号召孩子通过饮用产品融入其他小朋友群体，产生了广泛的社会传播。

(3)心理学知识。广告心理学家曾经说过，制作一篇好的广告文案完全是应用心理学而产生的精华，制作文案首先要有一个基础性的构想，这时如果充分运用心理学原理(注意、兴趣、欲望、行动)，那么就更容易将其构想巧妙地以图画、文字或语言表现出来。例如，一次性尿布自面世以来，长达20年难以被妈妈们接受，因为母亲们会带来罪恶感，给自己的孩子使用一次性尿布会显得自己很懒惰、浪费，后来品牌的文案宣传调整了宣传侧重点，强调这种一次性尿布不是对母亲更好，而是对孩子更好，更柔软、更干燥、更吸水，慢慢地一次性尿布才开始变成市场的宠儿。

(4)社会学知识。任何人都不是孤立存在的，都在社会中扮演一定的角色，社会成员以群体为单位，往往有共同的价值观和意识。例如，社会学中的社会分层问题，广告常常让人感受到自己因为使用了某种产品就对应了一种身份，具有共同的身份，目标的群体就会产生决策的一致性。再如王石出演的 Jeep 大切诺基广告文案(广告视频链接：https://v-wb.youku.com/v_show/id_XNDA2MjQ3NTUy.html)：

盲童：叔叔，海是什么?

王石：我很想告诉眼前的这个孩子，海是蓝色的波涛，是无尽的海岸，但那一刻，我选择了沉默。他就像这所盲童学校里的其他孩子一样，什么也看不到。后来我一次比一次走得更远。无数次，海就在我的眼前。直到有一天，我在海边捡起了一个海螺，我才发现，每一枚海螺中其实都藏着一片海的声音。也许，最重要的旅程，是看到了用眼睛看不到的风景。

盲童：海是什么，我看到了。

王石：领略人生宽度，进口全新大切诺基。

（5）文学知识。广告文案虽然本质上与一般的文学作品不同，但是在技巧上有一些相通之处，在有限的版面上，特别是网络传播媒介上，用尽量精炼的语言表达预期的结果，就必须有比较深厚的文学功底。例如，国酒茅台在 1915 年参加巴拿马国际酒文化节的广告语，采用具有浓郁东方韵味的楹联形式："酒味冲天飞鸟闻香化凤，酒糟抛河游鱼得味成龙"，横批"名列前茅"。综合运用了对仗、夸张、比拟、镶嵌等多种手法，强调其香醇味正。

（6）新闻学知识。构成新闻价值要素的新鲜性、接近性、趣味性、重要性在广告文案中也不可或缺。广告如果不能给消费者提供有兴趣、有意义的信息，就无法打动他们，一些成功的系列广告都会持续地提供有新闻价值的内容。

2020 年春，新型冠状病毒在欧洲蔓延，西班牙宜家发布了一则广告视频《Stay Home》，以第一人称的视角提醒人们感受家的温暖，坚定抗击病毒的信念。视频文案如下：

Hello，I'm your house.

你好，我是你的房屋。

Your home.

你的家。

I'm still the place where your children have grown up, where you have celebrated good news and taken refuge from the bad.

我一直在这里，伴随着你的孩子长大，看着你为好消息而庆祝，也是糟糕事情发生时你的庇护所。

I'm the place where you can be yourself.

这个空间属于你自己。

Do you remember when we first met?

你还记得我们的第一次见面吗？

Come on.

来吧。

Feel me.

感受我。

Smell me.

闻闻我。

Enjoy me.

享受当下。

We can turn everything around.

我们可以逆转一切。

Maybe this is the time to rearrange the furniture，or get our heads in order.

也许现在是时候该重新摆放一下家具，或者整理一下脑海中的思绪。

I am your home and I'll be here for you，no matter what.

我是你的家，无论发生什么，我都会在你身边。

任务二　网络广告文案的写作技巧

在任务一中，我们已经学习了广告文案的基本结构，在本任务中，将进行广告文案写作的训练，掌握网络营销文案的写作形式。

一、知识认知

知识点一　网络广告文案的写作形式

1. 新闻式文案

新闻式文案是通过新闻形式的手法，多角度、多层面地诠释产品机理、品牌内涵，传播行业资讯，指导购买决策的一种文案方式。主要思路是借助新闻事件进行文案协作，成功借势，引起读者和消费者注意，在短期内快速提升企业知名度，塑造品牌美誉度和公信力。

运用这一思路进行文案写作时，要以新闻媒体的口吻进行文章的撰写，内容必须真实有效，这样文案的效果才会比较令人信服，消费者关注度才会比较高。

《大圣归来》太火！曝郭××也到电影院买票看了

在竞争如此激烈的暑期档中，电影《西游记之大圣归来》凭借好口碑及无数"自来水""纯净水"的支持，票房成功逆袭，成为暑期档不可忽略的一匹黑马。7月13日，有网民晒出了一组巧遇郭××在南京某影院观看《西游记之大圣归来》排队买票的照片（图6-1）。

照片中的男子与郭××身形相似，身穿牛仔裤、深色衬衫，头戴棒球帽，大口罩遮面，全副武装，全程都在低头玩手机。此组照片曝光后，网民纷纷为郭××点赞，称："这就是郭××，一个最真实的他，他真的有一直在关注国产动画，不得不说他真的很棒！"也有网民调侃称："四爷来南京拍电影偷个懒被发现了！""四爷是要看《大圣归来》找寻拍下部戏的灵感吗？"

据悉，国产动画《大圣归来》凭借仅仅10%左右的排片实现票房逆袭：第二天比第一天涨了70%，第三天又比第二天涨了40%，最终3天过亿；同时其豆瓣电影评分高达8.8分，创下国产动画的全新历史。

图6-1　南京某影院观看《西游记之大圣归来》排队买票场景

在本例中，作者用名人来制作新闻式软文标题，使标题更有吸引力，在新闻中配图，使新闻更具有可靠性及可读性，如果通篇都是文字，读者会产生视觉疲劳，失去阅读兴趣。文章的结尾利用数据展示出国产动画《大圣归来》的受欢迎程度。

2. 故事式文案

正如一般人都喜欢听故事一样，人们会对故事中的情节、人物有所向往，长大后的人们往往在故事中寻找共鸣，体验人生哲理，"故事"中的"情节"永远为人们所热衷。企业如果能够写出一篇故事型文案，就能很容易引起消费者共鸣，轻松地找到潜在用户，提供企业的知名度。

故事文案不一定要写得很长，在今天碎片化阅读的时代，越精简越好，只要能够给消费者足够深刻的印象。例如，一些网店非常擅长用新颖而有创意的软文进行品牌故事的撰写，读者往往被一些非常有文艺气息的句子所俘虏，它们因此获得很高的关注，消费者则经常浏览和阅读，甚至购买。

案例：《19年的等待，一份让她泪流满面的礼物》

他们结婚19周年纪念日，恰好是圣诞节。

几天来，她一直头疼、失眠，心情特别郁闷。4S店的工作太繁杂，整天忙得焦头烂额，她简直不想做了。整个店里有上百人，财务账目惨不忍睹，同行竞争日益残酷，员工管理也复杂，忙时人员不够用，闲时人多没处用，双休日几乎没有休息过，让她一筹莫展、身心疲惫。

昨天晚上，她草草对付了一口饭，收拾完碗筷后，她老公一如往常，进入书房开始读书看报，而她坐在电视机前漫不经心地变换着频道，心里却翻江倒海，索性关闭了电源，一个人孤独地坐在那里，越想越感到委屈，禁不住抽泣起来。

寂静的夜晚，她的抽泣声惊动了书房的老公。他心里一惊，起身来到她身边，纳闷之际伸出右手想安慰一下老婆，"为啥哭啊，咋了?"她一边抽泣一边委屈地回答，"整天累的睡不着觉，这日子过得真没意思。"听她如此一说，他伸出的右手停在了半空中，犹豫片刻，还是将手继续移动，轻轻地落在了她的肩膀上，"当初我们那么苦都过来了，现在我职位升了，店里的生意也不差，生活好了，咋还郁闷起来了?"他用手抚摸着她的肩膀，轻声说，"我们的生活一天比一天好了，我们的心情也要一天比一天快乐才是。"几句简单的话，一个微小的动作，顿时让她感到异常的温暖。

"店里生意不差，却也不好，你知道有多难吗?"她开始絮絮叨叨，"财务账目一团糟，我发现好多同行都在搞促销，我们店里却还在为特色促销发愁?"面对她的诉苦，他"嘘"了一声，"走，我去店里看看吧!"

结婚19年了，他一直是倔强、毫无耐心、我行我素的，从来都没有注意过她的任何感受。而她全身心投入4S店生意的同时，还要全方位地照顾一家老小，尤其是父母去世之后，她更成了兄弟姐妹各个家庭的顶梁柱。在家里，与其说她是他的老婆，不如说她在当他老婆的同时，还在承担着他母亲的责任。他在外不如意时，她柔情劝解；他在家发脾气时，她礼让三分；而她不如意发脾气时，他不但不会安慰，反而怒目而视，不理不睬，转身离去，不会倾听她的倾诉，全然不顾她的感受，她的委屈。

而今，面对她的抽泣、她的委屈，他终于开口讲了一句安慰，还有意关心她店里的生意。他牵着她的手，两人向4S店走去。店里除做车辆促销的员工外，她还发现有几个穿着蓝色工作服的陌生人正在店里的一角安装什么宣传牌。她心里一惊，蓦地明白了什么似的，转过头去用疑惑且幸福的目光注视着老公。

他笑着解释："看你做生意起早贪黑，太辛苦，我给你订了一批惠开车车载终端，作为新车促销礼品，高端大气上档次，低调奢华有内涵，为什么不用呢？"

她赶紧跑到工作人员的身边，他们向她微笑打招呼。她转过头，"我也考虑过这样的赠品，只是不太了解，这个真的能行吗？"她的脸上写满了疑惑。

他微微一笑，娓娓道来："这款智能终端是专为汽车车主设计的一款全新车生活应用，通过 OBD 接口能够及时了解汽车的健康状况，统计行驶时长、行驶里程、违章和油耗等车辆行驶的实时数据，为车主提供良好的驾驶行为建议，帮助车主保养他的爱车，可以方便获得各种便捷的服务。同时也助于我们店里及时掌握售出车辆的保养信息。"

听到他体贴的安慰，她热泪盈眶，转身抱住了老公。结婚这么多年来，他第一次默默主动地为她做了一件事。平安夜异常干冷，她却感到非常温暖，看着原本渐渐失望的 4S 店仿佛也变得可爱起来。但她精明的生意头脑又转了起来："这个需要不少钱吧？咱们要的是赠品，如果卖给车主，可能……高科技的产品一般都价值不菲，现在新车的利润很低，如果再赠送不菲的赠品……"。

"哈哈哈哈"，他不顾员工在眼前，抱着她说："你永远改不了追根究底的毛病，我是为你解决烦恼，又不是给你添麻烦，当然要选最省心的品牌，放心吧，现在这款终端做活动，价值 1 368 元的产品免费送。我已经给你订购了足够的产品，厂商还联合了保险公司做宣传，你还担心什么？一定会是个大亮点的，老婆，我只要你轻松快乐！"

她再也忍不住了，将头埋在老公的胸前抽泣起来。工人已经将宣传的广告牌安装好了，掌声响起来，工人向他们祝贺圣诞快乐！她急切地说谢谢，一时感动得语塞。老公原来一直深爱着她——这是她结婚周年收到最好的礼物，也是圣诞节最惊喜的礼物。

此案例是北京卡联科技股份有限公司撰写的一则故事型软文，发布在搜狐资讯上，为产品作宣传，打出了产品的知名度。案例用一则温馨的感情故事，安排合理的情节，恰当地融入产品，以故事人物的口吻讲述产品在行业中的地位，恰当自然地宣传产品，达到营销的目的。

3. 促销式文案

促销式文案相当于传统的活动启示类海报，具有明显的销售促进导向，执行的是社交类电商的功能。它们也时常出现在企业的官方微博、微信公众号里。在写作过程中，往往采用比较直白的方式，一般有纯文字、促销标签＋图两种形式。

(1)纯文字。一般纯文字的促销式软文属于活动软文，这种软文完全依靠文字向消费者推荐品牌或活动的内容、时间、地点等信息。例如：

××陶国庆献巨礼亿万秒杀三重奏

豪门生活，尊贵体验。致力做行业最好的仿古砖和最有思想的瓷砖，为客户创造最有思想和格调的空间是××陶不变的理念。2011 年××陶品牌飞速发展，闯进世博和亚运场馆，荣获中国 500 强品牌，为了满足更多消费者更深层次的需求与答谢广大消费者的信任，在中华人民共和国成立 61 周年庆到来之际，××陶将拿出最好、最畅销的产品来做促销，真情回馈消费者。

秒杀惊爆心跳价

××陶官网将开辟网络促销服务专区，面向全国消费者"零渠道"厂家直销，世博、亚运场馆选用砖等最畅销的产品网上秒杀，亿万回馈，所有优惠均不设门槛，只需简单的操作，即可享受真正的实惠和优质服务。秒杀时间为9月21日—10月1日，消费者通过不停刷新网页才能发现并抢到秒杀机会。秒杀成功后，将会收到××陶官方确认短信，并在规定的时间兑现产品。为满足数亿消费者的疯狂秒杀，××陶特别提供十台服务器恭候秒杀！

买十大空间送十大空间

庆祝中华人民共和国成立61周年，××陶向祖国献礼，隆重推出古风、凌质、超然境界、流光溢彩、圣安娜石、天籁、玉石天成、田园沐歌、森岩御品、超炫石十大新品空间，凡购买十大空间，加610元即可获送同等面积常规品空间（除以上10个系列产品、花片腰线等配件、天地尚品、1 200×600规格外可全场任选）。

尊享返现卡，优惠折上折

全场产品除买三送一外，为贺世博、亚运会场馆选用××陶瓷砖，世博和亚运场馆选用的产品一律对折销售。另外，在9月4日—10月7日期间，到店抢购××陶返现卡，在享受促销活动所有优惠之外，返现卡再享相应折扣，多买多返，绝无仅有的返还力度！

此活动软文抓住了节日的气氛，推出秒杀活动，全文清晰明了地分为4个小段落，而3个段落小标题直接凸显了活动的主要内容及促销力度，让读者可以快速地知道活动内容和促销力度，只要符合读者的需求，定能勾起读者的兴趣和购买欲望。

通过上面的案例可以总结出以下几点撰写促销活动软文的方法：

①企业可以抓住节假日的气氛推出促销软文，但是在推广促销式软文之前应地进行活动策划，这样才能让软文起到推波助澜的作用。

②当企业选定活动内容后，就应该根据活动内容确定软文的主题。一般主题以从节日名称和活动内容两部分综合提炼，提炼出来后可以直接作为标题使用。

③企业在撰写促销式软文时，最好捋清楚整篇文章的大致结构，要充分做到条理清晰，其中促销式软文可主要突出三大部分，即节日氛围、活动力度（优惠、折扣）、消费者消费案例。

④促销式软文不要做没有计划性的创作，容易千篇一律，没有风格，很容易被读者忽视，若品牌知名度不大，则需要撰写有创意的文案，若品牌知名度大，就要在推广方面多下功夫，软文风格要有创新。

⑤企业在撰写促销软文之前，应该先选定客户群，针对客户群体的需求、爱好、习惯进行促销式软文的撰写和投递。切忌虚假宣传，一定要实事求是地进行促销活动软文的撰写。

（2）促销标签＋图。在网络媒介中，"促销标签＋图"的方式更为常见，在产品的图片或活动的图片上，搭配一些促销标签"全场包邮""新春限时抢购"等，这样的文案能通过攀比心理、影响力效应等多种因素促使消费者产生购买欲望，如图6-2所示。

无论是纯文字还是"促销标签＋图"式的文案，都要注意以下几点：

①促销信息一定要真实。

②可以加一点创意。

③促销文案一定要让消费者感受到"超值""划算"，并适当加点时间限制，让需要购买

产品的消费者产生紧迫感。

1.突出1元竞价促销信息字眼。
2.让消费者感受到超值和划算

1.买一送一可以单刀直入地引起消费者注意。
2.产品图片和销售信息的占图面积对半开，都能一样引起消费者注意

图 6-2 某旅行社和周六福珠宝促销图

4. 悬念式文案

悬念式文案是把一个完整的故事或创意在情节发展的关键点分割开，通过设置悬念的方式来持续吸引阅读者的关注。先把问题设置好，让阅读者去猜测，去关注，在合适的时候再把答案展示出来，属于自问自答式。

例如，王老吉曾经出过一篇悬念式文案"7月11日绿盒王老吉卖"提出悬念，引发阅读者思考，到底 7 月 11 日会卖什么呢？这篇文章吸引了十万消费者阅读和参与。直到 7 月 11 日，万众期待中，吊车上的巨型绿盒王老吉落地，随着一个造型呆萌的"孙悟空"从巨盒王老吉中"破茧而出"，谜底揭晓——王老吉卖"萌"！原来是王老吉推出新版包装，即"萌盒西游版"。

悬念式文案设下的疑问需要掌握火候，提出的问题要具有吸引力，答案要符合常识，不能作茧自缚、漏洞百出。

5. 逆思维式文案

逆思维式文案就是"反其道而思之"，让思维向对立的方向发展，从问题的反面深入地进行探索，树立新思想，创立新形象。

例如，一个长相帅气，留着刺猬头的男子对着镜头滔滔不绝地进行演讲。没想到紧接着男子就举起手从后脑勺往前一拉，惊现一个秃头，"这就是我的真面目。"一般的假发广告文案都是从没有头发到有头发的描述，这样的文案屡见不鲜，为了给人留下深刻印象，文案设计了从俊男到秃男的写作思路。这个广告吸引了许多人的眼球，众人都是从无到有，该公司一反常态来个从有到无，以俘获消费者的好奇心。

6. 情感式文案

情感消费时代，消费者购买商品所看重的已经不是商品的数量、质量的好坏及价格的高低，更多的是一种情感上的需求，一种心理上的认同，即可称之为感性消费。所以，企业在写文案时，不仅要在文章中推广产品，还要让文案富有感染力，才能使消费者产生相同的思想感情的力量，或者启发读者智慧，或者激励读者感情的能力。情感式文案最大的特色是打动人，走进消费者的内心，如果企业可以将所撰写的文案做到动之以情，就很有可能俘获消费者的青睐。

不抛弃不放弃

"知道你不轻易放弃，我们也不轻易抛弃，永不畏惧一起向着目标勇敢迈进；我们永不抛弃不放弃，永远和你在一起，就算前路迷茫也要坚信梦想希望闯荡……"一首荡气回肠的《不抛弃不放弃》恰如其分地唱出了我对奇瑞 A5 这些年来的所有感触。两年里奇瑞 A5 陪着我东奔西跑，无论是上班、旅游，还是搬家、装修，它陪着我干了很多事情。

转眼间，奇瑞 A5 来我家已经两年多了。我不是个很细心的人，也没把车当回事儿，所以，奇瑞 A5 和我一样是完全粗放式成长。装修时，我用它的后备厢装过瓷砖，装过五金，装过勾缝剂，装过防水材料，它承载这些东西时，虽然很费力，却毫无怨言……当我从家乡回来时，奇瑞 A5 照样驮着妈妈给我做的棉被和一后备厢的鸡蛋等土特产，奔跑千里，并把我对家乡的满满思念带回了北京。

两年多了，奇瑞 A5 早已成了我家中不可或缺的一员。随着它的成长，我对它的喜爱也与日俱增。我喜欢它那"穹顶"式外观造型，是那么流畅、大气、沉稳，同时又不乏动感，而正是这种稳重的灵活感让我每次驾乘它时总会分外踏实。仿佛只要有奇瑞 A5 在，一切难题都能迎刃而解……其实，也正是因为奇瑞 A5 所具有的这些高配置、高品质的特性，才让我敢放心地让它完全粗放式地成长。

身边很多坐过我车的人都说，这车这么长时间了该换了。我随声应承着，却始终找不到真正要置换它的理由。也许是我对它太放心了，几乎从未仔细关注过它的健康，在跑出四万五千千米以前，我除对它进行正常保养外，其他什么也没有管，虽然出过几次不大不小的事故，但是扔到 4S 店里一修也就完事了。然而再健壮的树苗如果缺少充足的养分也会枯萎，奇瑞 A5 也一样。在我的不管不问下，终于有一天，它变得萎靡不振了，转向不如以前自如了，发动机的声音犹如牛喘，方向有些跑偏，行驶起来也不那么平稳了，我这才醒悟对奇瑞 A5 的关心实在太少了。

为了弥补奇瑞 A5，我这一次花了很多钱，将奇瑞 A5 送到奇瑞汽车的 4S 店里，把该换的都换了，并给它做了四轮定位，清洗了发动机，让它美美地享受了一番。虽然花费并不多，但它的气顺了，声小了，转向灵活了，刹车也灵敏了，又重新回到了年轻时代。而当我再次打量和驾驶它时，看着它俊朗的外表，感受着它自如地行驶，对它又有了新的感觉。我只想说："只要你不放弃，我就永远不抛弃。你是多么棒的一部车啊！"

现在是 5 日凌晨，以为车没有锁，于是下楼去锁了一次。回到楼上，我向下看见奇瑞 A5 的防盗器红灯一闪一闪，犹如熟睡的孩子静静地呼吸，忍不住想说："我的奇瑞 A5，我会陪着你一起慢慢变老，绝不放弃、不抛弃。"

此案例全文将"我"与奇瑞 A5 紧紧相扣，每一处都在诉说奇瑞 A5 陪伴在主人公生活中的事迹，可能这篇文章的关键词"奇瑞 A5"出现的次数太多，很容易让读者联想到此文是否是软文，但此文的情感、生活感非常强，整篇文章都充满了比较浓厚的真实性，让读者深深地感觉到奇瑞 A5 陪伴在主人公身边是那么的契合，那么的不可分离，也可以感受到奇瑞 A5 给主人公的生活带来的便利，这很容易激发消费者购买汽车的欲望，并想要进一步了解奇瑞 A5。

总之，这是一篇情感式软文，走的是朴实路线。这篇文章没有华丽的辞藻，却让读者在视觉上有享受之感；也没有感人的故事情节触动读者的内心，但就是这样一种细水长流般普普通通的字眼，让读者能够静下心来细细品味。

7. 反情感式文案

反情感式文案是与情感式文案相反的情感诉求。情感式软文表达的是美好的、温馨的，而反情感式软文正好相反，如"宝贵的生命慢慢地远离""一天不护肤等于三天衰老"等，以恐吓的形式引起消费者的注意。

8. 创意式文案

企业如果能够撰写出让人们感到意外的创意文案，可能会受到消费者的追捧和喜爱，甚至不自觉地帮忙转发，赢得口碑。

例如，老公刚回家，突然听到有男人打呼噜的声音，他在门外犹豫了5分钟，默默地离开，给老婆发了一条短信"离婚吧"，然后扔掉手机，远走他乡。

三年后，他们在一个城市偶然相遇，妻子泪流："当年为何不辞而别？"男人简述了当时的情况，妻子转身而去，淡淡地说"那是瑞星杀毒软件！"

文案通过"老婆出轨""丈夫远走他乡""三年后再相遇"来推出原来是"瑞星杀毒软件"引起的误会，让人捧腹不已的同时，也让人记住了产品。

文案撰写者在利用热点事件进行创意思维时，要关注最近的热点事件，通过热点事件来发挥想象力，把自己的产品融入热点事件中，快速地吸引人们的眼球。

知识点二　不同新媒体平台的文案写作技巧

1. 微信文案写作技巧

微信文案营销的特点：首先，微信能实现点对点的营销。微信拥有庞大的用户群，借助移动终端、天然的社交和位置定位等优势，每个信息都是可以推送的，每个个体都可以接收到信息，继而帮助企业实现点对点的精准化文案营销。其次，微信功能多且实用，位置签名档也是一个免费的广告位，搜索到的用户通过签名档就可以看到商家信息。用户还可以扫描二维码关注企业账号。公众平台上可以实现特定群体的文字、图片、语言，具有强大的推广功能(图 6-3)。

图 6-3　梦之蓝微信广告文案

微信文案写作的 6 个方法：

(1)思维拓展法：围绕核心产品从 3 个方面出发，进行思维的拓展，具体内容如图 6-4 所示。

图 6-4　思维拓展法的具体内容

(2)要点击破法：在微信文案中最常见的方法。主要通过对产品基本特点的介绍，来实现产品推广。在这个过程中，撰写者可以结合图片为文案增添色彩，从而更好地引导读者阅读。从产品特点入手，从卖点上吸引消费者和用户，它可以更直观地表现产品，内容需要严谨，主题需要明确，这种方法上手的难度不大。

(3)倒三角法则：由于现在许多微信文案篇幅较长，对阅读者的吸引力逐渐降低，所以在撰写文案时，要注意要点集合与重点浓缩，尽量控制文章的篇幅。重点和精华安排在文章的首段和显眼的位置，调动阅读者的胃口，引发阅读兴趣，同时，在文章结尾处重点强调产品的优势和成效，也将进一步增加企业产品的销量。

(4)做好标题：根据文案的内容来进行标题的撰写，千万不要做标题党，标题的写作技巧有许多，核心是靠近产品特点和关键词来写，这样，将进一步增强消费者和读者对产品的好奇心。

(5)利用成功案例：微信文案中可以晒出成功案例，更能让消费者信服。例如，一篇微信宣传企业产品的文案，在写作中宣传产品的工艺特点之余，可以晒出产品的成交量与受欢迎程度。同时，可以参考市场上同类型产品的销售情况，加以补充说明，通过直观强烈的对比，说出自己的产品优势，以增强说服力。

(6)配图：如果是发布在朋友圈的微信软文，篇幅不要太长，配上精美的图片，既能提高读者的阅读感，又能为软文增添趣味性。

如图 6-5 所示，Apple 公众平台对 WATCH 进行宣传，文案从智能手表的功能出发，表明它不仅是一个看时间的工具，还是一个通话工具，方案先简单介绍了产品的使用方法，再详细阐述了产品的优点和使用场景，很直观地向读者表达了这款产品的优势。

2. 电商文案写作技巧

电商企业通过门户网站发布文案，合理有效地向消费者定向传播品牌信息，依靠门户网站的权威性和公信力作为支撑点，逐渐提高企业品牌和产品的知名度、美誉度。

(1)以趋势为切入点，提高产品在市场中的地位。文案通过行业趋势来突出产品的自身优势、性能和特点，实际上就是行业趋势宣传，打造消费者能够接受的软性广告。

图 6-5　WATCH 文案示例

华为 5G 赋能泰国智慧医疗，让医疗变得"触手可及"

她叫 Pha 阿姨，每个月她都需要到城市里的大医院去做定期的检查和治疗，由于家离城市比较远，整个路程需要 3～4 小时。大城市医院常常满满都是人，每次排队都需要很长时间，只为了医生短短 5 分钟的诊断，今天排不到，明天得再来。Pha 阿姨回到家时，天都黑了。华为为泰国 NCI(国家癌症中心)医院提供 IdeaHub 慧医宝，集成泰国卫生部的远程医疗软件，医生可以使用 IdeaHub 与 5G 网络和乡村社区医院医生进行医生到医生的远程医疗，患者也可以在家里使用卫生部的远程医疗 App 和大城市医生进行病人到医生的远程医疗。患者不必长途跋涉到城市医院检查，节省了他们的时间和金钱，并且减少了在疫情期间的人员接触。按照泰国政府规划，在 2021 年，5G 将覆盖全国 200 个乡村社区医院，并在未来几年覆盖全国 90% 乡村医院。泰国卫生部医疗服务厅厅长 Dr. Somsak Akksilp 表示，泰国正在迈入老龄化社会，本地的医疗资源不足，卫生部提出"Digital Health"战略，为了解决泰国城乡之间医疗资源不均衡的问题，5G 技术将医疗价值与患者的需求连接起来，未来的科技创新发展一定能够造福于每个人。

(2)以消费者生活出发，产品特点抓住顾客的需求。文案利用客观现象巧妙地突出产品的功效。这样，一是可以吸引读者的注意；二是可以大大提高读者对产品的依赖感。

例如，索芙特香皂撰写的一篇文章，讲述木瓜美容的功效，从而吸引了大批女性消费者对产品进行购买，因为文案抓住了消费者的美白需求，突出了其美白祛斑的功效。

(3)电商广告文案还可以像写连载故事一样，具体的操作方法是在撰写过程中留下伏笔，为下一篇文案作铺垫，连续下来，就会像一个连载故事一样，为读者制造出可想象的空间及期待感，这样文案获得点击率是很容易的。

电商文案的核心是要制作一个有卖点的营销文案。通常我们容易陷入"最"的误区，总是以第一、最好、最耐用等词汇来形容自己的产品。这样消费者会疑虑：真的是最好吗？所以我们需要使用到一些技巧，例如，借用励志故事或用一些不可思议的事情吸引注意力。

褚橙的营销文案

褚橙文案可以说是最早一批打入互联网的优秀卖货文案，每一句都直击痛点，给用户一个不得不下单的理由。另外，很重要的一点是"美"(图 6-6)。

图 6-6　褚橙的广告文案

除此之外，褚橙还有一些优美的广告文案：

最美的早晨，百叶窗把阳光切好，摆在床上。你倒了杯牛奶，把橙子切好，摆在窗台，看她醒来。

水本无愁，因风起皱；山本无忧，因雨生愁。云南十月中旬的雨，愁坏了实建褚橙的人。

时间堆叠出来走心的甜，不敷衍。

此时的秋，天空、月亮、草木都很美。在秋天里，我想忘记一些事情，忘记一个秋天、一张面孔。一整年了，我只想记住一个橙子的味道。

如果你想一件事想得很久，很有可能，那件事就会真的发生。有些甜蜜的事情，可以想想我们的橙子。

单丝不成线，单一的味觉体验就很糟糕，实建褚橙入口的香甜，让子弹飞一会儿，7秒后翻出一丝酸。这感觉，最是疏解倦意。

顾客们散落天涯催着单，却不知道没有一颗橙子在伞下。

时间，是掺和了记忆的一个个圈套，等待着为之怦然心动的人和事物，我希望245 mL、6个褚橙的纯美，能套住你。

同时，还可以通过提问的方式进行电商文案的撰写，选取人们熟悉的话题进行发问，更能够引起消费者对品牌的共鸣和思考，例如，"人民币一元钱在今天还能买点什么？或者也可以到老罗英语听5次课"。这就是典型的提出问题，然后在图片的某一处回答问题的文案营销形式。

（4）抓住消费者的消费心理，用户需求和期望成为购买关键。文案要走心，不仅要文字优美，还要以消费者心理、需求、期望为前提。

例如，雅诗兰黛小棕瓶"抗蓝光"眼霜。标题为"刷屏不怕黑眼圈，遇见年轻的自己"。开头部分警示："蓝光正在偷袭你的年轻"，中间描述产品的性能和功效，辅以代言人证言："电子屏的蓝光都交给她来修复，熬夜再也不怕黑眼圈了。"文案给予阅读者足够的期望，让消费者觉得"无惧蓝光，任意刷屏"，激发消费者的购买欲望。

3. 搜索引擎广告文案写作技巧

搜索引擎广告文案的写作核心是关键词的设置，购买特定的关键词，确保当用户在搜索引擎上进行查询时，高质量的广告能够被发现，最终促成交易。

关键词的设定可分为以下步骤：

（1）建立关键词清单。一般来说，会有多个关键词可供使用，包括品牌关键词及各种具体产品关键词、一般性关键词、高流量关键词等。同时，也要考虑到这些关键词的错误拼写及负面关键词（不希望与其广告同时出现的搜索词语）。

（2）放弃"过热"的关键词。写作时作者容易喜欢跟风，认为大家都在谈论的关键词就是有用的。广泛被谈论的关键词必然受到较大的关注，但是对于推广来说也加剧了竞争度和推广的难度。因此，可以选择一些相关的长尾或竞争力低，但是转化率高的词来做关键词。

（3）与团队进行自由讨论。讨论内容包括：顾客需要解决什么问题？将使用什么样的词来描述这些问题？网站上现有的什么内容会满足他（她）的搜索？行业杂志和行业分析用什么样的词来描述你的产品？他们是不是会使用产品的通用名称来搜索？

（4）检查当前的搜索引荐。网站的标准评测软件可以统计哪些访问者来自搜索引擎，还可以显示出有多少访问者使用了某个特定的搜索请求。

（5）观察竞争对手。需要注意的是，竞争对手可能不做搜索营销或做得并不成功。

（6）使用关键词研究工具可以对关键词数据进行免费且深入的分析。如谷歌的"关键词规划师"（Adwords）、百度的"关键词工具"（Keyword Tool）。

（7）对关键词清单上的待选词条进行研究，看其是否能够正确代表网站提供产品和服务。

（8）确定几个关键词。据统计，很少有用户只用一个词搜索，75％的搜索请求是由 3 个或 3 个以上的词组成的。

4. 微博广告文案的写作技巧

微博具有草根性、便捷性、原创性、互动性、社群性等特征。微博的品牌营销功能是快速地聚合关注，提升知名度；产生影响力与情感共鸣，提升喜爱；内容种草，提高粉丝转化率；心智占领，持续释放价值。

一般来说，微博由文字和图片构成，文字居于上方，是微博的核心部分，与平面广告不同，微博的文字部分没有标题。位于文字下方的是海报或视频，起补充说明作用。在用户点击之前，只能以缩略图的形式出现。

微博的字数限制在 140 字，虽然可以用很长的文案来突破这个限制，但是文案很长时一般需要点击"展示全文"展现全文，很难引发用户的阅读兴趣，因此，这个文案的写作水平决定用户是否打开附图、链接或参与互动。

与户外海报不同，微博海报的效果主要是靠与微博正文的呼应来实现，一般不独立成篇。所以，文字最好控制在三行以内。

二、知识训练

知识训练 1

某银行打算推出一则形象广告片，现在由你来担任这个项目广告文案的撰写人。这次的广告主题是"马校长的合唱团"。本地某小学校长组织了一个合唱团，其实他并不懂音乐，但是在 15 年里他坚持不懈地在放学后教学生唱歌。他告诉孩子们，能唱出这样动听的声音说明你与众不同，你要爱自己的与众不同，唱出身上的真实自我。"关注、陪伴、相信"是文案的三个关键词，你需要改编这个微型励志故事，传达"做不平凡的平凡大众精神。"

知识训练 2

案例分析 1：梅赛德斯-奔驰曾在 2017 年高考日发布微博："高考前解压必看的五条"，下面附有 5 幅海报，其中一幅的文案是"如果不会选，就选 C"，在指出高考是"为数不多的不看脸的竞争"的同时，暗示奔驰 C 系列是消费者的最好选择。其 2018 年高考日的微博为："如果选 C 不能解决问题，那就先做大题"。

讨论：这段文案的撰写采用了什么技巧？你觉得它妙在何处？

解析：紧跟时事热点。热点事件普遍具有时效性，品牌与之相关联的最佳时机可能稍纵即逝。这就要求文案写作人员既要有高度的新闻敏感能力，又要具备快速反应能力。

案例分析 2：奔驰和宝马作为多年的竞争对手，常常在社会化媒体平台上进行品牌互动，其中既有竞争型的文案，也有合作型的文案。在 2014 年世界杯期间，奔驰就与宝马进行合作，通过微博平台创建了一种独一无二的互动方式，共同庆祝德国队的胜利。2019 年 5 月 22 日，戴姆勒董事会主席、梅赛德斯-奔驰全球总裁迪特·蔡澈（Dieter Zetsche）正式退休。21 点 01 分，宝马中国发布了微博："奔驰一生，宝马相伴"，下面的视频记录了身着便装的蔡澈在奔驰 S 级轿车的陪伴下离开奔驰总部回家。到家后却从车库中开出了一辆宝马 i8，飞驰而去。屏幕中央打出字幕："Free at last（终于自由了）"。这条微博同时@梅赛德斯-奔驰。当天的转发数为 7 392，评论数为 1 674。

网民评论："奔驰 CEO 退休了，终于能开宝马了！""公奔私宝，人生巅峰。""伟大的对手之间并没有狭隘的仇恨，只有惺惺相惜和竞争的快乐。蔡澈博士，退休快乐！""奥迪骂骂咧咧地离开了直播间，又不带我玩"（共 112 条回复）。

随后，梅赛德斯-奔驰发布官方微博回应："宝马相伴，奔驰一生。"这条微博的转发数为 4 090，评论数为 925。网民评论："大品牌、大格局"（奔驰回复：心所向，驰以恒，我们共奔驰），"一个敢发，一个敢转""BB 总是一起玩，就是不带着 A""奥迪：我是你们一生相伴的灯泡。"

5 月 23 日，奥迪中国发布微博："还是独处更适合我。"这条微博得到了 356 次转发，618 条评论。网民评论："电灯泡灯厂实锤了。"（奥迪回复：这大灯，如你所愿。）"奔驰一生，宝马相伴，奥迪双钻，我的伙伴。""不酸，咱不酸。""莫愁前路无知己，天下谁人不识君。""奔驰宝马秀恩爱，BBA，你是第三者""迪奥不哭，明我就去买 999。"

讨论：文案写作人员经常会以幽默、调侃的方式，通过隐喻、双关的修辞手法，创作"爆款"文案。你认为上述案例中的文案的娱乐性如何体现？

解析：娱乐性是用户关注微博、微信公众号的原因之一。相比一般性的品牌信息，社会化媒体平台上的内容在创意和文案方面应该更具有欣赏价值。在这种情况下，广告本身也成为欣赏和分享的对象。

知识训练 3 模拟练习

"三只松鼠"是电商坚果业的龙头企业，以拟人化的松鼠形象与别具一格的鼠星人客服团队著称，有着"坚果食品全网销售量冠军"的美誉，现在请你来为三只松鼠设计一个具有二次元动漫文化色彩的天猫旗舰店首页文案，要求朗朗上口、亲切可爱、萌点满满。

讨论：天猫三只松鼠旗舰店首页实际应用的广告文案是什么？对比自己的思路跟资深广告文案专家的区别。

三、思政课堂

虽然在文案撰写过程中有许多的技巧，如强调文案的娱乐价值，但是尺度需要把握，首先文案表达的价值观需要正确。一些产品广告试图为女性制造容貌上的焦虑，否定女性本来的样貌，规训女性要"香、美、白、瘦"。例如，宝洁品牌官方微信公众号"宝洁会员中心"发布了一篇题为"女人脚臭是男人的 5 倍？不信闻一下！"的文章。文章在没有给出严实的科学研究及数据的情况下，大呼"女人的体味更大，女人脚臭是男人的 5 倍，女人长发不爱洗头比男人头发油多了"。文末则自以为"顺理成章"地引出自家产品，现在女人之所以香，是因为用了宝洁的"香香五件套"。全文论证过程和结论毫无逻辑，用词浮夸和极端，甚至形容女性身上的味道比"螺蛳粉＋榴莲＋臭豆腐"还臭，瞬间引发众怒。在无科学依据的前提下，宝洁试图通过制造反差、颠覆认知的方式，让女性消费者认为自己有严重的生理缺陷，需要为此感到恐惧、焦虑，使用他们的产品，才能弥补这一缺陷，这就是活生生的 PUA 式营销，通过贬低消费者，来突出自己产品的功效。

广告不仅传播产品信息，而且也传播一种生活方式、生活理念，甚至价值观。但在低俗化的互联网广告创意中，一些低级趣味语言不断呈现在各类网络媒体上迫使人们被动接受。此外，广告语的低俗化还包括虚假欺骗、低级粗俗、夸大出格、含糊其词、重复套语、滥用成语、艰涩抽象及热衷外语等，以此形成网络热词而让受众慢慢接受和认可。

另外，我们在强调文案的冲击性时，也要注意避免对弱势群体的伤害。蚂蚁金服曾经发布一组文案刷爆微信朋友圈。主题是"年纪越大，越没有人会原谅你穷。"这套文案设计了一系列契合当下年轻人生活的场景，例如，"每天都在使用六位数的密码，保护着两位数的存款""世界那么大，你真的能随便看看吗？""在家心疼电费，在公司心疼房租"等，这一套海报引发了热议。中国基金业协会发文："近日，蚂蚁财富发布的一篇文案，以不适当的方式传达理财观念，引起较大社会反响。中国证券投资基金业协会对这一事件高度关注，对该事件给行业造成的负面影响感到遗憾和痛心。"嘲笑贫穷始终是一种自作聪明的愚蠢行为。如果帮助不到弱者，至少不要往弱者的身上撒盐，人之为人正在于此。

四、知识扩展

知识扩展一　创作者必须考虑的文案元素

（1）字体：通过选择合适的字体，文案中每种字体都有自己的感情色彩和清晰度，字内容可以得到更充分的展示，其中最关键的是提高字体的辨识度。

（2）第一句话：这可以说是文案中最重要的一句话，它必须简短、易懂、以理服人，才能吸引客户继续看第二句话。

（3）第二句话：第二句话的重要性与第一句话其实差不多，它负责向客户抛出一个具有吸引力的东西，重点是进一步引起客户的兴趣。

（4）段落标题：客户不喜欢看大段大段的文字，用段落标题将文案切割成一连串整齐的小块文案，能大大提高客户的阅读兴趣，这些标题还可以用来提示大家什么是重点。

（5）产品说明：复杂的产品要简单介绍，简单的产品则要复杂地详细说明，关键是做到向目标客户清楚地解释产品的信息。

（6）创新点：产品或服务的新功能、新包装、新特点都应该被着重强调，这是你的产品或服务与竞争对手的区别所在。

（7）技术说明：技术说明能让广告看起来更加专业，其推荐的产品也显得更加可信，这是重要的销售加分项。

（8）预测和解决异议：在写文案时要预想目标客户可能会提出什么样的异议，预先推演出来，然后在文案中写出解决的办法，这样才能取信于客户。

(9)性别：弄清楚企业的目标客户是男还是女，写文案时注意选对视角，男性用品采取男性视角，女性用品采取女性视角，不容混淆。

(10)清楚易懂：要让文案的一字一句非常清楚易懂，文字不能拖泥带水，以便让客户能顺畅地一口气读完，否则他们会半途而废。

(11)陈词滥调：避开那些了无生趣的陈词滥调，以免让消费者一看就觉得审美疲劳。

(12)节奏感：文案应该塑造出一种抑扬顿挫的节奏感，主要通过长短句混编的方式，长句见气势，短句有力量，让自己的句子呈现出多样化的节奏感。

(13)服务：客户对服务往往比较关注，必须把服务内容在广告文案中体现出来，让客户不再有顾虑。

(14)物理性质：应该在广告中提到产品的质量、大小、容量、速度、外观等物理性质，以免客户对产品产生错误的理解，导致放弃购买。

(15)产品试用期：假如产品没有试用期，消费者会觉得购物是一场冒险，故应该把试用期清楚地写入文案当中。

(16)价格对比：撰写方案时可以找一个同类产品与自家产品进行价格对比，从而在消费者心中建立一个有利的参考价值，这种比较应该是实事求是的，否则会惹出争议。

(17)代言人：假如企业请了名人来代言，这个信息就不能在文案中漏掉。

(18)总结：在广告文案临近结尾加上一句"我希望您今天就能做出决定"，这句话能够促使那些有意向的客户早做决定。

知识扩展二　文案写作中 4 个支撑创意的支点

当运用发散思维来寻找创意时就会发现，每个充满激情的想法都难以割舍，根本不知道哪一个才是最管用的。这样想下去也解决不了任何问题。事实上，创意是沿着水道奔流入海的大河，而不是漫无边际、肆意乱窜的洪水。真正的创意需要以下 4 个支点来支撑，否则无法真正掌握：

(1)写给谁看：广告文案写给谁看，是一开始就要弄清楚的问题。产品针对的是某个细分的目标市场，文案也是如此。把瞄准的目标消费者群体研究透彻，广告才能得到他们的青睐。

(2)为何要写：要认清楚广告目标。广告为销售服务，但广告目标不同于销售目标，它的侧重点不是卖东西，而是改变目标客户的某种既有认识，使其接受你在创意中想表达的理念。

(3)该讲什么：前面提到的卖点就是广告文案该传达的东西。而对卖点的描述应该围绕着客户的基本兴趣点来展开，脱离了这些，创意就无从谈起。

(4)怎样表达：广告的创意和文案的语气态度，直接体现了广告文案的制作水平。一个令人拍案叫绝的创意，既要选择恰当的创意形式，也要塑造与众不同的格调气氛。

钻石品牌戴瑞(Darry Ring)广告文案之三

个人专属求婚页面——让众人见证他只为你营造的浪漫。

当它在你指尖闪耀，当爱人与你相拥，当亲友羡慕与感动的泪水变得晶莹透亮，你该明白在众人面前他将此生仅有一次的许诺献给了你，这些感动都可以记录，购买 Darry Ring 的男士，可在戴瑞官网建立属于自己爱情的个人专属空间，用视频、音乐、文字、照片的形式，记录爱情成长道路上，你与爱人从相识相恋到相知相爱每个感动的瞬间。在浪漫婚礼、感人纪念日与节日时，这个属于两个人的爱情空间都可以为你记录。当两人再次翻阅这些幸福的时刻，那一份甜蜜更是无可替代的。时光越老，Darry Ring 呈现的爱情越能历久弥新。

分析： 戴瑞并没有止步于出售钻戒，而是在官网上为客户设置了个人爱情空间，这个创意已经超出了实物交易的范围，更多的是一种精神层面的营销。客户夫妇通过个人专属爱情空间来秀恩爱。这又进一步贯彻了戴瑞"一生唯一的真爱"的品牌文化价值观。

资料来源：
1. 视频链接：https://haokan.baidu.com/v? pd=wisenatural&vid=7934162033701726021
2. 视频链接：https://www.bilibili.com/video/BV1i5411m7Kz
3. 王石广告视频链接：https://v-wb.youku.com/v_show/id_XNDA2MjQ3NTUy.html

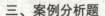 **项目小结**

一、核心概念

网络广告文案	新闻式文案
故事式文案	促销式文案
悬念式文案	情感式文案
逆思维式文案	倒三角法则

二、思考与讨论

1. 网络广告文案的本质是什么？
2. 网络广告文案的特征有哪些？
3. 网络广告文案撰写的流程是什么？
4. 网络广告文案从业人员应该具备什么样的知识结构？
5. 为一个电商企业的门户网站撰写文案，可以从哪些角度切入进行构思？

课后答案

三、案例分析题

图 6-7 所示为一则围绕"申办冬奥有力更金彩"话题的微博软文，这则以图片为主的软文在文字上采取了什么技巧？剖析这个案例，再从"话题"的角度分析这则网络广告文案的妙处。文案内容如下：

北京人说："嘿！要是今儿把申办冬奥这事儿办妥了，那可真是盖了帽儿了！"

河北人说："要是办冬奥会在喊儿办，那可忒儿好了！"

东北人说："要是申办冬奥成功了，哎买～那可老带劲儿了！"

天津人说："介申办冬奥要是成功了，倍儿开心！"

河南人说："申办冬奥成功中不中？中！"

上海人说："家私阿拉申办冬奥成功个话，真当老好嘞！"

福建人说："那系新办冬奥幸功，系金赞啦！"

广东人说："如果申办冬奥得左，猴犀利！"

今天 13 亿中国人最期待的好声音是：申办冬奥成功！

图 6-7　加多宝凉茶微博文案

项目七

网络广告的制作与投放

通过对本项目的学习，掌握网络广告的制作流程、制作工具、投放平台，理解网络广告的制作方案及网络广告投放模式。

知识目标

1. 了解网络广告的制作工具。
2. 掌握网络广告的制作流程。
3. 了解网络广告的投放渠道。

能力目标

1. 深刻理解网络广告的制作。
2. 区分不同类型的广告。
3. 具备创新能力，能够设计不同类型的广告。

课件：网络广告的
制作与投放

素质目标

1. 具备优良的道德修养。
2. 培养学生良好的心理素质和应变能力。
3. 培养学生自主学习的能力。

任务一　网络广告制作

一、知识认知

网络广告的制作一般由创意、构思、文案写作、图形选择、编排五个阶段组成。每个阶段均有各自的作用和功能，其作为一种艺术创作，构思、文案写作和图形选择都有着自身特殊的规则和技巧。

知识点一　网络广告制作流程

网络广告(Network Advertising)产生的全过程主要包括广告市场调研、企业产品或服务的分析、制作、发布到广告的信息反馈。其中，制作是这个过程的重要环节，因为制作质量的高低从根本上决定着广告效果的好坏。网络广告制作的过程主要包括主题创意、构思、文案写作、图形选择、排版五个环节。

(1)主题创意。

①主题创意的意义。主题创意是网络广告制作的首要环节。它是网络广告作品所涵盖的基本要素和核心思想，是网络广告所要表达的基本理念和核心诉求点。确定了主题创意，也就确定了广告想要告诉受众的问题，以及这一问题如何表达的原则。

在确定主题创意的过程中，广告策划和创意者结合广告主的诉求愿望，应对广告产品及市场需求、消费者需求进行认真细致的分析和解剖，确定受众客体对企业、产品或服务的价值需求，以及附加的其他价值需求，从而最终确定将要生产的网络广告的主题及主题创意的表达形式。

创意者必须要做生活的有心人，随时随地注意观察和收集生活中的一切信息，以备创意时的厚积薄发。

②主题创意的基本要素。网络广告主题创意应该具备两个基本要素，即鲜明性和创新性。

a. 网络广告主题创意的鲜明性。广告创意的目标明确，那么创意就不能偏离广告目标，也必须服从广告宣传策略，在此基础上合理展开想象，发散思维，创造性地表现广告设计方针。这就是说，网络广告主题创意同样遵循着广告的一般原则，即观点明确、概念清晰、重点突出，鲜明地表达销售意图。事实上，成功的网络广告的主题创意结构简单，目标对象集中而准确，简洁而单纯，重点突出地表达销售理念。不难想象，在激烈的市场竞争中，晦涩难懂的广告主题创意，以及内容冗杂而重点不明或理念不清的广告创意，其结果终将只能是一堆"视觉垃圾"；还有一种情形，唯恐消费者不知道自己所要传播的信息，制作者力图面面俱到，最后却适得其反，反而使消费者对产品或企业在认识上模糊不清或产生混乱，甚至误导其消费观念，这些都是极不可取的。

b. 网络广告主题创意的创新性。网络广告主题创意的创新性是指表达主题的形式应具有新颖性或独特性，有出奇制胜的心理效果。网络要素作为广告的一大构成要素，为其创新性提供了条件。因为网络广告已经具备了使其个性化、独创性的技术手段，如网络交互技术等。与同类产品的其他广告形式相比，网络广告应当充分利用其技术手段的优越性来着力突出其表现主题的创新手法。

网络广告主题创意的创新性，要求网络广告策划者和创意者要有强烈的创作意识，要从多维度的视角去观察问题、发现问题，认识并理解广告主的主要诉求，剖析研究主题，在此基础上，再结合网络技术和广告艺术的创作原则，最终确定艺术的表达形式。这样还不够，网络广告策划者和创意者还必须强化网络广告作品主题创意的信息特征的个性化，强化表现手段的个性化，最终达到突出产品或服务与众不同的特征，所有这一切，才是网络广告创新性行之有效的途径，因为从理论上说，在产品的同质化的时代，营销手段的差异化才能在激烈的市场竞争中脱颖而出，才能吸引目标消费者，进而发掘出潜在的消费市场。

广告创意的过程就是各种创造性的想法产生的过程，但也要遵循"任何创意都是对客体的反映"这一基本原则，因为它表现的是广告客体的思考方式、思维活动，它来自对商品经济各方面环境的理解和掌握。

(2)构思。

①构思的意义。网络广告构思是创造性的思维活动。具体地说，网络广告的构思是网络广告制作过程中找出商品最有特色的地方。科学地把握网络广告主题创意的思想，追求卓越的构思，只有这样，才能不断地探索新的艺术形式，丰富艺术传达中的多种表现手法；只有这样，才能提高广告的艺术表现力，使网络广告的表现实施(即文案写作与图形选择的落实)与主题创意高度吻合。

②构思的基本原则。美国广告界权威人士詹姆斯·韦伯·扬曾说："广告创意是一种组合商品、消费者及人性的种种事项，真正的广告创作，眼光应该放在人性方面，从商品、消费者及人性的组合去发展思路。"

a. 广告商品与同类商品所具有的共同属性有哪些？如产品的设计思想、生产工艺的水平、产品自身(如适用性、耐久性、造型、使用难易程度)等方面有哪些相通之处？

b. 与竞争商品相比较，广告商品的特殊属性是什么？优点、缺点在什么地方？从不同角度对商品的特性进行列举分析。

c. 商品的生命周期正处于哪个阶段？

d. 列出广告商品的竞争优势会给消费者带来的种种便利。

e. 找出消费者最关心、最迫切需要的要求，抓住这一点，往往就抓住了创意的突破口。

(3)文案写作。

①文案的构成。网络广告文案与传统广告文案在本质上没有区别，都是为产品能够打动消费者内心，甚至打开消费者钱包而写下的文字，是通过广告语言、形象和其他因素，对既定的广告主题、广告创意所进行的具体表现。广告文案是由标题、正文、广告词和随文组成的，它是广告内容的文字化表现。在广告设计中，文案与图案图形同等重要，图形具有前期的冲击力，广告文案具有较深的影响力。广义的广告文案是指广告作品的全部，它不仅包括语言文字部分，还包括图画等部分；狭义的广告文案仅指广告作品的语言文字部分。

网络广告文案主要由以下几部分构成：

a. 广告标题。广告标题是广告文案的主题，往往也是广告内容的诉求重点。它的作用在于吸引人们对广告的注目，留下印象，引起人们对广告产生兴趣。只有当受众对标语(题)产生兴趣时，才会阅读正文。标题通常具有醒目的文字形式和多变的句型结构。可以说有一个好的广告标题，广告文案就成功了一半。广告史上广为传颂的广告，大多数都有醒目的标题。不少受众常常以广告的标题来推测广告全文的蕴意，从而决定看不看广告全文。

广告标题撰写时要语言简明扼要、易懂易记，传递清楚、个性新颖，句子中的文字数量一般掌握在 12 个字以内为宜。

b. 广告副标题。广告副标题不是广告文案的必需部分，可以作为广告文案的补充，起到点睛的作用，主要表现在对标题的补充上，目的是点破广告诉求，让对前面内容不甚明了的人产生一种豁然开朗的感觉。

c. 广告正文。广告正文是对产品及服务，以客观的事实、具体的说明来增加消费者的了解与认识，以理服人。广告正文撰写要求实事求是、通俗易懂。无论采用何种题材式样，都要抓住主要的信息来叙述，言简意赅。

d. 广告口号。广告口号也称广告语，是战略性的语言，目的是经过反复和相同的表现，以便明白它与其他企业精神的不同，使消费者掌握商品或服务的个性。这已成为推广商品不可或缺的要素。广告口号常用的形式包括联想式、比喻式、许诺式、推理式、赞扬式、命令式。广告口号的撰写要简洁明了、语言明确、独创有趣、便于记忆、易读上口。

e. 插图。插图主要是根据企业文化、企业性质来量身定做，以达到画龙点睛的效果。

f. 标志。标志可分为商品标志和品牌形象标志两类。标志设计是受众借以识别商品或企业的主要符号。在广告设计中，标志不是广告版面的装饰物，而是重要的构成要素。在整个广告版面中，标志造型最单纯、最简洁，其视觉效果最强烈，让受众在一瞬间就能识别，并留下深刻的印象。

g. 公司名称。公司名称一般都放置在广告版面下方次要的位置，也可以与标志设计配置在一起。

从整体上说，有时为了塑造更集中、更强烈、更单纯的广告形象，以加深受众的认知程度，可针对具体情况，对上述某一个或几个要素进行夸张和强调。另外，优秀的文案要有灵魂，也就是创意，一篇有创意的文案才会引起大家的共鸣，产生更好的广告效果。

②文案写作要求。

a. 标题醒目。广告学家认为，阅读广告标题的人是阅读广告正文的五倍，人们往往读完标题就不再继续读了，这足见广告标题的重要性。

网络媒体所提供的信息量浩如烟海，因而，广告受众对同类产品可选择的广告信息面也非常宽泛。广告的制作者如何从这一背景出发，千方百计吸引浏览者，其中广告标题是否醒目是至关重要的。因此，通常在网络广告文案的写作中，采用悬念、号召及诱导等各种形式来表达广告标题，醒目"抢眼"，以此吸引住受众的眼球，引起受众的兴趣与好奇心，诱导其继续阅读广告正文。

b. 主旨明确，语言简练。面对浩瀚的网络媒体信息，一般情况下，受众会"读书读封皮，看报看标题"，因而，对绝大多数的广告总会是一扫而过，而无法"驻足"细看。如果网络广告的诉求重点不明，语言冗长，那么它是无法在瞬间内引起受众的足够注意的。

c. 语言与画面的有机结合。网络广告不但有静态平面图文结合的表现形式，而且有语言文字与动画及视频影像相结合的动态表现形式，动态网络广告的文案不是对画面信息的重复，而应该对画面适时、适当的解说和补充，使两者实现有机的结合。

（4）图形选择。

①图形选择的意义。在网络广告制作过程中，构思、文案最终要通过一定的图形表现

出来，因此，网络广告的图形不是指简单地对现有广告资料图形图像的筛选与利用，成功的做法是应该将其看成一次艺术创作。须知，在创作中，要塑造出传达广告信息内容的视觉化造型，诱迫受众接受广告所要传达的信息，从这个意义出发，艺术创作应该是对主题创意和构思的深化和再创造。

网络广告图形包括的范围宽泛，无论是摄影照片，还是绘画的商业插画、漫画、图表及纯绘画性的造型等，它们都可以作为网络广告的图形。

在图像艺术已经发展到视觉符号的"读图时代"，"广告已成为当代大众艺术的最高形式"的今天，无数网络广告创作的实践证明，一幅成功的网络广告图形，既是一幅好的艺术品，又要被普通大众所接受。

②图形选择制作的要求。

a. 简洁明确与形象突出。成功的网络广告画面和广告文案一样，不宜表达过多的内容或针对过多的诉求目标。其画面应该是简洁明快，图形构成单纯集中。简洁的画面与突出的形象更具有视觉冲击力，让受众一眼就能抓住画面的重点，理解广告的主题。

b. 图形创新与形象生动。网络广告图形是对主题创意的形象物化，是表现构思的视觉传达手段。网络广告制作者要有新视角、新理念，要有符合广告主题创意和构思的图形选择，才能赋予产品或服务新的内涵和价值。

网络广告的受众是社会大众，而不是仅仅针对诸如艺术家的小部分人群，所以，它必须遵循社会大众道德规范，符合一般审美情趣；图形形象要生动和谐，千万不能一味追求形式和画面视觉冲击力而忽略真善美的大众艺术需求。

c. 图文呼应与主次分明。网络广告文案是以语言表达的文字主题，网络广告图形则是以艺术形象来表达的图形主题。图形的选择要能对文字作出进一步的视觉阐释，以实现广告的效果，因此，文案、图形两者必须密切配合，相互补充，既主次分明、各有所重，又能相得益彰、浑然一体。

（5）编排。

①编排的意义。网络广告编排是对广告内容的图形图像、语言文字、声音等主要构成元素的创造性组合。它不仅要对平面图文的版面编排设计，同时，也要对视频、动画的时间和空间进行规划。网络广告的编排比其他广告形式的编排更具有复杂性，编排者应熟悉和掌握平面版面设计的均衡、调和、律动、视觉导向的技巧要求，还要具备留白等二维空间的处理方法，以及电影剪辑对二维、三维动画和视频的一般处理手法，从而才能正确安排设置各视觉元素的关系，使之成为一个有机整体，以符合网络广告主题创意的形式来传播广告信息。

②编制的具体要求。网络广告编排应力求做到以下几项：

a. 主体单纯，简洁明快，一目了然。在受众浏览瞬间的视觉印象中，要给出强有力的视觉冲击，以达到图形应用的诉求效果。

b. 具备合理的视觉秩序，使之具备良好的图文视读性。形式是为内容服务的手段，形式上的编排样式，要能够使图形、文字在画面空间中的形态、大小、虚实、空间分布和顺序上，形成符合人的生理和审美心理的合理视觉流程，自然有序地达到广告诉求的重点。

c. 合理运用编排技巧。要正确应用网络广告各设计元素在画面中的时间、空间中的均衡、对比、韵律、空白和视错觉，以提高画面的节奏感、韵律感和安定感，让受众阅览广告内容感到轻松，激发受众进一步了解广告信息的兴趣。

二、知识训练

苹果工作套件系列广告——辞职篇

2022 年，苹果发布了其"Apple At Work"（苹果助力工作）系列广告第三支，强调其为企业提供的各种产品和服务。在之前"The Underdogs"（加班狗）广告中，这四个人任由来自地狱的老板 Vivianne 摆布，他们试图在短短两天内完成一场演讲。当然，他们是用 Mac 和 iPhone 及各种苹果软件完成的。这四个人又回来了，这一次他们在家里工作。同样，广告的想法是，即使你们不在办公室，苹果也能提供你们所需的所有协作工具（图 7-1）。

当前，在这支名为"逃离办公室"的广告中，这四个人不再忍受 Vivianne 和她的要求，决定辞职。在一个购物袋的启发下，他们开始了自己的事业，制造一个更坚固、更环保的袋子。广告的其余部分出现了 FaceTime 通话、iMessage 对话、Keynote 幻灯片、iPad 上的增强现实，以及试图将一个想法变成一个企业的疯狂过程。

苹果公司一直努力让世界相信，其产品和服务可以胜任遇到的任何工作。考虑到大多数人不认为苹果是为企业服务的，这并不是一件小事。他们在谈到生产力软件时想到微软，在谈到通信时想到 Slack，在谈到电子邮件时想到谷歌，在谈到管理客户数据时想到 Salesforce。同时，Mac 从未像现在这样受欢迎，而且有超过 15 亿部 iPhone 在使用。这意味着很多人已经在使用苹果产品，而且其中很多人正在使用它们进行工作。为此，该广告很好地突出了该公司的设备和软件如何"帮助工作"。

图 7-1　苹果广告——辞职篇

（资料来源：Apple 夏纳广告节金狮奖短片《苹果在工作！》，https：// www. xinpi-anchang. com/a10719728？from＝search_post）

讨论： 苹果系列产品为什么还要打广告？

三、思政课堂

你我同心，共抗疫情

一场突如其来的新型冠状病毒肺炎疫情，打破了神州大地欢度春节的喜庆氛围。接下来的一个个感人的故事令人泪目，一场场攸关生与死的较量不断上演。在党和国家的统一部署、医护人员的日夜奋战、人们不断增强的防疫意识下，这场疫情趋于平缓，但我们依然不能放松警惕，需要你我同心，共同战胜这场疫情。

隔离病毒，不隔离爱。中国自古至今是礼仪之邦，五千年的中华文化强调仁爱谦和。如今我国正在崛起，这场疫情让我们每个人的心凝结在一起，化为爱与温暖的力量，并升华为一个社会、一个国家攻克艰难的共识。疫情发生的第一时间，党中央和政府采取果断措施，外防输入，内防扩散，社会主义制度中的集中力量办大事的优势在这一刻充分显现。

社会物质生产力的发展，人们的幸福感上升，但这次疫情告诉人们在病毒侵袭的面前，依然需要不断增进对自然病毒的科学认识，并加强监测手段。但这次的疫情也从另一个角度给我们启示，那就是黑暗总是暂时的，第二天的太阳依旧照常升起，人类在未知领域的探索永远都是勇往直前的，即便遇到困难与挫折，遇到战争与危机，我们依然可以重新审视自我，在更加科学及合时宜的角度，做出正确的选择，以迎接光明的未来。

（资料来源：马克思理论专业感悟篇知乎，2020-03-06）

任务二　网络广告的图形制作

一、知识认知

知识点一　网络广告的图形制作

网络广告是由图形与文字构成的，它们共同宣示着网络广告的诉求。在网络广告制作中，图形又称为图像。

（1）网络广告的图形格式的内容。网络广告的制作不同于传统广告的制作，它遵循网络广告对图形格式的技术要求，并使用相应的软件。当前一般使用计算机处理图形，在大量优秀的 PC 版本图形处理软件中，被普遍使用的软件如 CorelDRAW、Photoshop、Free-hand 等。

图形格式主要指标包括分辨率、色彩数、图形灰度等。

①分辨率一般有屏幕分辨率和输出分辨率两种。前者用每英寸行数表示，数值越大，图形（图像）的质量越好；后者衡量输出设备的精度，以每英寸的像点数表示，数值越大，

精度越高，图形（图像）的表现效果越好。

②图形（图像）的色彩数和灰度级用位（Bit）表示。常见的色彩表示一般有 2 位、4 位、8 位、16 位、24 位、32 位、36 位几种，一般写成 2^n，例如，某图形（图像）是 16 位图像，即 2^{16}，共可表现 65 536 种颜色；当图形（图像）达到 24 位时，可表现 1 677 万种颜色，即真色。随着价廉物美的高质量彩喷和 Photo 打印机的不断涌现，高品质表现自然景色已是唾手可得了。

图形（图像）格式大致可分为两大类：一类称为位图；另一类称为描绘类、矢量类或面向对象的图形（图像）。前者是以点阵形式描述图形（图像）；后者是以数学方法所描述的一种由几何元素组成的图形（图像）。一般来说，后者对图像的表达细致真实，若缩放后，则图形的分辨率不变，在专业级的图形（图像）处理中运用较多。

（2）图形文件的特征后缀名。计算机中使用的图形文件都有其特殊的特征后缀名，不同的特征后缀名表示不同的图形文件格式。

①BMP(Bit Map Picture)。BMP 是 PC 机上最常见的老资格的位图格式，有压缩和不压缩两种形式。Windows 中附件内的绘画程序的缺省图形格式便是此格式。一般 PC 图形（图像）软件都能对其进行访问。BMP 式存储的文件容量较大，因此，在位图文件中，它算是一种对图形（图像）的描述比较"到位"的文件。该格式可表现从 2 位到 24 位的色彩，分辨率也可从 480×320～1 024×768，在 Windows 环境下相当稳定，所以，在对文件大小没有限制的场合中，其运用最为广泛。

②GIF(Graphics Interchange Format)。GIF 是可以在 Mac、IBM 机器间进行移植的标准位图格式，最多能存储色彩 256 种。由于存在这种限制，现在除二维图形软件 Animator Pro 和 Web 网页在使用外，它已很少被使用。

③JPG(Joint Photographics Expert Group)。JPG 是可以大幅度地压缩图形文件的一种图形格式。同样一幅画面，用 JPG 格式储存的图形大小是其他类型储存图形文件大小的 1/10～1/20。因为 JPG 的压缩算法十分先进，且色彩数最高可达到 24 位，所以它被广泛运用于因特网上的 Homepage 或因特网上的图片库，以节约宝贵的网络传输资源。VRML 三维图形（图像）技术日益成熟的今天，在表达二维图像方面，JPG 仍有强大的生命力。

④PSD(Photoshop Standard 格式)。PSD 是 Photoshop 中的标准文件格式，专门为 Photoshop 而优化。

⑤CDR(CorelDRAW 格式)。CDR 是 CorelDRAW 的文件格式。CDX 是发展成熟的 CDR 文件，是所有 CorelDRAW 应用程序均能使用的图形（图像）文件。Windows 环境下的 ACDSee 软件除有浏览功能外，还可进行图形（图像）格式、分辨率、色彩的转换，使用十分方便。

知识点二　网络广告制作的相关软件

1. 超文本标记语言

HTML 是描述网页的最基本语言，它简单易学，可以使用任何文本编辑工具（如 Windows 的记事本、写字板、Edit 及文字处理软件 Word 等）进行编写。为了高效率地制作网页，也可以使用专业的开发工具，如 FrontPage、Dreamweaver、Hot Dog、Inter Dev

等。这些工具提供着集成化的开发环境，既有快速组织、规划的能力，又提供代码编写、调试、预览的手段，还可以使用"所见即所得"的简单方式，直观而形象地生成网页文档。目前，学习 HTML、掌握网页设计技术的热潮已遍及整个 IT 行业。

2. 平面图像处理软件

Photoshop 是 Adobe 公司出品的平面图像处理软件。在同类软件中，它以强大的功能和出色的处理效果赢得广大用户的青睐。Photoshop 主要用于平面图像处理，它支持多种图像格式和颜色模式，可以对图像进行修复、调整及绘制。综合使用 Photoshop 的各种图像处理技术（如图层、通道和滤镜等），可以制作出各种特殊效果。File Browser（文件浏览器），可以直接在 Photoshop 窗口中快速浏览和组织图片，Pattern Maker（图案生成器）可以创建各种图案。

3. 综合性绘图软件

CorelDRAW 是一个基于矢量图形的综合性绘图软件。使用 CorelDRAW 可以画出任何作品：从建筑的技术图纸到广告招贴画、漫画、书封甚至网页设计，CorelDRAW 几乎无所不能。虽然是基于矢量图形的软件，但是它却允许导入位图图形并对其操作将其融入绘图中；也可将完成的矢量图形输出为位图图形，供其他程序使用。CorelDRAW 转换在图形制作方面显出得天独厚的优势。

CorelDRAW 是平面设计人员最青睐的设计软件之一。它由 Corel 公司推出，是集图形设计、绘制、文字编辑、制作及图形高品质输出于一体的矢量图绘制软件。CorelDRAW 软件界面直观，操作灵活，能对位图创造出更多的艺术效果；强大的文字处理和写作功能更能满足设计工作者的需要；更为出色的是对网页设计功能的进一步完善和增加了上网发布的功能，这保证了网页设计和网页广告制作实现了图形设计与上网发布的连贯性。

4. 三维动画技术

随着计算技术和网络技术的飞速发展，数字化的三维动画技术已被人们广泛接受。Discreet 公司的 3ds Max 软件以其低成本、高效率、高质量的优势，一经推出就受到广大用户的好评。随着三维动画制作规模越来越大，复杂性越来越高，动画工作室也在不断扩大，要求完成项目的工期也越来越短，Discreet 公司的三维动画解决方案 3ds Max 已在增强工作组效率方面取得了实质性的进展。当多个动画师工作于同一个项目时，3ds Max 可以大大增强每个动画师的创造性。对于影视制作，3dx Max 可以生成从广播的 ID 到高质量的数字化格式，还可以通过当前的各种格式生成画质极佳的动画。对于游戏创作，这意味着可以创建实时改变的电影角色、高效的三维资源共享、简单的多纹理结果和方便可视的后端处理渲染效果。

另外，3dx Max 还可以与其他软件包、系统和渲染器一起工作，直接地控制材质、贴图和建模。3dx Max 可以用来表现常用的艺术手段所无法实现的效果。

5. 编辑软件

Premiere 由美国 Adobe 公司推出，是基于非线性编辑设备的视音频编辑软件。它的操作界面友好，功能强大，接口紧密，兼容性好，而且价格便宜，无论对于小型的视频工作室还是广播级的非线性编辑系统，Premiere 均可以满足大多数低端及高端用户的需要。

它在影视界取得了巨大的成功，被广泛应用于影视编辑领域，成为 PC 和 Mac 平台上应用最为广泛的视频编辑软件，是用于专业数字视频编辑的重要工具。

Premiere 是当今市场上适用性极强的 DV 编辑工具。利用全新的 Adobe Title Designer、Adobe Media Encoder、DVD 制作工具，以及功能强大的音频工具，可以创建令人叹为观止的视频产品，无论在膝上型计算机上编辑数字视频，还是在专业的、硬件实时系统上处理类似电影镜头的多层内容，Premiere 都是音频编辑的最佳选择。

二、知识训练

靠"谷爱凌"稳赢的小红书

在谷爱凌以历史最高分拿下个人冬奥首金，也是我国奥运史上首枚自由式滑雪大跳台金牌后，全网十个热搜里九个都是在讲"谷爱凌"，"谁不爱谷爱凌"的话题也随之被引爆，小红书先前发布的纪实短片《来自谷爱凌的一封信》也顺势火了一把。

核心亮点：触角敏锐。

相比于在新的奥运冠军中寻找"代言人"，小红书可以说是抢先一步，早早地看到了谷爱凌的商业价值，并在夺冠的契机点进行二次宣传，借由奥运冠军的光环赢了一波流量热度。

再联想到小红书之前签约女足队员进驻平台，在女足拿下亚洲杯冠军的节点上，以"中国国家女子足球队合作伙伴"的赞助商身份拉了一波好感度，怪不得连网民都调侃：开年躺赢，接连预言成功，小红书你是玛雅文明的继承者吧。

讨论：小红书是如何抓住热点的？

三、思政课堂

超越个人，团队的力量

不想当将军的士兵不是好士兵，但是不把拿冠军放在第一位的运动员却并不一定不是好运动员。众所周知，速滑是个特别容易犯规的比赛项目，在这个项目上有些国家的运动员除黑其他国家的对手，甚至内卷到把黑手伸到自己的队友上，冠军与胜利对运动员来说始终有着致命的诱惑。

在第 24 届短道速滑 1 000 米决赛时，武大靖抢到位置后推了一把身前的任子威让他先走，李文龙更是拼尽全力执行护航策略。中国短道速滑队的团结合作精神展现得淋漓尽致，通力合作下的成功也为这个比赛带来清流，帮我们洗净了眼睛。我们发现克服个人胜利的私欲，只为了团队/为了国家的荣誉而战，这样的运动员也有别样的魅力。同时，闪闪发光的还有速滑队背后的教练团队，那些来自他国的顶尖人才，为了团队最终的成功，他们也背负各自的压力与故事，那些故事同样热血/同样可敬。

都说人在一起时是"团伙"，心在一起时才是"团队"。当团队的心在一起朝着一个目标努力时，团队的力量就可以超越个人界限，也可以跨越国籍与种族。体育精神不再只倡导个人英雄主义，团队合作会迸发更强的力量，让我们看到更多传奇。

任务三　网络广告投放

一、知识认知

网络广告经策划、创意、制作之后，就到了广告发布投放的时候。所谓广告投放，就是将制作好的广告通过网络媒体发布出去，使其与公众见面。网络广告的投放相对传统媒体的广告来说，有更多的自由性和自主性，无论是企业还是个人，都可以在网络上进行广告发布。

知识点一　网络广告的投放模式

1. 通过代理商投放

通过代理商投放是常用的网络广告发布方式。在互联网上有数以万计的各类网站，它们千差万别，有日访问量达到数以亿计的综合门户网站，也有日访问量只有数百几千的垂直或个人网站，正确选择适合企业自己的网站投放网络广告，有可能使企业的网络营销事半功倍。以下是企业在选择投放网站时可以参考的基本原则：

(1)选择访问率高的网站。互联网上有许多访问流量较大的网站，像新浪、搜狐等大型综合门户网站，这些一线网站因为在业界有很高的知名度，影响力强，每天的浏览量数以亿计，在这类网站上投放广告，企业产品的曝光度也自然水涨船高，但此类网站的收费也相应较高，企业需要具备一定的资金实力。退而求其次可以选择一些二线、三线的网站，它们可能更适合一些中小企业，具有较高的性价比。

(2)选择有明确受众定位的网站。互联网上还有许多专业性的网站，其特点是访问人数较少，覆盖面也较窄，但访问这些网站的网民可能正是广告的有效受众。从这个角度看，有明确受众定位的网站的有效受众量不一定比一些知名网站少。因此，选择这样的网站投放广告，获得的有效点击次数甚至可能超过知名网站，正所谓"小市场大占有率"。

2. 广告主自行发布

建立独立网站是目前最常用的发布网络广告的方式之一。企业可在自己的网站上对广告的内容、画面结构、互动方式等各种因素进行全面的、不受任何约束的策划。

企业的网站实质上就是一个对外宣传的窗口，但它同单纯的广告页面不同，企业的独立网站不能仅有广告，还应该包括企业介绍、发展动态、产品动态等。企业的独立网站应定位在树立企业的整体形象上，同时，也可以提供一些非广告信息，如时事新闻、名人逸事，以及可供访问者免费下载的软件、游戏等，以吸引访问者。从长远的发展来看，企业的独立网站会同公司的地址、名称、电话一样，是独有的，是公司的标志，将成为公司的无形资产。

知识点二　网络广告的投放平台

常见主流广告推广平台有哪些？目前，互联网广告投放渠道可分为以下五大类。

(1)线下户外广告。线下户外广告就是大家随处可见的横幅、标语，还有公交车站牌、地铁站内的海报，包括电线杆上贴的小广告，都属于这一类。

（2）媒体广告。媒体广告是最传统的投放渠道，一般是指报纸、电视、杂志等传统媒体或移动应用上做广告，如常见的凤凰、网易、腾讯、新浪、搜狐等平台上的广告，它们具有传播快、效果好的优势。

（3）搜索广告。搜索广告是最常用的广告推广方式，是通过搜索关键词触发的竞价广告。广告主根据自己的产品或服务确定投放关键词，当用户搜索到广告投放的关键词时，相应的广告就对应展示。搜索广告的优势是主动性强，能让用户主动找上门，相比其他广撒网式的推广，这种方式流量精准度更高。搜索广告的主要平台有百度、搜狗、360、谷歌、神马、头条搜索等。

（4）社交化广告。社交化广告是指在一些具有社交属性平台做广告，微信朋友圈、微博、知乎、小红书是目前最常见的社交平台，此类型平台社交氛围浓、用户黏性强、种草效果好，既适合做 C 端推广，也适合做 B 端推广。

（5）短视频信息流广告。短视频信息流广告目前是主流的形式，比较有代表性的就是抖音、快手、西瓜、火山、爱奇艺、腾讯视频、优酷、哔哩哔哩等。

知识点三　网络广告的投放策略

我国网络广告市场持续繁荣，2021 年中国广告市场规模超过万亿，同比增速超过 11%，互联网广告市场规模超过 6 500 亿，同比增速超过 20%。预计 2022 年中国广告市场规模为 11 069 亿元，同比增速 10.5%，互联网广告市场规模为 7 237.9 亿元，同比增速 8.9%。

在受众上，由于网络广告在多年发展之后，早已深度介入我国网民的日常生活，也逐渐影响了大众的生活观念和消费方式。大众在过度的广告营销中也逐渐出现了受众碎片化和主体意识化的特征，由于"圈层"的分散，各个阶层、同好群体的分裂越发明显，每个圈层都存在着共性的价值观和喜好或追求，不同群体的受众要进行相应的精准投放才能真正有效。

受到广告信息的狂轰滥炸，网民对于洗脑信息逐渐产生了一套自我分辨和判定的经验体系，更多的消费者不再盲目相信广告天花乱坠的宣传，而是转为理性，通过其他渠道去验证产品的质量、性价比、口碑等真实信息，呈现出明显的主体意识和参与性，所以，广告投放的效用确实有所降低。但同时，随着互联网广告的发展，也显现了乱象从出的景象，擦边球、博彩、P2P 金融贷、虚假宣传等违法广告，因为形式多样、隐蔽性强、追踪打击难度大，如同牛皮癣一样难以治理，不仅扰乱社会风气，还祸害广告受众，致使各种财产及身心损失，所以，对于网络广告的进一步监管迫在眉睫。

1. 垂直化

如何做好网络广告投放？很多广告主在投放过程中，总觉得投放到头部的门户网站才有大曝光、大流量，其实不然，在用户和市场垂直化的环境下，所选择的平台、广告位、形式、内容等，都要进行相应的垂直化，要与自家的产品特性、受众群体特性和网站的用户属性相匹配，匹配性越高，投放策略越精准。

（1）要选择垂直的平台。如搜狐、网易、新浪等头部门户其受众面大，适合投放快消品类；如果投放的是招商加盟类广告，那么投放中国加盟网、3158 商机网等行业垂直站点，就会具有更好的效果。所以，选择投放平台时，不能单一地从访问量、知名度等维度考量，同时，选择垂直站点时，也要注意规避不利因素，如流量是否真实、反馈数据是否可靠、页面是否有 bug 等。

（2）要选择垂直的广告位，首页的广告位不一定意味着转化效果好，虽然流量多，但也意味着流量不够精准，在更具备内容相关性的栏目、专题或内容页进行广告投放，往往有着更精准的曝光和转化，用户点击到具体的内容后，说明是对内容感兴趣的，然后对广告产生兴趣，从而达成下单和购买，才是最佳的转化途径。

（3）要选择垂直的广告形式和内容。依据受众的属性，选择合适的形式和内容进行沟通，才可能有效的传达，毕竟不同的群体有着不同的需求刺激点、购买欲望和潜在渴望，要针对性地策划广告内容，包括文案、图像和整体包装。

2. 互动性

奥美集团差异化营销全球总裁葛斯·哈勃曾说过："强大的互动能力，会大幅度帮助品牌改善消费者融入品牌、参与品牌的能力"。广告从来都不是写几句文案放到门户网站上，告诉用户"这个产品很好"就结束了。品牌主还是得找到一个互动体验的入口，让用户愿意主动参与各种趣味性的活动，如话题发言、趣味游戏、参与评测等，能让用户被动接受广告变为主动接受营销信息，从而提升点击率和转化率，并维持用户的黏度，得到丰富的体验感。

互动广告凭借着原生性、丰富性、趣味性、随机性、激励性、包装性、福利性，往往能得到比普通 Banner 广告 2 倍以上的点击率。但同时，互动广告的本质仍然是广告，一定要设置福利环节，能让用户得到不同程度的实惠，才能带来真正的转化。

3. 个性化

在广告投放前，最基本的市场调查一定要做好，包括受众的年龄、性别、婚姻、地域、爱好、职业、收入等，要精确剖析出用户画像，了解他们的消费能力、生活方式、个性及偏好，才能制定个性化的精准广告投放策略。例如，一场针对电竞爱好者群体所在的广告投放，就适合找寻电竞领域的 KOL 进行合作，不仅能解决信任背书问题，还能利于圈层内的话语交流，不至于被当作"外来者"产生抵触。

4. 走心化

在互联网群体思维下，网民是极易被引导情绪的一个群体，这就要求在广告内容的制作上要"走心"，要极力引导他们的共鸣，通过回归到人文、社会本身，以细腻的文案和戳心的画面，去搅动受众内心中不被轻易触碰的地方，包括泪点、爱国情怀、生活的困苦、工作压力、浪漫、两性感悟等，去引导他们的群体思维，去获得他们的认可，反而更能打动人心，让品牌（产品）信息停留在用户脑海。

5. 利益性

据调查数据显示，近 60% 的网民最能接受的网络广告内容是"有奖促销活动"。在如今各类广告形式走向常态化，受众逐渐对广告产生天然的心理抵触和"视觉疲劳"的环境下，以利益去驱动消费者主动接触广告，往往能满足消费者的诉求，让他们觉得实在，才能在同质化的市场上引起消费者的侧目。

二、知识训练

投放平台营销：完美日记

完美日记于 2016 年正式上线，2017 年在天猫开设淘宝店。本以为完美日记会像很多其他小众国货一样，被淹没在众多海外美妆产品中。但没想到，完美日记凭借新媒体自身的营销策略，稳坐彩妆品牌销量 TOP 前 10 位。完美日记主要是利用各大新媒体平台，做全网内容营销，进行素人推广、KOL 推广和明星推广等。

1. 小红书

(1)品牌入驻小红书，疯狂吸粉 170.2 万。完美日记选择了小红书作为产品推广的主战场，自从完美日记入驻小红书以来，官方自产的笔记就将近 500 篇，疯狂吸粉近 200 万，高颜值的首页装修，也成了用户爱上它的原因之一(图 7-2)。

(2)素人推广，增加用户信任。在小红书的搜索框输入"完美日记"四个字，会出现 10 W+篇笔记(图 7-3)。其中，大多数笔记来自普通用户的体验感受，消费者的良心推荐，生活场景的应用，大大增加用户对品牌的信任，使其产生共鸣。

(3)KOL 推广，忠诚粉丝迅速增长。完美日记在产品种草是花了很大心血的，邀请了很多头部和腰部的 KOL 撰写原创笔记，对其产品进行测评、试色和对比，用自己的消费感受引导消费者购买产品。这样的营销模式使许多旁观的消费者成为完美日记的忠诚粉丝。

图 7-2 完美日记小红书首页

图 7-3 完美日记小红书首页搜索展示结果

(4)明星效应，扩大知名度。完美日记营销策略的成功在于，它在铺垫好所有的基础数据，取得用户一定信任之后，邀请了林某等明星实名制向用户推荐其产品，产生爆文。这个方式无疑让完美日记名声大噪，许多消费者纷纷路转粉，选择这个国货美妆产品。

2. 短视频平台

目光独特的完美日记，果断选择了抖音和哔哩哔哩作为其宣传产品的主要短视频平台。

抖音上 70% 为 90 后用户，这个年龄的用户正是现在美妆行业的主要消费人群。在营销方面，完美日记选择带货达人李某种草推荐，而李某多次在抖音推荐完美日记的产品，很多用户就是看了李某的种草视频才了解到完美日记这个品牌的。

哔哩哔哩作为 00 后扎堆的短视频平台，在未来的 5 年内，将会是一个很大的市场。完

美日记看中的就是它现在的传播能力和未来的潜力。哔哩哔哩的美妆视频大多以推荐平价产品为主，很多大学生和刚刚毕业的实习生，都是奔着 UP 主推荐的平价产品来的。完美日记完美地利用了自己的价格优势，在哔哩哔哩站稳了位置。

3. 微博

微博作为美妆行业的主战场，完美日记肯定是不会错过的。完美日记先后请了许多 KOL 在微博上带动话题，通过博文、视频等形式，种草产品的性价比、效果等，全网阅读量飙升。甚至在 2018 年，邀请人气偶像朱某代言品牌，开启完美日记在微博上的刷屏模式（图 7-4）。

图 7-4　完美日记微博首页

4. 知乎

知乎是我国相对比较专业化的平台之一，很多人在遇到专业问题的时候，往往会上知乎寻求答案。在种草和推荐领域做得很成功的完美日记，当然也需要专业化内容的支持。完美日记在知乎上多以回答专业性问题为主，从专业角度解读其产品的功效与实用性，让很多人看到了一个专业的美妆品牌。同时，还邀请专业的美妆达人，从用户角度解答完美日记的卖点，很大程度上增加了用户的信任感。除以上几个新媒体平台外，完美日记还在微信公众号和快手等平台投入了一定的精力，在未来完美日记将会打通全渠道新媒体营销。但无论选择什么样的平台曝光品牌和产品，想要做好新媒体营销，一定要做优质的内容。

新媒体平台运营的成败，最终还是由优质的内容输出说了算。所以，想要品牌全渠道曝光的广告主，一定不要错过现在这个新媒体时代。抓住新媒体的趋势，打造自我的优势，成为下一个 TOP！

（资料来源："完美日记"小红书 KOL 投放深度解析，怎么成为国货之光，https://zhuanlan.zhihu.com/p/113577358）

讨论： 怎么看待完美日记的营销？

三、思政课堂

某主播偷税案件

某直播带货"一姐"偷逃税被查处一事刷屏网络。据新华社报道，近日，浙江省杭州市税务局稽查局查明，网络主播黄×在 2019 年至 2020 年期间，通过隐匿个人收入、虚构业务转换收入性质虚假申报等方式偷逃税款 6.43 亿元，其他少缴税款 0.6 亿元，依法对某

主播作出税务行政处理处罚决定，追缴税款、加收滞纳金并处罚款共计 13.41 亿元。20 日，该主播在其官方微博发布致歉信称，深感愧疚，完全接受处罚决定。21 日，该主播被撤销网络诚信宣传大使。12 月 20 日，澎湃新闻记者查询发现，该主播在微博、抖音两大社交媒体的账号均被封。其中微博账号显示："该账号因被投诉违反法律法规和《微博社区公约》的相关规定，现已无法查看。"抖音账号也搜索不到相关用户。

在这一事件中，税收大数据功不可没，相对于传统的征管方式，大数据的确能够得到更多信息。税务部门构建税收大数据平台，主要目标就是希望能够不断集中、拓宽、整合税务部门内外部的数据资源，统一规范数据应用的范畴，形成纵横互联的数据服务的格局。随着该主播偷逃税被罚一事的发生，或许已经到了新税收监管合规发展的新阶段。随着税务大数据的逐步完善，税务部门变传统的税源管理为基于风险分析为主导的管理方式，纳税评估和税务稽查将成为常态。传统的避税、逃税手法已不适应当前的形势。违法逃税不可取，查处容易、风险高，规范经营、开展税务筹划，将是广大企业节税的正确选择。

近年来，随着直播带货成为电商平台最大的增长点，网络主播的收入也水涨船高，部分头部主播的单场带货交易额达到千万元甚至上亿元。税务部门作出的处理处罚决定体现了税法权威和公平公正，再次警示网络直播从业人员，网络直播并非法外之地，要自觉依法纳税，承担与其收入和地位相匹配的社会责任。

任务四　广告联盟

一、知识认知

网络广告联盟又称联盟营销，是指集合中小网络媒体资源（又称联盟会员，如中小网站、个人网站、WAP 站点等）组成联盟，通过联盟平台帮助广告主实现广告投放，并进行广告投放数据监测统计，广告主则按照网络广告的实际效果向联盟会员支付广告费用的网络广告组织投放形式。

在互联网信息高速公路和新媒体之上，有许多中小网站（或者垂直内容门户）其实也拥有良好的广告平台资源，但它们"人微言轻"，对自己的资源没有独立推广的能力，于是集合许多网络广告投放平台实现其资源共享的网络广告联盟应运而生。

互联网信息高速公路和新媒体在很大程度上类似马赛克的碎片化信息传输终端，网络广告联盟聚合了作为联盟会员的中小网站所提供的广告发布平台的"长尾"价值，它依靠联盟会员的数据积累和优化，根据联盟会员的特点和级别，提供与之匹配的多样化广告形式和组织化的购买平台，实现快速、便捷的广告投放，以较低的管理成本有效地提高网络广告的投放和管理效率。网络广告联盟为许多中小网站的运营提供了收入来源，它帮助实现广告主和网站媒体的双向选择，保证各方利益的最大化。广告主选择网络广告联盟的原因：一是广告联盟能聚合较多的垂直类网站，受众的针对性比较强，可以满足广告主的特定需求；二是与网络广告联盟的合作方式有许多灵活的选择，如对广告发布费用的计算和支付，同大型门户网站相比，网络广告联盟的广告投放费用也更加便宜。

一般认为，网络广告联盟于 1996 年起源于亚马逊，亚马逊曾经是美国最大的进行互联网电子交易的电子商务公司，它以网上书店闻名。当一家大型实体书店可以向消费者供 20 万本图书选择时，亚马逊可以给读者提供远远多于 20 万本的选择。亚马逊在它自身的发展过程中，在互联网上利用自建型的网络广告联盟把它自身的广告投放到当时数以万计的中小网站上，通过这些广告建立与亚马逊网站的链接，有效地实现对互联网信息高速公路和新媒体之上的目标受众的大规模覆盖。亚马逊的网络广告联盟为当时许多中小网站提供了经营收入，曾经一度成为许多互联网 SOHO 族的生存方式。在国内，广告网络联盟的发展始于 2000 年，好耶公司因互联网广告代理而积累大量媒体资源，从而被动演变成为网络广告联盟的雏形。此后，伴随百度联盟的成立，Google Ad Sense 进入中国运营，以及亿玛旗下亿起发为代表的第三方广告网络联盟的成立，中国广告网络联盟的发展进入多元发展的成长期。

知识点一　广告联盟的分类

广告联盟涉及的内容和参与者较多，有不同的分类标准，这里主要介绍两类分类标准。

1. 根据广告联盟的广告主与联盟平台的关系：自建型广告联盟

自建型广告联盟是指推广自己的产品为主的广告联盟，如博拉联盟、金山联盟、MOP 联盟、QIHOO 联盟、当当联盟等。此类联盟建立的目的比较明确，即为了扩大市场占有率或提升销售额。

(1)第三方广告联盟：联盟平台没有自身产品，以推广别人的产品和品牌为主的联盟，如智易营销、亿起发、黑马等联盟，此类联盟处于中间的位置，广告主和联盟会员收入为提供广告服务的佣金费用。

(2)综合型广告联盟：联盟拥有自身的产品，不仅推广自身的品牌和产品，而且推广其他广告主的品牌和产品，或通过其他联盟推广自身的品牌和产品，如百度、阿里巴巴、新浪、搜狐、雅虎、金山皆拥有自己的联盟，还在其他联盟里面推广。

2. 根据广告联盟的广告形式和平台性质

(1)搜索竞价联盟：搜索竞价联盟是指以搜索引擎应用为核心广告联盟，联盟的组织者为搜索引擎服务商，搜索联盟是伴随 google、百度等搜索引擎的发展而成立的，具体的模式如在各联盟上放置搜索框，供用户使用搜索功能，既为自身带来了便利，也提高了搜索引擎的点击率，而且搜索引擎也会根据各家所贡献的搜索量支付给联盟一定的费用，这样就达到了双赢的效果。这类联盟往往是由搜索引擎公司发起成立的，如 google、百度、雅虎、搜狗等。

(2)WAP 广告联盟：基于无线互联网通过手机完成点击或付费的广告联盟组织形式，汇集各中小独立 WAP 流量并打包，吸引广告主依据流量投放广告，产生定购关系，获得的广告收入在联盟成员中分配，如赢点传媒、WAP 世纪、乐游传媒、易蛙传媒等。

(3)电子商务联盟：以电子商务广告主为主的广告联盟，联盟的付费方式以 CPS(按销售额付费)为主，如易购网、成果网等。

(4)独立第三方广告联盟：聚集中小站点资源，以第三方的联盟平台为主的广告联盟，有自身的广告主资源也兼营网络广告分销业务，如智易营销、亿起发、软告网等。

知识点二　网络广告联盟的运作方式

网络广告联盟的运作包括联盟会员、广告主和广告联盟平台三个要素。联盟平台按一定的广告投放机制在联盟会员的终端站点上播放广告，同时，对广告播放的效果进行监测和数据统计，将统计结果反馈给广告主，广告主按照联盟营销的实际效果(如销售额、引导数、点击数等)向联盟平台支付广告费用，联盟会员则根据与联盟平台商定的广告费用分成比例收取相应的佣金，将网站访问量变成收益(图7-5)。

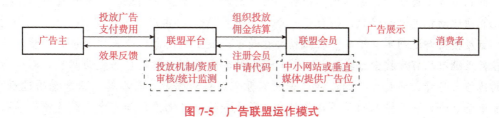

图7-5　广告联盟运作模式

二、知识训练

百度联盟

2020年是移动互联网发展的第10个年头，也是百度陷入漫长转型第4个年头。10年前的3月份，谷歌宣布退出中国市场，给百度让出了市场空间。一年后，百度市值上升到460亿美元，甚至在当时超过腾讯，成为中国市值最高的互联网公司。在当时，互联网提供了海量信息，用户为了获取有效信息，搜索成为刚需。有了流量何愁变现，百度笼络了大批广告主，组成了百度联盟，为他们提供广告投放服务。

随着流量争夺的战争日渐激烈，新浪、腾讯、搜狐、网易、阿里都加入了战场，微博的出现曾让移动互联网领域爆发了一场微博之战，之后，还有团购引发的"千团之战"、围绕今日头条的内容之战，以及近两年屡屡打响的社交之战。

字节跳动崛起，信息流当道，而百度这个诞生于PC时代的"前浪"还在移动互联网转型的路上。百度流量被其他玩家抢走了。9月5日，百度联盟总经理陈一凡提道，"整个联盟的分成增速确实不像前几年那样破10亿、破100亿的增长速度。"他将此归因于"互联网用户规模在前两年增速有所下降"，这恐怕只是一种粉饰太平的说法。

不仅是百度联盟，百度系产品的流量表现都不算合格。2020年5月，百度副总裁、百度App总经理平晓黎介绍，百度App日活目前已突破2.3亿，每天人均打开次数超过10次。可作参考的是，当日抖音公布了最新数据，日活跃用户已经超过6亿。

互联网的流量争夺永不会结束，目前可以看到的是，IoT时代的到来让玩家们下注汽车、家居等场景，抢占下个时代的流量入口。

百度世界大会在线上开幕，百度董事长兼CEO李彦宏在现场提道，百度无人驾驶已实现量产，并已经投入运营。

如果百度无人驾驶汽车能大规模商用，无疑能给百度系产品带来不少流量。另外，这场大会也发布了养成类虚拟助手App度晓晓，这也是百度对下一代搜索入口的探索。

All in人工智能的百度，能赢得下一场流量战争吗？

流量战争进入新阶段：百度在漫长转型的过程中，互联网环境发生了巨大的变化。

从 PC 时代到移动互联网时代，一个明显的趋势是流量之战开始加剧，微信、微博、淘宝、今日头条等都变成百度的对手。

2016 年 5 月，李彦宏发表一封名为《勿忘初心，不负梦想》的内部信，他在信中表示，失去坚守，百度离破产只有 30 天。

进入移动时代后，一个个"超级 App"抢走了百度的流量，李彦宏不免陷入焦虑。

微信形成了公众号、朋友圈、小程序的生态，占领了流量高地。字节跳动引领了用个性化算法驱动信息流的时代，孵化了一个个头条系 App 抢占流量。

百度搜索却遇到不少难题。在微信公众号平台诞生的内容，分走了百度的流量，部分内容甚至很难从百度搜索上找到。同时，移动端的小屏让关键词广告更为明显，影响了用户的体验，另外，网页版的侧边栏广告也不再适用移动端了。而在转向信息流的过程中，百度束手束脚，一个根本的矛盾便是信息流所代表的个性化推荐和搜索无疑是冲突的。但是，百度最终还是决心发展移动端——All in 信息流。

2012 年微信上线朋友圈和公众号，2013 年今日头条上线头条号，引起了内容领域的大震动，百度马上跟进，在 2013 年年底推出了百家号。

"搜索引擎百度已死"一文中曾提道：你在（百度搜索）第一页看到的搜索结果，基本上有一半以上指向百度自家产品，尤其频繁出现的是"百家号"。百家号在招揽自媒体人和媒体的同时，也将当年依靠百度兴起的站长们，收拢到熊掌号中。后来，百家号又和熊掌号进行了合并。李彦宏还曾亲自带队，发展信息流。在 2016 年的一次百度内部沟通会上，他曾提道："过去这半年，我在亲自带信息流这个团队。每天早上八点半跟核心团队开会，每天都是如此。"

目前，百度移动生态形成了支撑内容的百家号、支持服务的智能小程序、支撑营销的托管页三大支柱。百度需要移动端的流量，也需要流量变现。但是，信息流广告也抢了搜索广告的份额，让百度联盟陷入危险的境地。

百度联盟成立于 2002 年，曾随着百度搜索的崛起，成为中国互联网广告市场的头号玩家。成立以来，百度联盟的会员分成实现了数年的递增，在 2007 年曾迎来爆发式增长，2007—2009 年，每年分成数量增加了超过 2 亿。但这样的盛况已成历史。2014 年，百度联盟面向移动端 App 开发者推出"10 亿等你赚"活动，开发者只要在百度联盟官网注册加入其移动应用合作，并使用联盟 SDK 完成开发、产生流量数据，便可以瓜分补贴。拿出 10 亿补贴，这在百度的历史上十分罕见，可以视作百度联盟发展的一个分界点。根据界面新闻报道，一家中小网站联盟广告的负责人透露，2015 年前后，网站每天来自百度联盟的收入超过 1 万元，但百度联盟广告的收入从 2017 年开始下滑，2020 年这块的营收基本可以忽略不计了。无论是百度还是百度联盟，都未完全跨越 PC 时代、融入移动互联网时代，它撑起了百度十年辉煌。十年前，第五届中国互联网站长年会在北京举行，媒体将镜头对准了一个个草根站长，后来创办字节跳动的张一鸣也在其中，当时他也只是千万站长中的某一位。

在中国互联网兴起的时代，门户、论坛、IM、电商和网游一个个崛起，吸纳了巨大的流量。其中，搜索引擎满足了人们"获取有效信息"的痛点，流量及收益扩张得很快。

个人站长在其中起了不小的作用，他们人手一台计算机，就可以做一个网站运营。那些年，百度和个人站长合作，搜索引擎为站长们带来了流量，百度联盟又获得了广告收入。

2000 年成立的百度，在 2007 年就超越新浪，成为中国互联网公司中头号广告营收选手。据艾瑞咨询数据，这一年，中国在线广告市场的总收入达到了 106 亿元人民币，其中百度以 16.5% 的市场份额位居第一位，新浪滑至第二位，市场份额为 11.7%。

这些年，百度通过百度搜索、百度贴吧、百度百科，探索出了不同的变现模式。其中最赚钱的还是百度搜索，这让百度推广和竞价排名渐渐成为百度收入的支柱。竞价排名把企业的产品、服务等内容，通过关键词的形式在百度搜索引擎平台上做推广，企业一旦付费，推广信息就会率先出现在搜索结果中。这是一种按效果付费的广告模式，只有用户产生了注册、下载，或是有了销售行为、电话回访等实际效果时，才需要付费。这一模式是 2008 年百度联盟推出 CPA 广告平台后实现的。竞价排名及按效果付费的广告模式，吸引了很多广告主加入广告联盟，享受搜索带来的流量红利。

2008 年左右，百度联盟占据联盟广告市场的半壁江山，百度也因此获得了大量营收。中文论坛猫扑曾在 2013 年加入百度联盟，其创始人冯茂曾提道，猫扑与百度的合作只有一年的时间，但猫扑闲置的广告位全部转化出应有的商业价值，占到猫扑总收入的 10% 左右。这样的盛况一直持续到了 2013 年，但这也是一个转折点。2013 年开始，百度的运营利润率开始逐年下滑，2016 年更是创造了近十年的历史最低水平。

百度开始屡屡遭到外界的质疑，质疑集中在百度的竞价排名让过多的无用信息占据了搜索页面的重要位置，甚至触碰到了用户的底线，魏则西事件后，引发了外界对百度价值观的讨论。尽管百度备受争议，但当时谁也不会想到，这家互联网公司最后会逐渐失去流量优势。

寻找下一个流量入口：自 2016 年开始，百度加速转型，但衰败论也从未停歇。近两年，市值的下跌、高管的动荡，更是百度有史以来最难熬的一段时间。

2019 年 5 月，百度发布一季度财报，出现了上市 14 年以来的首次亏损。2018 年同期还有 67 亿元的净利润，但 2019 年一季度突然亏损了 3 亿多元。其中"百度核心"，包括搜索服务与交易服务的组合收入为人民币 175 亿元，同比增长 8%。而 2018 年同期"百度核心"营收为 161 亿元，同比增幅达 26%。相比之下，增速明显放缓。此前春节期间，百度为了抢占用户，砸出 12 亿红包，给百度带来了整体移动端用户规模的增长，但以红包换来规模，让百度陷入亏损的境地。在移动互联网时代，百度尚未追赶上其他玩家的脚步，12 亿红包背后是百度的焦虑和压力。

百度也在内部进行改革。2019 年 5 月，百度将搜索公司战略转型为移动生态事业群组，由同期晋升为高级副总裁的沈抖接管。服务于百度 14 年的高级副总裁、搜索公司总裁向海龙则离开了百度。向海龙曾多年领导百度搜索业务，从此可以看出百度改革的决心之大。但百度广告业务所面临的考验还是进一步加剧，财报显示，2020 年第一季度，百度广告业务收入较上年同期下滑 19%，时至第二季度，该业务较去年同期相比仍下滑 8%。百度下一个十年，重点已经变了。这几年，李彦宏提起 AI 的次数越来越多，这也是百度目前最受外界期待的业务。李彦宏曾在 2016 年内部信中写下这段话，"十年前，我们以搜索为基础，创立了贴吧、知道、百科等新产品；今天，我希望我们以人工智能为基础，把语音搜索、自动翻译、无人车做成影响人们日常生活的新产品。"可以看出，李彦宏把百度的未来押注在了人工智能上。2014年，百度成立了"百度深度学习研究院"，并请来吴恩达为百度大脑、自动驾驶等的研发坐镇。人工智能渐渐上升到百度战略高度。其AI业务核心系统为阿波罗Apollo系统，而后衍生出自动驾驶、车联网、城市大脑等业务。

在人工智能应用落地的智能家居领域，智能音箱曾是一个争夺的赛点，目前，百度、阿里和小米三家占据了90%以上的市场份额。根据Strategy Analytics统计，百度在2019年以1 900万台的出货量排列行业第一位。但智能音箱利润低，行业也未到成熟的阶段。Apollo系统的发展也十分迅速，百度于2020年4月9日首次披露了Apollo智能交通完整解决方案，表示Apollo已经投入智慧交通领域。

Apollo系统官网：2020年第二季度，百度AI业务实现了两位数的同比增长。但以AI新业务为代表的其他收入占总营收比重仍然仅在三成左右。百度已经在AI领域投入了数年时光，至今还没有等到大规模商业化的阶段，但李彦宏始终相信，这便是百度的未来所在。百度的定位早已由"全球最大的中文搜索引擎平台"改为"全球最大的中文搜索引擎""全球领先的人工智能公司"。智能音箱曾被认为是IOT时代的核心入口，汽车、自动驾驶也被认为是智能搜索不可缺少的场景。百度发布了搜索新产品——度晓晓。此前，百度曾进行过语音搜索的尝试，而后被用于百度App和智能音箱、智能耳机、小度在家等硬件产品。而度晓晓是一款基于虚拟人IP的陪伴型虚拟助理，是利用百度大脑6.0核心技术，并基于小度对话式人工智能操作系统建立。从中可以看出，百度还在探索属于人工智能时代的搜索产品。但目前度晓晓还在测试阶段，百度的流量探索还要继续下去。

讨论：百度广告联盟怎么赚钱？

三、思政课堂

苏炳添：刷新亚洲纪录

2021年8月1日晚举行的东京奥运会男子100米半决赛中，中国选手苏炳添跑出9秒83的成绩，以半决赛第一晋级决赛，同时创造了新的男子100米亚洲纪录。在2个多小时后的决赛中，苏炳添再次打开10秒大关，以9秒98的成绩获得第6名，从突破十秒大关，到利用三年时间来提高0.1秒，为了看到9.83秒时的风景，他这一练又是好几年。在喜人的成绩背后，天赋之外，就是执着的努力，苏炳添每天训练2小时，要求每个动作都要做到最标准，细小到关节，0.01秒的进步都值得他全力以赴。苏炳添曾说，他每天晚上10点到10点半睡觉，起床从不需要闹钟，只要一天没有离开田径场，就一直这样严格要求自己。这是一个国家运动员的素养，苏神在赛场的每一滴汗水，每一块有深深训练痕迹的肌肉，都深深烙印在了中国人民的心中。体育精神，是为了达到目标放弃娱乐的自律，是为了实现梦想坚持训练的坚毅，是为了为国增光放弃个人利益的伟大！苏炳添也成为首位闯入奥运会男子100米决赛的中国运动员，正是这些奥运健儿为国人竖起了榜样，将我们的"中国精神"带上了世界舞台。

任务五　网络广告投放费用

一、知识认知

网络广告的预期目标和费用投入始终是广告主对网络广告进行比较和选择的决定性因素。广告主在网络广告的运作中负责运作费用的投入，网络广告的预算来自企业营销组合的总预算，它可能是企业广告预算的一部分或全部。无论是广告预算的一部分还是全部，广告主对网络广告的投入都需要从产出与投入的角度和营销组合的其他传播策略进行比较与评估，以此作出最后的决定。没有一个企业会对网络广告的运作费用进行无限大的投入，一个网络广告也不可能仅仅是"艺术"的或创意的策划。

知识点一　网络广告预算需要考虑的因素

在现代企业经营中，通常都是在一开始就拟定了网络广告预算的大致范围，而且大多数是将这项预算设定为长期的固定性的预算，很少编制为可变动预算。企业通常把一定数额的资金作为广告预算，然后在这个总额范围内流动分配。在固定预算情况下，企业的业绩与预算的增减几乎没有关系，使用的是早已编制好的预算。这时，若不使用完编制好的预算，就会导致下一期的预算减少，所以，业务部门会很容易不顾企业的效益而用完预算。

流动预算是指根据企业业绩的增减而改变预算。按流动预算来编制广告预算，从企业管理注重投入产出比的层面来说是恰当的，但从广告费的性质来看往往是做不到的，因为从广告性质来看，企业的业绩越不好就越要投入广告费来使业绩得到恢复。如果把广告费定位为提前投资，那么广告预算就不应该只限于本次广告期的预算，而应该把它设定为包含下一个广告期在内的提前数年的预算。但是如果企业效益实在低迷，就很难做到这一点。

在运营时，企业还可以将广告预算作为企业的战略预算来对待。可以考虑将广告预算分为用于长期战略需要的部分（如确立和提高企业形象等）和本期销售有关的、直接用于促销的部分。另外，制定广告预算时还应该注意以下三点。

1. 在综合营销领域里考虑广告预算

如何开展市场营销因商品而异，大体上可分为拉动战略和推动战略。营销战略的展开也需要随商品所处的阶段而有所不同，不能因产品价格低就单纯考虑采用拉动战略。在商品流通阶段，如果能预先估计是采用拉动战略还是推动战略好，就可以减少失误。

如果在流通阶段采用的是以推动战略为主的营销战略，那么制定预算时就应该把重点放在如何帮助商家进行促销上；若采取的是鼓动消费者的拉动战略，则应该把预算的重点放在大众媒体上。

2. 在竞争环境下考虑广告预算

当今市场，每种商品所面临的竞争环境都很残酷，其范围已不限于国内，而常常涉及国际市场的竞争。从啤酒市场就可以清楚地看到，过去人们都认为国产啤酒与外国啤酒应分别属于不同的市场，如今它们之间的鸿沟已经消失，我们看到的已经是一个统一的啤酒市场。随着自贸区跨境电商的迅猛发展，会有更多的国外产品以与国内相关商品相当甚至更低的价格出现在国内广大消费者的面前，国产商品受到外国商品的冲击而不得不降价销售已不是什么新鲜事了。

企业的广告预算不仅应该考虑自身市场的拓展，还需要考虑能否有效地对抗竞争对手，是先于竞争对手，还是后于竞争对手在市场上推销产品，广告的预算额度将有所不同，采取的策略也会有所区别。即使同样是后上市场，也要根据竞争对手的强弱而采取不同的策略。当后于竞争对手进入市场时，或者投入大量的费用，做豪华的广告使产品成为家喻户晓的热点话题；或者瞄准空隙做重点促销宣传以避开正面竞争，以此来编制合理的预算。

3. 从产品生命周期和企业发展战略考虑广告预算

对于处在成长期的产品，由于可以预见其未来具有广阔的市场，因此无论其现在市场的销量如何，都应该强化其广告，通过大量、持续的广告投入使之在不久之后能成为本企业的拳头产品。而对于成熟产品，可以适度减少广告投放的频率，这时广告的目的主要是让消费者保持记忆，提醒购买，其广告预算也可以相应减少。对属于衰退期的产品，广告的投放可以进一步减少，甚至不做广告。

知识点二 网络广告的收费方式

1. 每点击成本(Cost Per Click，Cost PerThousand Click-Through，CPC)

每点击成本以每点击一次计费。这样的方法加上点击率限制可以加强作弊的难度，而且是宣传网站站点的最优方式。但是，此类方法有不少经营广告的网站觉得不公平，例如，虽然浏览者没有点击，但是他已经看到了广告，对于这些看到广告却没有点击的流量来说，网站成了白忙活。

2. 每千人成本(Cost Per Mille，Cost Per Thousand，Cost Per Impressions，CPM)

网上广告收费最科学的办法是按照有多少人看到你的广告来收费。按访问人次收费已经成为网络广告的惯例。CPM 是指广告在投放过程中，听到或看到某广告的每人平均分担到的广告成本。传统媒介多采用这种计价方式。在网上广告，CPM 取决于"印象"尺度，通常理解为一个人的眼睛在一段固定的时间内注视一个广告的次数。例如，一个广告横幅的单价是 1 元/CPM，意味着每一千个人次看到这个 Banner 就收 1 元，以此类推，10 000 人次访问的主页就是 10 元。至于每 CPM 的收费，要根据以主页的热门程度(即浏览人数)划分价格等级，采取固定费率。国际惯例是每 CPM 收费从 5 美元至 200 美元不等。

3. 每行动成本(Cost Per Action，CPA)

CPA 计价方式是指按广告投放实际效果，即按回应的有效问卷或订单来计费，而不限制广告投放量。CPA 的计价方式对于网站而言有一定的风险，但若广告投放成功，其收益也比 CPM 的计价方式大得多。广告主为规避广告费用风险，只有当网络用户点击旗帜广告，链接广告主网页后，才按点击次数付给广告站点费用。

4. 每回应成本(Cost Per Response，CPR)

每回应成本以浏览者的每个回应计费。这种广告计费充分体现了网络广告"及时反应、直接互动、准确记录"的特点，但是，这个显然是属于辅助销售的广告模式，对于那些实际只要亮出名字就已经有一半满足的品牌广告要求，大概所有的网站都会给予拒绝，因为得到广告费的机会比 CPC 还要渺茫。

5. 每购买成本(Cost Per Purchase，CPP)

广告主为规避广告费用风险，只有在网络用户点击旗帜广告并进行在线交易后，才按销售笔数付给广告站点费用。无论是 CPA 还是 CPP，广告主都要求发生目标消费者的"点击"，甚至进一步形成购买，才予付费；CPM 则只要求发生"目击"(或称"展露""印象")，就产生广告付费。

6. 包月方式

很多国内的网站是按照"一个月多少钱"这种固定收费模式来收费的，这对客户和网站都不公平，无法保障广告客户的利益。虽然国际上一般通用的网络广告收费模式是 CPM 和 CPC，但在我国，一个时期以来的网络广告收费模式始终含糊不清，网络广告商各自为政，有的使用 CPM 和 CPC 计费，有的采用包月的形式，无论效果好坏，无论访问量多少，一律一个收费标准。尽管现在很多大的站点多已采用 CPM 和 CPC 计费，但很多中小站点依然使用包月方式。

7. 按业绩付费(Pay For Performance，PFP)

互联网广告的一大特点是以业绩为基础的。对发布商来说，如果浏览者不采取任何实质性的购买行动，就不可能获利。基于业绩的定价计费基准有点击次数、销售业绩、导航情况等，无论是哪种，可以肯定的是这种计价模式将得到广泛的采用。

8. 其他计价方式

某些广告主在进行特殊营销专案时，会提出以下方法个别议价：

(1)CPL(Cost Per Leads)：以搜集潜在客户名单数量来收费。

(2)CPS(Cost Per Sales)：以实际销售产品数量来换算广告刊登金额。

相比而言，CPM 和包月方式对网站有利，而 CPC、CPA、CPR、CPP 或 PFP 则对广告主有利。目前，比较流行的计价方式是 CPM 和 CPC，最为流行的则是 CPM。

二、知识训练

海尔微博网络营销案例

提起海尔，大多数人的固有印象还停留在民族家电企业或裤衩两兄弟的动画时代，但是如今的海尔在国内最大微博平台上却成为"新晋网红"。这其实还要从一个网民在微博上发文称想要购买一台豆浆机说起。没想到正是这条毫无炒作痕迹的普通微博，却引来了200 多个官微在评论区的一片混战，该微博的转发量很快就超过 12 万，评论超过 9万(图 7-6)!

企业官微作为企业产品和理念的传声筒的刻板印象早已深入人心，微博里不外乎广告和抽奖，但此次联合的互动，却让众多网民惊叹：没想到你们是这样的企业号! 此次互动

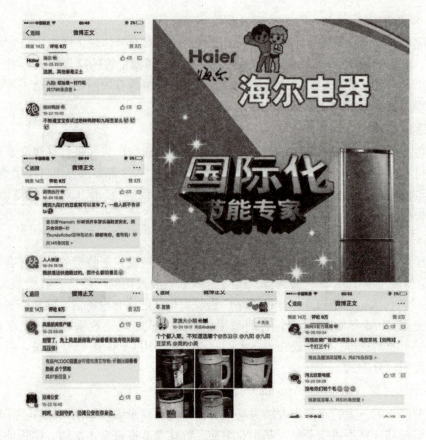

图 7-6　海尔微博广告页

不但让众多企业的曝光度大大提升，广告硬植入的不适感也完全消失不见，可以说这一次是典型互联网思维方式的成功网络营销案例。

当这次微博的热门事件过去之后，有人认为，企业在微博红利期高峰已过，99％的企业账号都开始降低更新频次，削减运营团队之时，海尔却反其道而行之，不断更新微博，在各大微博红人区抢热门评论，抢回复，与网民互动，看起来和普通吃瓜群众一样，在众多网民感叹的同时也再次在微博上形成了一股热潮：海尔没想到你是这样的！

海尔的成功在于打破传统，在微博上的去官方化，致力于趣味化、年轻化，不但顺应了时代的潮流，更接地气的同时，也实现了人们对于企业新的观感和美誉度。

（资料来源：海尔微博网络营销案例，https：//zhuanlan.zhihu.com/p/163258832）

讨论：如何评价海尔公司微博营销模式？

三、思政课堂

树立正确的价值观

价值观是指个人对客观事物（包括人、物、事）及对自己的行为结果的意义、作用、效果和重要性的总体评价（如对什么是好的、什么是应该的等总看法），是推动并指引一个人采取决定和行动的原则、标准，是个性心理结构的核心因素之一。价值观对人们自身行为的定向和调节起着非常重要的作用。价值观决定人的自我认识，它直接影响和决定一个人的理想、信念、生活目标和追求方向的性质。再者，价值观对动机有导向的作用，人们行为的动机受价值观的支配和制约，价值观对动机模式具有重要的影响，在同样的客观条件下，具有不同价值观的人，其动机模式不同，产生的行为也不同，动机的目的方向受价值观的支配，只要那些经过价值判断被认为是可取的，才能转换为行为的动机，并以此为目标引导人们的行为。其实不难发现，价值观在人们对一件事情做出选择的情况下有极其重要的作用，至少在动机上就决定了做这件事情的目的。

由于每个人的先天条件和后天环境不同，人生经历也不尽相同，每个人的价值观的形成会受到不同的影响，因此，每个人都有自己的价值观和价值观体系。在同样的客观条件下，具有不同价值观和价值观体系的人，其动机模式不同，产生的行为也不同。

我们的时代在发展，大学教育也在发展，可现在培养出的大学生远没有以前的大学生"安全"，现在的大学生容易产生一些心理问题，进而导致在大学中价值观一步步地被改造成一种"社会问题"，所以，作为当代大学生须树立正确的价值观。

大学有一个很好的教师，无论自己怎么样，她就在那里，多去图书馆看看，那是一个完善自己的人格、提升自己修养和培养正确的价值观的好地方。读书是最有效地树立正确价值观的方法，多去看看如马克思主义之类的书籍可以改善自己对于这个世界的认知，我们从源头杜绝越过法律红线的动机，从内因改变，由外在发散。

人生若只如初见，或许都该想想我们的初衷，希望每次都如初见时的微笑笑得那么灿烂，多给我们自己的大学生活一点"美丽"。

（资料来源：人生若只如初见何事秋风悲画扇 知乎，2016 年 11 月 2 日）

四、知识扩展

(1)第一个真正意义上的广告：第一个为了交换物品而"吆喝"的人是谁呢？谁也不知道。但《诗经》记载，西周时期小贩已经懂得通过吹奏乐器来招揽生意。

(2)第一个纸质广告：世界上最早被保存下来的写在莎草纸上的文字广告大概在 4 000 年前，在埃及尼罗河畔发现，现存在英国大英博物馆中。我国春秋时期，商业开始发展，商铺的广告为叫卖、陈列，叫卖发展成为各类幌子、招牌等文字形式，这才出现了最早的文字广告。而在北宋时期的名画《清明上河图》中，集中描写了北宋东京繁华的街市景象，里面的广告随处可见；北宋时期的"济南刘家功夫针铺"是中国乃至世界最早的商标广告，铜版正中偏上刻着一只拿着铁杵捣药的白兔，四周刻着小字：上方为"济南刘家功夫针铺"，左右为"认门前白兔儿为记"，下方为"收买上等钢条，造功夫细针。不误宅院使用，转卖兴贩，别有加饶，谓记白"。短短 28 字，把按时交货、质量不凡、服务对象、经营方式及促销手段等内容交代得清清楚楚。在时间上比英国最早的印刷广告——1473 年威廉·凯克斯顿的销售祈祷书广告要早 300 多年。1473 年，英国第一则广告传单是为了宣传宗教书籍印刷。

世界上第一则真正的报纸广告出自1650年英国的英文报纸《新闻周报》。

1841年，伏尔尼·帕尔默兄弟在宾夕法尼亚州的费城开办了第一家广告公司，自称为"报纸广告代理人"，宣告了广告代理业的诞生。

1839年，摄影术问世后照片开始进入大众视野。

1853年，在发明摄影不到数年的时间里，纽约的《每日论坛报》第一次用照片为一家帽子店作广告。从此，广告就开始利用摄影艺术作为其技术手段。

（3）第一则毁童年似的广告植入：还记得1929年美国卡通片《大力水手》中的罐头菠菜吗？没错是广告植入的鼻祖。19世纪末和20世纪初，是世界经济空前活跃的时期，广播、电视、电影、录像、卫星通信、电子计算机等电信设备陆续被发明创造，使广告进入了现代化的电子技术时代。1902年，美国诞生第一家领取营业执照的广播电台——匹兹堡西屋电器公司的商业电台。继美国之后，其他国家也相继建立了广播电台。这些电台都设有商业节目，主要播放广告。

（4）第一个电视广告：1941年美国宝路华钟表在纽约"WNBC"电视台投放了第一则电视广告——棒球赛开播前的10秒广告，价格为9美元。

（5）中国第一支明星代言广告：1989年，电影明星李默然为"三九胃泰"做代言，带动销量暴涨，掀起轩然大波。"明星是否可以出任广告代言人"一时成为全民争论的热点话题。然而营销趋势无法改变，同年，李宁代言健力宝，体操王子的矫健身姿成了广告主要卖点。

（6）第一个网络广告：自互联网诞生后，网络广告连年增长。1994年10月27日，第一个Banner（网络横幅广告）登上了WIRED网。3个月的时间，花费3万美元，高达44%的点击率，这只螃蟹吃得超值了！

（7）第一则精准广告：1996年，DoubleClick公司将Banner与Cookies技术结合，基于用户行为的低配版"瞄准"广告诞生。

（8）第一则搜索广告：1996年7月，雅虎发布了搜索引擎广告。

（9）第一则原生广告：2006年美国Facebook上出现了第一则信息流广告（2006年，Facebook推出了"信息流"——它能按照时间顺序显示用户所有好友的活动）。

（资料来源：签刻君　营销洞察　法治日报2018年9月10日）

项目小结

一、核心概念

广告联盟　　　　　　　　每点击成本CPC
每千人成本CPM　　　　　每行动成本CPA

二、思考与讨论

1. 上网浏览国内外的主流门户网站，认识常见的网络广告形式。
2. 弹出式、电子邮件等广告形式深受广告主的欢迎，但遭到网络用户的反感，为什么？你认为如何解决这一矛盾。

课后答案

三、案例分析题

一汽大众网络广告

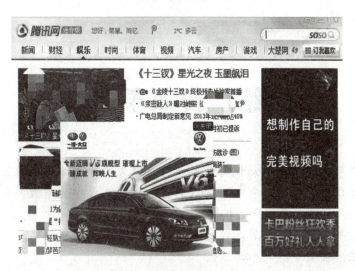

思考：1. 此次，一汽大众网络广告的表现形式是什么？为何选择腾讯作为载体？

2. 通过对本案例的研究，你会产生哪些联想？受到哪些启发？

项目八

网络广告效果评估

衡量网络广告活动是否成功，关键要看网络广告的效果如何。通过对本项目的学习，学生对网络广告效果评估有初步的认识。本项目要求学生掌握网络广告效果的含义、分类、评估原则及主要的评估指标体系和评估方法。学生通过知识训练能够进行系统的网络广告效果评估指标核算，通过案例训练帮助学生掌握网络广告效果评估的流程、步骤和方法。

知识目标

1. 了解网络广告效果的含义。
2. 理解网络广告效果的类别。
3. 掌握网络广告效果评估的指标。
4. 掌握网络广告效果评估的方法。

能力目标

1. 能够掌握网络广告效果评估的内容和方法。
2. 能够区分网络广告效果的不同类型。
3. 能够运用各项指标对网络广告的效果进行评估。
4. 能够制定完整的网络广告效果测评方案。

课件：网络广告效果评估

素质目标

1. 通过网络广告效果指标的计算培养学生对数据的敏感性。
2. 通过制定测评方案帮助学生树立科学严谨的工作态度。
3. 通过案例训练培养学生理论与实际相结合的能力。

任务一　网络广告效果评估概述

一、知识认知

知识点一　网络广告效果的含义

相比传统广告而言，网络广告具有直接交互、反馈及时、覆盖面广、无时空差异、针对性强、便于统计、费用低廉等优势，越来越受到企业的青睐。在传统广告中，广告的效果是监测广告是否成功的重要标尺。同样，网络广告的效果评估在整个网络广告活动中也占据十分重要的地位，这是因为在投入了大量的人力、财力、物力资源以后，企业必然关心网络广告产生的效果。做好网络广告的效果监测工作，可以帮助

可口可乐广告
案例分析

企业了解网络广告活动在促进企业产品的销售、树立良好的品牌形象等方面的效果究竟如何。那么如何对网络广告效果进行准确测定呢？

在传统广告中，广告的效果存在难以进行准确评估的显著痛点。与传统广告不同，网络广告评估的标准如浏览量、点击率等，可以通过互联网的技术手段进行精准的统计，效果的可评估性是网络广告相对传统广告的一个巨大优势。作为广告主的企业可以对消费者的行为数据开展具有针对性的统计分析，从而推断出网络广告在促进产品销售、改善品牌形象方面的具体效果。

具体来说，网络广告效果有广义和狭义之分。

1. 狭义的网络广告效果

狭义的网络广告效果也称为直接网络广告效果，是指通过网络广告所能够获得的经济方面的效益。简单而言，就是企业在网络广告传播过程中所获得的经济利益，最直接的体现即网络广告带来的产品销量增长。

2. 广义的网络广告效果

广义的网络广告效果也称为间接网络广告效果，是指通过网络广告对消费者产生的影响，即作为受众的消费者对网络广告传播产生的直接和间接反应的总和。广义的网络广告效果具有综合性，包括经济效益、心理效益和传播效益等。其构成如图 8-1 所示。

图 8-1　广义的网络广告效果构成

其中，经济效益即狭义的网络广告效果，是通过网络广告传播刺激消费者产生购买行为，从而带动直接的销量增长。

心理效益是指网络广告的传播引发消费者对于广告主产品产生关注、兴趣等心理层面

的效果，从而提高消费者对企业产品的忠诚度。

传播效益是指聚焦网络广告传播的沟通效果，网络广告成为消费者和企业之间进行沟通的桥梁，是一种持久的、内在的影响效果。

知识点二　网络广告效果的类别

网络广告效果可以按照不同的维度进行分类，其分类标准包括涵盖内容、时间关系、表现形式等，见表 8-1。

表 8-1　网络广告效果的类别

划分标准	划分类型
按涵盖的内容划分	网络广告的经济效果
	网络广告的传播效果
	网络广告的心理效果
按效果的时间划分	网络广告的短期效果
	网络广告的长期效果
按效果的形式划分	网络广告的认知效果
	网络广告的态度效果
	网络广告的行为效果

1. 按涵盖的内容划分

按涵盖的内容来划分，网络广告效果可分为经济效果、心理效果和传播效果。

(1)网络广告的经济效果。网络广告的经济效果是指网络广告发布后，对企业产品服务的销量增长或对企业经营利益增加的作用。网络广告的经济效果既是最基本的也是最重要的效果，是测评网络广告效果的主要内容。

需要指出的是，在现实的市场环境中，网络广告并不是决定商品销量的唯一因素，企业产品的销量受到多方面的影响。例如，网络广告的效果并不是在投放的某一时刻发生作用，而是会在投放后相当长的一段时间内产生持久性的影响；同时，考虑到企业竞争对手所投放的网络广告对于产品销量的影响，存在对本企业投放网络效果的抵消作用。所以，对于网络广告的经济效果的测定存在一定的困难，但网络广告的经济效果依然被极其重视。

(2)网络广告的心理效果。网络广告的心理效果是指在传播的过程中，对于消费者的认知、态度和行为等方面产生的影响。

网络广告对消费者心理影响存在着自己独特的特点，首先是主动性，与传统的电视、广播、报纸等广告媒体的被动式接收不同，网络广告则是主动吸引消费者的眼球，寻求消费者的主动关注与点击；其次是针对性，网络广告可以利用互联网技术更加精准地锁定目标客户，利用大数据进行用户画像，能够在合适的时间以合适的形式推送给合适的客户群体，真正实现"千人千面"。

(3)网络广告的传播效果。网络广告的传播效果是指消费者通过网络广告的传播获取对企业的产品或服务、企业品牌形象乃至企业整体印象的评价。

心理学中有一个名词称为"晕轮效应"，是指人们在交往认知中，对方的某个特别突出的特点、品质会掩盖人们对对方的其他品质和特点的正确了解。晕轮效应也存在于网络广告的传播效果中，如果一个企业通过网络广告所塑造的品牌形象是积极的、正面的，蕴含着符合社会主流价值观的社会文化价值，那么其所销售的产品或服务也更加容易获取消费的认可、好感和信任。可以说，网络广告的传播效果影响是深远的。

2. 按效果的时间划分

按网络广告投放后所产生作用的时间来划分，网络广告效果可分为短期效果和长期效果。

（1）网络广告的短期效果。短期效果是指在网络广告发布之后的较短时间内，通常是一个月或一个季度以内，最多不会超过一年时间，消费者做出对企业产品或服务的购买决策。企业可以使用专门的统计软件，统计网络广告投放后在什么时间、多少客户通过网络广告链接进入企业商品的详情界面，从而了解网络广告的即时效果究竟如何。短期效果能够显著地体现网络广告对销量提升、市场占有率扩大成效，因此是衡量网络广告是否成功的重要指标之一。

（2）网络广告的长期效果。长期效果是相对于短期效果而言的，衡量网络广告对目标客户所产生的长远影响，如网络广告所塑造的良好的品牌形象、企业形象等。消费者对网络广告信息的接收、认知再到产生实际的购买行为，是一个循序渐进的长期过程。即网络广告的长期效果虽然没有带来直接的产品销售，但是对于激发消费者的购买动机和心理认可，具有不可替代的、潜移默化的作用。

3. 按效果的形式划分

按网络广告对消费者心理影响的不同形式来划分，网络广告效果可分为认知效果、态度效果和行为效果。

（1）网络广告的认知效果。认知效果是指网络广告投放以后，消费者对于网络广告有所关心并能够记忆的程度。简单来说，认知效果衡量的是接触网络广告以后，消费者对于"听过或看过"该网络广告给予肯定回答的占比。由于最终购买决策的实现必须依赖于消费者的心理过程，因此，对于认知效果的测定十分重要。

（2）网络广告的态度效果。改变消费者的态度是网络广告的目标之一。企业通过网络广告向消费者传递产品或企业形象的相关信息，从而使消费者对产品或品牌有更好的印象，这些态度的改变为消费者进一步做出购买决定打下了基础。消费者的态度在转变过程中，企业可以通过调研等方式，测定消费者的产品喜爱度、购买倾向率等指标。

（3）网络广告的行为效果。行为效果是消费者对于企业所投放的网络广告，以实际购买行动来进行响应的行为方式。行为效果是一种外在的表现形式，企业可以通过网络广告投放前后产品或服务销量变化情况进行测定。但在实际操作过程中，也需要关注除网络广告外的因素对销量的影响，如促销、价格、包装、口碑等。

知识点三　网络广告效果的评估原则

网络广告效果的评估需要遵循特定的原则，这些原则对整个评估流程具有导向作用。了解网络广告效果的评估原则，可以让企业在制定网络广告策略时更加有的放矢，从而获得更加理想的效果。网络广告效果的评估原则如图 8-2 所示。

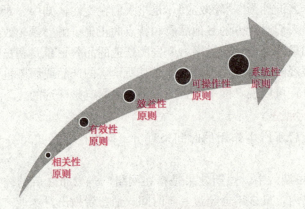

图 8-2 网络广告效果的评估原则

1. 相关性原则

企业投放网络广告的目的包括促进产品或服务的销售、提升企业或品牌形象，以及改变消费者的态度等方面，而单次的网络广告投放应该有所侧重，不可能面面俱到。因此，相关性原则是指网络广告效果的测定评估必须与广告的目标密切相关。例如，如果投放网络广告的目的是促进销售，那么产品销量的变化是评估的要点；如果企业的目的是塑造品牌形象，那么网络广告效果评估的重点则是消费者对企业的品牌印象；如果企业的目的是抵御现有市场企业的竞争，那么效果评估的重点是目标客户对于本企业产品或服务的信任感。

2. 有效性原则

有效性原则是指在进行网络广告效果评估的过程中，应该使用科学的、具体的数据，而不应该使用虚假的数据。例如，少数广告商为了获取利益，通过强制弹窗广告、虚假诱惑广告等方式诱导高点击率，更有甚者会使用虚假的掺水数据。而这种虚高的数据对于网络广告效果评估是百害而无一利的。因此，需要从业人员多维度、多方面地进行综合考查，使网络广告效果评估更加有效。

3. 效益性原则

在进行网络广告效果评估的工作流程时，企业必然会需要投入一定的人力、物力、财力资源，前述提及为了使评估更加有效，评估资源投入越多，网络广告效果评估的准确性与有效性也越高。在实际的评估过程中，从业人员除考虑准确性和有效性外，还需要考虑成本与收益的平衡问题，要避免一味追求准确度而采集过多的数据，导致评估过程的复杂化及评估成本的攀升。

4. 可操作性原则

针对网络广告效果的评估，在评估指标的选取方面应该科学、合理，保持指标口径的统一，尽可能考虑到不同类别企业网络广告的特点，使企业网络广告效果评估具有横向和纵向的可比性。对于评估指标的选择方面，应尽可能选取资料易于收集的指标。最好能够选取从现有资料中直接获取的，或经过一定的加工处理后可以获得的。

5. 系统性原则

因网络广告效果受到多方面因素的影响，包括竞争对手广告的抵消效应、消费者口头传播的间接效果性及多种媒介广告累计效果性等多方面的影响，为了更加科学、合理地测评网络广告效果，需要在评估指标的选择上关注全面性与系统性，从而能够从不同角度、不同侧面对网络广告投放的效果进行系统、完整、全面的评价。

知识点四　网络广告效果评估的问题

网络广告的效果评估能够对企业前期的广告投放活动做出客观的评价，同时，也可以对企业未来的广告运营活动起到很好的指导作用，针对网络广告效果的科学测评具有十分重要的意义。然而，网络广告效果在评估的过程中，评估存在的问题如图8-3所示。

图8-3　网络广告效果评估存在的问题

1. 时效延迟性的问题

观看网络广告的消费者可能是众多的，但是观看网络广告后立即购买的用户却并不多。这是因为消费者可能因为产品涉及的金额较大，产品属于耐用消费品而当前无购买需求等原因暂时不会购买。但是当一段时间过后具备了购买条件，消费者会因为受到网络广告的影响而再次选择购买。这种时效延迟性增加了网络广告效果评估的难度，更需要准确地把握网络广告效果的时间周期。

2. 效果累积性的问题

消费者的购买行为是企业多次而非单次网络广告效果的总和。例如，某企业的网络广告已连续投放3次，某用户在前2次观看该网络广告后未进行购买，在第3次观看该网络广告后做出了购买决策。该用户的购买行为不仅是第3次网络广告效果，同时，也受到前2次广告效果的影响。这种情况很难分清楚用户的购买行为究竟受到哪次网络广告的影响，以及影响程度如何，网络效果的累积性对于评估工作造成了一定的难度。在实际评估过程中，不但要考虑网络广告投放后一起的效果，还要兼顾以后几期的累积效果。

3. 间接影响性的问题

科学的网络广告效果测评，不能靠拍脑袋凭借经验主义，而是需要通过具体、真实的统计数据，让作为投放方的企业切实看到网络广告带来的效益。但是，一方面，消费者在受到网络广告影响的同时，也会向周边的亲朋好友进行推荐介绍，从而进一步扩大网络广告的效果；另一方面，市场竞争者的对标网络广告投放也会对广告效果产生一定的影响。以上两个方面的影响都很难在效果评估的过程中予以精准测定。

二、知识训练

去哪儿13周年品牌大片，♯去哪儿，开始你的故事♯！

2018年9月，去哪儿旅行开启13周年大促campaign——"去哪儿开始你的故事"。

这是去哪儿自2005年成立以来的首个品牌广告，也是去哪儿为迎接十一黄金周开启2018年下半年最大的促销campaign。

此广告战役在全国各大城市的高铁站、地铁站、公交车站和各大网络平台推出，鼓励年轻人在去哪儿旅行 App 开始自己的故事(图 8-4)。

图 8-4 去哪儿网户外广告海报

这部短片以真实的生活场景描述了"去哪儿做梦""去哪儿放空""去哪儿创造回忆""去哪儿永不分离""去哪儿都有朋友""去哪儿遇见 ta 然后爱上他""去哪儿逃离""去哪儿做自己""去哪儿重新认识自己""去哪儿开始伟大的冒险"，在旅游中所有你能想象的美好，被凝聚成一首旅行之歌。

周年广告以 Omni Marketing 圈定各地域的去哪儿核心人群及竞品、行业人群，精准触达。以多元产品组合"＋"持续优化创意优化投放效果。

投放平台：百度 App 推荐频道"＋"视频频道。

投放创意：大图样式。

最终广告成效：

1. 总展现量为 76 871 933。
2. 总点击量为 510 925。
3. CTR 为 0.66%。
4. 展现量超出原计划约 800 W。

(资料来源：去哪儿 13 周年品牌大片，＃去哪儿，开始你的故事＃！https://www.digitaling.com/projects/40606.html)

讨论：通过对该案例的了解，请分析去哪儿 13 周年所投放网络广告效果的类型。

三、思政课堂

一加手机火遍全球，弘扬"中国制造"之美

一加手机成立于 2013 年，总部位于中国深圳。一加手机创立的初衷是希望以只做精品的形式，为用户打造最好的安卓手机产品，与世界分享品质科技。

一加这个手机品牌的名字很特别，1 代表的是现状，＋则代表的是更好和更多的可能性。一加手机销往全球 30 多个国家和地区，员工来自全球 26 个国家，还有来自全球

196 个国家和地区，在欧洲的注册用户超过 300 万人，全球注册用户已达千万。

一加在全球建立了 6 大研发中心，分别位于深圳、台北、南京、上海、圣地亚哥、海德拉巴，能够汇集全球不同地区的优势，背靠强有力的研发实力，为用户带来更好的创新产品与体验。

一加手机在海外成功的重要原因之一在于用巨大的营销投入去打开市场，与当地运营商建立了良好的合作关系。巨大的营销投入是一加能够打开海外市场的重要原因，一加成立之初，在美国、印度等国所投入了数额巨大的广告费用，是在国内的许多倍。事实证明，这也是企业在短时间内获得市场知名度的一条捷径。

一加手机于 2022 年 3 月 31 日在美国发布一加 10 Pro，在发布会举行之前，一加为这款年度旗舰发布了预告宣传片（图 8-5）。

图 8-5　一加 10 Pro 预告宣传片截图

在宣传片中，一加将一加 10 Pro 带到了 124 671 英尺（约 38 000 米）的高空，工作人员用一加 10 Pro 搭载的哈苏移动影像系统记录万米高空下的震撼画面。这是一个手机厂商的营销广告活动，但是一加的举动是疯狂的、令人兴奋的，一加 10 Pro 的宣传片极具创意性。

一加手机通过创意营销广告吸引了海外消费者的眼球，快速打开了海外市场。伴随中国企业的技术升级，越来越多的中国企业开始走向国际舞台。中国企业生产的产品铸就"中国制造"的"金牌品质"，得到越来越多海外消费者的认可与青睐！

（资料来源：万米高空拍摄大片！一加 10 Pro 营销广告让老外兴奋新浪科技，2022 年 3 月 27 日）

四、知识扩展

中国网络营销（广告）效果评估标准

《网络营销效果评估标准》是于 2009 年 6 月 18 日的中国互联网协会网络营销工作委员会成员大会上，由 99click 发起，联合奥美世纪、易观国际、天极传媒、金山软件共同起草的互联网营销效果体系标准。

中国网络广告营销效果数据分析指标包括广告展示量、广告点击量、广告到达率、广告二跳率和广告转化率共五个。每个指标的定义如下。

(一)广告展示量(Impression)

1. 指标名称

广告展示量。

2. 指标定义

广告每一次显示称为一次展示。

3. 指标说明

(1)统计周期通常有小时、天、周和月等,也可以按需设定。

(2)被统计对象包括 Flash 广告、图片广告、文字链广告、软文、邮件广告、视频广告、富媒体广告等多种广告形式。

(3)展示量一般为广告投放页面的浏览量。

(4)广告展示量的统计是 CPM 付费的基础。

4. 指标应用

展示量通常反映广告所在媒体的访问热度。

(二)广告点击量(Click)

1. 指标名称

广告点击量。

2. 指标定义

网民点击广告的次数称为广告点击量。

3. 指标说明

(1)统计周期通常有小时、天、周和月等,也可以按需设定。

(2)被统计对象包括 Flash 广告、图片广告、文字链广告、软文、邮件广告、视频广告、富媒体广告等多种广告形式。

(3)广告点击量与产生点击的用户数(多以 cookie 为统计依据)之比,可以初步反映广告是否含有虚假点击。

(4)广告点击量与广告展示量之比,称为广告点击率。该值可以反映广告对网民的吸引程度。

(5)广告点击量统计是 CPC 付费的基础。

4. 指标应用

广告点击量通常反映广告的投放量。

(三)广告到达率(Reach Rate)

1. 指标名称

广告到达率。

2. 指标定义

网民通过点击广告进入被推广网站的比例称为广告到达率。

3. 指标说明

(1)统计周期通常有小时、天、周和月等,也可以按需设定。

(2)被统计对象包括 Flash 广告、图片广告、文字链广告、软文、邮件广告、视频广告、富媒体广告等多种广告形式。

(3)广告到达量与广告点击量的比值称为广告到达率。广告到达量是指网民通过点击广告进入推广网站的次数。

4. 指标应用

(1)广告到达率通常反映广告点击量的质量，是判断广告是否存在虚假点击的指标之一。

(2)广告到达率也能反映广告着陆页的加载效率。

(四)广告二跳率(2nd-Click Rate)

1. 指标名称

广告二跳率。

2. 指标定义

通过点击广告进入推广网站的网民，在网站上产生了有效点击的比例。

3. 指标说明

(1)统计周期通常有小时、天、周和月等，也可以按需设定。

(2)被统计对象包括 Flash 广告、图片广告、文字链广告、软文、邮件广告、视频广告、富媒体广告等多种广告形式。

(3)广告带来的用户在着陆页面上产生的第一次有效点击称为二跳。二跳的次数即二跳量。广告二跳量与广告到达量的比值称为二跳率。

4. 指标应用

(1)广告二跳率通常反映广告带来的流量是否有效，是判断广告是否存在虚假点击的指标之一。

(2)广告二跳率也能反映着陆页面对广告用户的吸引程度。

(五)广告转化率(Conversion Rate)

1. 指标名称

广告转化率。

2. 指标定义

通过点击广告进入推广网站的网民形成转化的比例。

3. 指标说明

(1)统计周期通常有小时、天、周和月等，也可以按需设定。

(2)被统计对象包括 Flash 广告、图片广告、文字链广告、软文、邮件广告、视频广告、富媒体广告等多种广告形式。

(3)转化是指网民的身份产生转变的标志，如网民从普通浏览者升级为注册用户或购买用户等。转化标志一般是指某些特定页面，如注册成功页、购买成功页、下载成功页等，这些页面的浏览量称为转化量。广告用户的转化量与广告到达量的比值称为广告转化率。

（4）广告转化量的统计是进行 CPA、CPS 付费的基础。

4. 指标应用

广告转化率通常反映广告的直接收益。

（资料来源：《网络营销效果评估标准》，中国互联网协会网络营销工作委员会，2009 年 6 月 18 日）

任务二　网络广告效果评估指标

一、知识认知

知识点一　网络广告效果评估的内容

网络广告的效果评估是为了测量受众对网络广告的反应，受众对于网络广告的具体反应可以通过网络和数字技术被跟踪统计，广告主根据统计的受众行为数据进行效果评估。网络广告的效果评估关键在于有一套科学合理的评估标准，这是极其重要的一个议题，因此，国内外学者针对网络广告效果评估内容的研究均较为丰富，其中被广泛接受的是 AIDA 模式。

拓展资料　网络广告效果评估指标的评析与构建

1898 年，Elmo Lewis 首次提出了 AIDA 模型，是目前能追溯到的最早的广告模式。所谓 AIDA，指的是四个英文单词的首字母，即 Attention（引起注意）、Interest（激发兴趣）、Desire（刺激欲望）、Action（购买行为）。根据 AIDA 模式，网络广告首先要引起受众的注意，刺激消费者从兴趣到购买欲望最终做出购买行为，达成网络广告的经济（销售）效果。广告主可以依据 AIDA 的不同阶段来作为评估网络广告效果的标准，具体如图 8-6 所示。

拓展资料　网络广告效果界定及测评方法

图 8-6　AIDA 模型

第一阶段：A（Attention）——引起注意阶段。

当代人的生活节奏非常快，消费者的注意力十分有限，如果受众根本没有注意到广告主投放的网络广告，那么广告效果就无从谈起，因此，如何抓住目标客户的眼球至关重要。网络广告的效果评估第一步就是测量能够引起受众的注意。影响网络广告是否能够引起受众注意的因素很多，可分为广告主和受众两个方面。

拓展资料　评价广告效果的 AIDA 模型

从广告主方面来看：对于广告主而言，投放不同类型的网页，受众的注意力获取大不相同。例如，专业性较强的专业型网站用户基数小但目标客户相对集中，更加容易获得专业人员对所投放广告的注意。综合性较强的大型门户网站(如网易、搜狐等)或大型搜索网站(如百度、360等)用户基数大,相应获得的受众注意会更多。大型网站的用户基数大,曝光率高,引起的注意多,相对应的成本也更高。另外,网络广告的设计形式方面,互动视频、互动游戏或图片型的广告比文字型广告更能够引起受众的注意。网络广告投放的位置方面,如投放在网站首页且占据大量篇幅的广告也会比网页四周或两边的广告更容易引起注意和曝光。

在引起注意阶段,为了量化网络广告效果,一般用广告曝光次数来对引起注意的效果进行评估,而网络曝光次数的统计是CPM评价体系的基础。CPM是通用程度较高的网络广告投放的计费方式,其评价体系包括网站流量统计、页面流量统计、页面曝光时间、投放媒体的用户数量等多项指标。

从受众方面来看:首先,不同受众浏览网页的习惯并不同。有的消费者是带着目的进行网页的搜索和浏览的,那么,这部分受众更适合在专业网站投放网络广告;而有的消费者浏览网页的随意性较强,并无明确的目的,那么,综合性较强的大型门户网站或搜索网站更适合进行投放。其次,消费者页面浏览习惯的不同,对于广告主在网络广告的设计形式、投放位置等方面都要做出不同的选择。最后,消费者过往的购买经历、品牌忠诚度也会对引起注意阶段产生不同的影响,消费者过往的购买经历越丰富,品牌忠诚度越高,那么网络广告越能够引起注意。

第二阶段:I(Interest)——激发兴趣阶段。

经历了引起注意阶段筛选后的受众,即注意到投放广告的受众,针对网络广告的后续反应也不尽相同。部分受众在注意到网络广告并完成观看后兴趣度较高,会进一步搜索、了解产品或服务更多的详细信息,而部分受众在注意到网络广告后并不感兴趣,仅仅停留在第一阶段。只有能够激发受众的兴趣,吸引受众在注意网络广告后的双向沟通中选择进一步深入了解产品服务信息的才能达成广告主的目标,因此,能否激发受众兴趣是衡量网络广告效果的另一重要因素。

在激发兴趣阶段,一般用点击次数或点击率来评估受众是否对网络广告感兴趣。网络广告的点击次数是CPC评价体系的基础。CPC是通过网络广告链接到产品或服务详情页面次数的成本。其评估体系具体包括广告页点击的次数、广告页停留的时长、通过广告页链接到产品服务页面的次数等指标。

CPC与CPM评估的思路类似,与CPM评估体系相比,CPC评估体系有其独特的优势。例如,CPM体系的主要评价指标是曝光率,主要统计的是网络广告的浏览人数,即广告受到关注的具体情况。而CPC体系的主要评价指标是点击率,是已经浏览过网络广告且对产品服务有购买兴趣,希望能够深入、详细地了解产品服务详细信息。可以说,当对于CPM体系中受众仅仅是浏览过网络广告,CPC体系统计的受众在浏览网络广告后有进一步地点击了解详情的行为,其作为网络广告效果评估指标的优势更为明显。相对应的,CPC评估指标计算出的成本较CPM评估指标计算出的成本也更高,其成本差别可能达到上百倍,但CPC评估体系真实性更高,更加能够体现网络广告的真实效果。

CPC评估体系也存在着一些无法忽视的缺点,一是受众的点击行为不是出于对网络广告中产品服务的兴趣,而是对网络广告本身的设计、创意等方面的兴趣,那么受众最终不会进行购买,广告主的最终销售目的也无法达成;二是目前网络广告的数量基数非常大,面对如此数目繁杂的网络广告，多数受众都不会进行点击，导致网络广告的点击率极低，甚至低于 1%，极低的点击率也使 CPC 评估体系面临被替代的命运。

第三阶段：D(Desire)——刺激欲望阶段。

AIDA 模型的第三个阶段指的是刺激欲望。广告主投放网络广告的最终目的多是刺激销售或提升品牌形象，如果受众通过网络广告注意到了广告主的产品或服务，并产生了兴趣，下一步最重要的就是激发受众的购买欲望。

市场营销学中有一个经典的关于有效市场的公式：市场＝人口＋购买力＋购买欲望。由此可见，购买欲望是促成受众最终购买行为的必要条件。那么，如何通过量化的指标来衡量网络广告在刺激受众购买欲望方面的效果呢？答案是详情页浏览次数和受众交互次数。详情页浏览次数之于网络广告效果的评估，与收视率之于电视广告效果的评估，已然成为广告主对网站和网络广告效果评估的重要尺度之一。

详情页浏览次数指的是在一定时期内，所有浏览者对广告主的产品服务详细页面总的阅读浏览次数。受众注意到了网络广告，对网络广告中的产品服务产生了一定的兴趣后进入广告主的产品服务详情页面，他可能就产生了购买欲望。网页计数器可以统计详情页并浏览访问的次数，广告主产品详情页浏览次数可以在一定程度上体现网络广告对受众购买欲望的刺激效果。实践中，用详情页浏览次数来评估广告效果时，也存在一定的问题，如存在部分顾客没有看过网络广告也对广告主的产品服务详情页进行了浏览被统计进入详情页浏览次数，部分受众通过网络广告打开了产品详情页面但并未仔细浏览，所以，详情页浏览次数和网络广告点击次数两者之间是存在一定差异的。但受限于当下技术的原因，难以精确地统计出通过网络广告而产生的详情页浏览次数的准确数字，只能用产品服务详情页浏览次数暂为估算。

受众交互次数指的是受众与广告主之间的双向沟通，包括受众的登录注册会员、在线咨询评价、在线填表等行为。由于使用详情页浏览次数评估网络广告效果存在一定的误差，在进行评估网络广告对购买欲望刺激的效果时，也可以用受众次数作为评估指标之一。受众与广告主之间的双向沟通是网络广告相对于传统广告模式而言所独有的优势，传统的四大媒体即报纸、广播、杂志、电视均属于单向传播，在实现交互性方面难度较大，而这一点通过网络广告这一渠道可以轻松实现，受众如在线咨询评价、在线问卷调查等互动行为必须以有购买欲望且详细阅读产品服务详情页为前提，因此，受众交互次数可以很好地体现网络广告在刺激购买欲望方面的实际效果。

在刺激购买欲望阶段，用受众交互次数或页面浏览次数来评估受众是否存在购买欲望。受众交互次数是 CPR 评价体系的基础。CPR 指标体系包括产品服务详情页的注册数、受众在线咨询次数、受众在线填写调研问卷等指标。

与前述的 CPM 和 CPC 相比，CPR 评估体系的显著优势在于能够对受众与广告主之间的双向互动进行有效评估，这一点非常契合现代营销理念中以消费者为中心的思想。通过受众提交的咨询与评价、调查问卷结果分析等反馈信息，广告主可以深度了解受众的真实想法和需求，进一步丰富网络广告的内容，完善网络广告投放方案，从而提升网络广告对受众的吸引力，实现良性循环。

CPR 评估体系的优势是显而易见的，但其也存在着一些不足，如广告主投放网络广告的目的在于促进销售或提升品牌形象。对于促销类性质的网络广告，广告主一般会投入大量的营销资源，受众为了获取促销激励或优惠幅度，参与占据较长时间的调查问卷、意见或意见反馈的互动类活动的意愿相对会较高，但对于受众提出的在线评论、意见或建议等，很多属于受众的感性描述，对数据分析人员的能力要求较高，否则难以量化受众真实的需求反映；对于形象类性质的网络广告，一般来说，广告主投入的营销资源偏少，而互动类活动占用时间较长，受众的参与度相对较低，使用 CPR 评估体系就会显得力不从心了。

第四阶段：A（Action）——购买行为阶段。

购买行为阶段是 AIDA 模型的最后一个阶段。在经历了引起注意、激发兴趣、刺激欲望一系列的受众心理效果阶段以后，受众将心理活动转化为实际购买行为。购买行为阶段也是广告主非常关注的一个阶段，多数广告主投放网络广告的目的都是促进销售。在网络广告的效果评估中，如果能够证实网络广告确实促进了某种程度的购买行为的扩大，则网络广告应该被认为是有效的。与传统广告形式相比，网络广告在评估促进销售方面独特的优势在于统计点击网络广告后发生购买行为较为便捷。

"转化"是购买行为阶段的核心词。"转化率"一词最早由美国 Adknowledge 公司在一篇调研报告中提出，指的是受众因受到网络广告的影响而形成购买，转化次数/网络广告的曝光次数即转化率。转化次数与转化率越高，说明网络广告的销售效果越好，广告主的最终目的也得以实现。

在购买行为阶段，通常用在线购买次数来评估受众是否产生了购买行为。在线购买次数是 CPA 评价体系的基础。CPA 是指广告主获得一次受众的购买行为所需要付出的成本。这里购买行为的范围包括实际购买行为、未实际购买但可以获得客户资料、未实际购买但可以进行消费者跟踪等。将未实际购买但可以获得客户真实资料及可以进行消费者跟踪的信息纳入购买行为范围的原因是对于网络广告效果的衡量，除其促进的直接的在线订单外，虽然考虑没有在线上购买但通过信息获取与消费者跟踪产生的线下订单，但也在一定程度上考虑了网络广告对线下销售的影响。即 CPA 评估体系中对于购买行为的定义包括线上购买行为，同时，在一定程度上考虑了对线下购买的影响。

CPA 评估体系包括在线订单数、提供购买意向者真实信息等指标。其优势在于，一是通过每行动成本的评估模式，使广告主与互联网网站之间收益共享、风险共担；如果网络广告投放成功，则双方均获益；如果网络广告投放失败，则双方共同承担风险。二是 CPA 评估体系中对购买行为的定义除在线购买外，还包括提供获取的客户资料及通过网络广告与广告主联系的客户信息，这些客户信息资料是广告主获得的宝贵资源。后期广告主可以通过对客户资料进行大数据分析，深度研究他们的需求、习惯、消费周期等行为数据，定期推送优惠信息、促销活动、文字链接广告等方式，使这批客户从潜在购买者到实际购买者最终发展成为广告主的忠诚客户。

与其他几种评估体系类似，CPA 评估体系也存在自身的不足，例如，CPA 评估体系中对购买行为首先考虑的是线上购买行为，虽然在一定程度上考虑了网络广告对线下销售的影响，但没有将线下购买纳入统计中；其次，广告主投放网络广告的目的除促进销售外，还兼具提升品牌形象等长远效用，CPA 评估体系对于在提升品牌形象方面的效果体现不明显，也存在一定的局限性。

综上所述，针对网络广告效果的评估，主要测量的是网络广告针对受众在引起注意、激发兴趣、刺激欲望及购买行为方面的数据。四个阶段相对应的网络广告评估体系分别是CPM、CPC、CPR及CPA，具体见表8-2。

表 8-2　网络广告效果的评估内容及指标体系

评估内容	主要指标	评估体系	基本指标
A(引起注意)	网络广告曝光次数	CPM	广告曝光次数
			广告曝光时间
			网站用户数量
I(激发兴趣)	网络广告点击率	CPC	页面点击次数
			页面停留时间
			链接次数
D(刺激欲望)	受众交互次数	CPR	页面注册次数
			在线调查次数
			咨询评论次数
A(购买行为)	在线购买次数	CPA	在线订单数量
			客户信息资料
			客户跟踪咨询

上述针对网络广告效果内容的评估，是基于 AIDA 模型，在 Attention(引起注意)、Interest(激发兴趣)、Desire(刺激欲望)、Action(购买行为)四个不同的阶段均有一个主要评价指标。考虑到网络广告效果受到多方面因素的影响，也可以将不同阶段的评估指标赋予一定的权重，进行全面的综合评估。具体公式如下：

网络广告效果＝A(引起注意)×权重 1＋I(激发兴趣)×权重 2＋D(刺激欲望)×权重 3＋A(购买行为)×权重 4

至于权重的具体确定，可以通过对目标受众、广告主及广告公司相关工作人员发起广泛的调查，采用咨询法，由每位调查者分别对四个不同阶段指标重要性进行打分，从而确定最终权重。

上述介绍的是较为经典且接受度较高的 AIDA 模型，通过模型来解释广告效果全面且简洁，很多学者从不同的角度提出了不同的模型来研究广告效果。例如，1925 年，爱德华(Edward. k. StrongJr)在 AIDA 模型的基础上进行了拓展，提出了五环节模型。与 AIDA 模型相比，五环节模型增加了一个环节——M(Memory)记忆阶段，即在激发购买欲望阶段之后与产生购买行为阶段之前，加入了对广告主产品服务的记忆，这样可以更好的解释受众购买行为的心理过程。五环节模型如图 8-7 所示。

1961 年，广告学家罗杰提出 DAGMA(Defining Advertising Goals for Measured Advertising Resultes)理论。该理论也是一种进行广告效果评估的重要理论依据。DAGMA 模式重在研究广告的传播效果，它的核心理念认为广告的目的是沟通而不是销售，广告信息的传播历经知名、了解、信服和行动四个阶段，如图 8-8 所示。

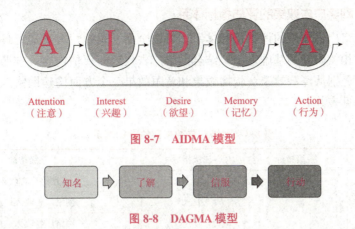

图 8-7 AIDMA 模型

图 8-8 DAGMA 模型

2000 年，美国广告资讯与娱乐联盟制定了"交互式媒体受众的测算指导原则"，CASIE 明确地构建了网络广告效果的基本评价原则，具体包括访问数、点选率、最长访问的页面、最短访问的页面、用户人口页面、用户退出页面等 12 项指标。

2005 年，日本电通公司提出的 AISAS 模式中描述的网络广告效果是从消费者注意（A）到引发兴趣（I），再到形成搜索（S），继而引发购买行为（A），最后进行分享评价（S），如图 8-9 所示。AISAS 模式是在被广泛接受的 AIDA 模式基础上发展而来的，从其作用原理可以看出，广告主对广告效果的研究较为关注心理效果层面。

图 8-9 AISAS 模型

关于广告效果，研究者提出的理论模型还包括 FCB 模式、尼科利亚模式及层级效果模式等，具体见表 8-3。

表 8-3 广告效果评估模型

提出时间	模型名称	提出者	主要内容
1898 年	AIDA	李维斯	注意—兴趣—欲望—行动
1925 年	AIDMA	爱德华	注意—兴趣—欲望—记忆—行动
1961 年	DAGMA	罗杰	知名—理解—信服—行动
1961 年	层级效果模式	李维奇	认知—了解—喜欢—偏好—确信—购买
1966 年	尼科利亚模式	尼科利亚	信息—态度—购买—反馈
1980 年	FCB	理查德	理性/感性，高/低涉入度
2000 年	CASIE	美国广告咨询联盟	网络广告效果评价 12 项原则
2005 年	AISAS	日通公司	注意—兴趣—搜索—行动—分享

知识点二　网络广告效果的评估指标体系

通过构建网络广告效果的评估指标体系，可以全面、系统、客观地评价网络广告的具体效果。本书在相关研究的基础之上，结合网络广告效果的评估内容，按照网络广告效果最常见的分类，分别从经济效果、传播效果和竞争效果三个方面构建网络广告效果评估的指标体系，具体见表 8-4。

表 8-4　网络广告效果评估指标体系

	一级指标	二级指标	三级指标
网络广告效果评估指标体系	经济效果	收入	网络广告收入
			网络广告收入增长率
			网络广告收入达成率
		成本	单位网络广告成本销售率
			单位网络广告成本利润率
		利润	网络广告投资回报率
			网络广告销售利润率
			网络广告利润增长率
	传播效果	注意	网络广告曝光率
			网络广告曝光量
		兴趣	网络广告点击率
			页面浏览次数
		欲望	受众新注册量占比
			受众偏好度
		行为	受众新下单量占比
			网络广告订单转化率
	竞争效果		市场扩大率
			相对曝光率
			相对投资回报率

1. 网络广告的经济效果评估指标

促进销售、提高利润是网络广告的最终目的。网络广告的经济效果主要反映在广告主所投入的网络广告费用与产品服务销量之间的比例关系。经济效果的测定是以网络广告带动的产品服务销量增长幅度作为评估标准的。

（1）网络广告销售收入。

①网络广告收入指标。网络广告收入指的是受众因为受到网络广告的影响，购买了广告主的产品服务，从而给广告主带来的销售收入。其计算公式如下：

$$R = P \times N$$

式中，R 代表广告主获得的网络广告收入；P 代表产品服务单价；N 代表受众受到网络广告的影响所购买的产品服务数量。

②网络广告收入增长率指标。网络广告收入增长率是指广告主投放网络广告后的销售收入增长情况。其计算公式如下：

$$Rr=(R2-R1)/R1$$

式中，Rr 是 Rate of Rise 的英文简称，代表投放网络广告后广告主的销售收入增长率；R2 代表投放网络广告后广告主的销售收入；R1 代表投放网络广告前广告主的销售收入。

③网络广告收入达成率指标。网络广告收入达成率是指投放网络广告后的实际销售收入与网络广告计划销售收入的比值，达成率越高，说明网络广告越符合预期情况。其计算公式如下：

$$Ar=RR/AR$$

式中，Ar 是 Achieving Rate 的英文简称，代表网络广告收入达成率；RR 是 Real Revenue 的英文简称，代表广告主投放网络广告后的实际销售收入；AR 是 Anticipate Revenue 的英文简称，代表广告主投放网络广告前预期的计划销售收入。

(2)网络广告成本。

①网络广告费用指标。网络广告费用指标是指为了达成广告主的目标，而付出的网络广告费用支出。网络广告费用的计算方式有多种，常见的几种类型见表 8-5。

表 8-5 网络广告费用计算公式

计算方式	计算公式
CPM(千人印象成本)	CPM=网络广告总成本/(网络广告总曝光次数/1 000)
CPC(每点击成本)	CPC=网络广告总成本/网络广告总点击次数
CPR(每回应成本)	CPR=网络广告总成本/受众总回应次数
CPA(每行动成本)	CPA=网络广告总成本/受众转化次数
CPT(单位时间成本)	CPT=网络广告总成本/网络广告投放时间

②单位网络广告成本销售率指标。单位网络广告成本销售率指标是指广告主所投入一单位的广告费用，能够获得的销售额。其计算公式如下：

$$Cr=(R2-R1)/C$$

式中，Cr 是 Cost rate 的英文简称，代表单位网络广告成本销售率；R2 代表投放网络广告后广告主的销售收入；R1 代表投放网络广告前广告主的销售收入；C 代表网络广告成本费用。

③单位网络广告成本利润率指标。单位网络广告成本利润率指标是指广告主所投入一单位的广告费用，能够获得的利润额。其计算公式如下：

$$Cr=(P2-P1)/C$$

式中，Cr 是 Cost rate 的英文简称，代表单位网络广告成本利润率；P2 代表投放网络广告后广告主的销售利润；P1 代表投放网络广告前广告主的销售利润；C 代表网络广告的成本费用。

(3)网络广告利润。

①网络广告投资回报率指标。网络广告投资回报率指标是指广告主投放网络广告所获得的销售收入与付出的网络广告成本之间的比值。其计算公式如下：

$$ROI＝R/C$$

式中，ROI 是 Return on Investment 的英文简称，代表广告主的投资回报率；R 代表投放网络广告后广告主的销售收入；C 代表广告主付出的网络广告费用。

②网络广告销售利润率指标。网络广告销售利润率指标是指广告主投放网络广告后所获得的利润额与销售额之间的比值，或者说投放网络广告后单位销售收入中利润所占的比例。其计算公式如下：

$$Pr＝P/R$$

式中，Pr 是 Profit rate 的英文简称，代表网络广告销售利润率；P 代表投放网络广告后广告主的销售利润；R 代表投放网络广告后广告主的销售收入。

③网络广告利润增长率指标。网络广告利润增长率指标是指广告主投放网络广告后获得的利润增长比例。其计算公式如下：

$$Pr＝(P2－P1)/P1$$

式中，Pr 是 Profit rate 的英文简称，代表网络广告利润的增长率；P2 代表广告主投放网络广告后的利润额；P1 代表广告主投放网络广告前的利润额。

2. 网络广告的传播效果评估指标

网络广告的最终目的可以概括为两个方面：一是增加销售，提高利润；二是改善形象，促进传播。而网络广告的传播效果具体体现在通过网络广告影响受众的心理变化，包括接触网络广告、注意网络广告、产生购买兴趣与欲望，继而由心理变化转化为行为的变化。因此，传播效果指标在网络广告效果评估指标体系中占据重要的地位。

(1)网络广告的注意阶段指标。

①网络广告曝光率指标。网络广告曝光率指标是指单位时间内展示的次数。某网络媒体浏览量是 10 000 人/天，如果网络广告独占某一广告位，那么曝光率为 1：1；如果该广告位轮流展示 6 个广告，那么该广告的曝光率为 1/6。其计算公式如下：

$$ER＝1/N$$

式中，ER 是 Exposure Rate 的英文简称，代表网络广告的曝光率；N 代表某一广告位每日发布的网络广告个数。

②网络广告曝光量指标。网络广告曝光量指标是指网络广告展示的次数。某网络媒体浏览量是 10 000 人/天，如果网络广告独占某一广告位，那么曝光量为 10 000；如果该广告位轮流展示 6 个广告，那么该广告的曝光量为 10 000/6。其计算公式如下：

$$E＝V/N$$

式中，E 是 Exposure 的英文简称，代表网络广告的曝光量；V 代表网络媒体的每日浏览量；N 代表某一广告位每日发布的网络广告个数。

(2)网络广告的兴趣阶段指标。

①网络广告点击率指标。网络广告点击率指标是指网络广告的点击量与曝光量的比值，点击率体现网络广告内容受关注的程度。其计算公式如下：

$$CR＝C/E$$

式中，CR 是 Click-through Rate 的英文简称，代表网络广告的点击率；C 代表网络广告的点击量；E 代表网络广告的曝光量。

②页面浏览次数指标。页面浏览次数指标是指所有受众对产品服务详情页的总浏览阅读次数，页面浏览次数指标非通过公式计算，而是通过网页计数器来统计受众的访问次数。

（3）网络广告的欲望阶段指标。

①受众新注册量占比指标。受众新注册量占比指标是指受到网络广告影响，受众新注册量占广告主总用户注册量的比值，体现了受众对网络广告内容进一步了解的欲望程度。其计算公式如下：

$$R=N/A$$

式中，R 代表受众新注册量占比；N 代表受众新注册量；A 代表总体的注册量。

②受众偏好度指标。受众偏好度指标是指受众在了解网络广告后，将网络广告传递的信息与自身偏好进行对比，喜爱网络广告中的产品服务的占比。

（4）网络广告的行为阶段指标。

①受众新下单量占比指标。受众新下单量占比指标是指受到网络广告的影响，受众新下单量占总订单量的比例。其计算公式如下：

$$R1=N1/A1$$

式中，R1 代表受众新下单量占比；N1 代表受众新下单量；A1 代表总体的订单量。

②网络广告订单转化率指标。网络广告订单转化率指标是指受到网络广告影响产生的订单量占网站访客量的比例。其计算公式如下：

$$CTR=N/UV$$

拓展资料 CTR 发布 2020 中国广告市场趋势

式中，CTR 代表订单转化率；N 代表受到网络广告影响产生的订单量；UV 代表网络的独立访客数。

3. 网络广告的竞争效果评估指标

（1）市场扩大率指标。市场扩大率指标是指投放网络广告后广告主的市场占有率与投放网络广告前广告主的市场占有率的比值。其计算公式如下：

$$R=MS2/MS1$$

式中，MS 是 Market Share 的英文简称，代表市场占有率；R 代表市场扩大率指标；MS2 代表投放网络广告后的市场占有率；MS1 代表投放前的市场占有率。

（2）相对曝光率指标。相对曝光率指标是指广告主的网络广告曝光量与对标竞争对手的网络广告曝光量的比值。其计算公式如下：

$$RR=E1/E2$$

式中，RR 是 Relative Rate 的英文简称，代表相对曝光率；E1 代表广告主的网络广告曝光量；E2 代表竞争对手的网络广告曝光量。

（3）相对投资回报率指标。相对投资回报率指标是指广告主的投资回报率与对标竞争对手的投资回报率的比值。其计算公式如下：

$$RR=ROI1/ROI2$$

式中，RR 代表相对投资回报率；ROI1 代表广告主自身的投资回报率；ROI2 代表竞争对手的投资回报率。

二、知识训练

CPM 是什么？如何进行计算？

许多企业或产品都进行广告投放，以此来吸引一些新顾客或意愿顾客，但是这类资金投入的方式也必须记入成本，这时很有可能就会参考 CPM，下面便是有关 CPM 的详尽论述。

CPM 是指由某一媒介或媒介广告宣传排期表所送到 1 000 人所需的成本。现阶段，CPM 早已从"按广告宣传每千次被展现收费标准"的广告宣传方式变成互联网广告的基础专业术语。这可用于测算一切新闻媒体、一切人口数据人群及一切总成本。

它便捷地表明一种新闻媒体与另一种新闻媒体、一个新闻媒体排期表与另一新闻媒体排期表相对性的成本。上千人成本并不是广告商评价新闻媒体的唯一标准，仅仅为了更好地对不一样的新闻媒体开展评估，迫不得已而制定的一个相对性指标值，是评价一个媒体价值的数据。其计算公式如下：

CPM＝网络广告总成本/网络广告总曝光次数×1 000

上千人成本公式计算是一种均值公式计算，没有实际的新闻媒体特性的参考规范，无论该新闻媒体应对哪种人群，全是一种结果。

假如广告宣传在某书或报纸中发表，那么该广告宣传显露机遇在全部阅读者人群中是100%，可是事实上依据阅读者阅读习惯和兴趣爱好、要求，显露机遇事实上并不太可能有那么多，也可能是 50%，也很有可能是 0%，另外，真可以留有印象的仅仅是非常少一部分。

CPM 的评估劣势在于广告精准度相对会低一些，对广告创意要求更高。同时也需要承担一定风险，因为不容易对流量进行监控，且单纯的广告展示是否能带来相应的收益，是由广告主来估计和控制其中的风险。另外，广告放置的位置不同，关注率也不同，却需要付相同的价格，很容易造成浪费。

讨论：通过对该案例的了解，如果某企业投放网络广告的总曝光次数是 100 万，网络广告总投入是 4 000 元，那么 CPM 是多少？

三、思政课堂

2020 十大感人广告之一——《在快手　点赞可爱中国》

广告名称：快手——点赞可爱中国

观看网址：https://www.bilibili.com/video/BV1gJ411L75o

广告背景：2020 年 1 月 4 日，央视《新闻联播》后的 120 秒，首次留给一部品牌广告片——《在快手点赞可爱中国》。在广告片中，快手通过 40 位用户的生活琐碎，拼凑出中国人的可爱面貌，用这支前所未有的暖心大片，献给所有快手用户和每位可爱的中国人。

广告创意与视觉设计：《在快手　点赞可爱中国》里，快手没有将镜头聚焦在流量红人或大热明星，而是对准了一个个普通人，对准了在日常生活里努力拼搏、努力奋进的"你"。从创立伊始，快手就一直将"用科技提升幸福感"作为服务用户的宗旨，记录生活的点滴，与所有人分享真实有趣的生活。

这个广告的主题全篇紧扣快手这款软件的初衷，就是记录你认为需要记录的一切，而这一切都是转瞬即逝的，所以，也把快手自己的名字表现在了里面。而成就快手的就是每位使用中的客户。广告调色上以暖色为主，使观看者感觉到温暖、熟悉，它就在你身边。

广告选取了几个具体人物：训练到哭的小男孩、励志改变环境的年轻人、离开父亲的女儿、为生活奔波的夫妇和害羞的跳舞女孩。这是五个场景、五种生活、无数精彩及无数快手用户和中国人民的可爱缩影，而这些都被快手珍藏。

根据 ROI 原则来看，相关性原则（Relevance）体现在视频中的记录者都是"快手用户"这一形象，他们记录着琐碎生活中令人感动的点滴，而这就是快手的理念与价值观，发现可爱的生活与可爱的中国人；原创性原则（Originality）则体现在快手作为中国几大短视频平台巨头之一，首次利用央视新闻联播结束后的时间做电视广告，通过文化营销的方式，以及独特的运镜与脚本调动观众的情感，提升了大众心中"快手"的品牌形象；震撼性原则（Impact）体现在这一广告打破了大众对于"快手＝土"的刻板印象，震撼的画面切换与前后反差，凸显生活的"可爱感"，震撼的音乐起伏跌宕，笑与泪都在广告中体现得淋漓尽致（图 8-10）。

图 8-10　《在快手点赞可爱中国》宣传片

（资料来源：《在快手点赞可爱中国》广告案例分析，知乎，无问西东，编辑于 2022 年 3 月 30 日）

四、知识扩展

2021 年中国网络广告年度洞察报告

根据艾瑞咨询数据显示，2020 年中国网络广告市场规模达 7 666 亿元（图 8-11），同比增长率为 18.6％，比 2019 年预计增长率低了 4.1％。2020 年中国网络广告市场规模的增速显著放缓，主要是受到疫情影响，部分品牌方对网络广告预算重新进行了配置与规划。随着品牌方的市场信心不断恢复，商业活跃度进一步提高。未来三年，中国网络广告市场将继续以 17％的年复合增长率保持稳定的增长态势，而品牌方对营销精细化、效率化和数智化的转型与追求，是网络广告市场产业链中各方共同努力的方向，也是推动未来网络广告市场继续增长的核心驱动力。

拓展资料　2021 年中国网络广告年度洞察报告—产业篇

注释：1.网络广告市场规模按照媒体收入作为统计依据，不包括渠道代理商收入；2.此次统计数据包含搜索联盟广告收入，也包含搜索联盟向其他媒体网站的广告分成；3.此次统计数据，结合全年实际情况，针对2020年前三季度部分数据进行微调。
来源：根据企业公开财报、行业访谈及艾瑞统计预测模型估算。

©2021.9 iResearch Inc.

图 8-11　2016—2023 年中国网络广告市场规模

2020 年，中国网络广告不同形式的份额构成仍然在持续调整(图 8-12)，其中电商广告与信息流广告占比继续上升，分别以 39.9% 和 32.9% 的市场份额位居前两大广告形式。尤其是信息流广告成为增长最为显著的形式版块，主要原因是各类媒体纷纷开始深化信息流内容布局，进一步增加了信息流广告的商业化空间(图 8-13)。

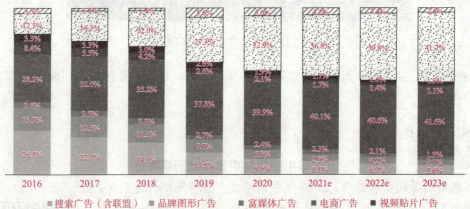

注释：1.搜索广告包括搜索着急字广告及联盟广告。2.电商广告包括垂直搜索类广告以及展示类广告等，例如淘宝、去哪儿及导购类网站，包括拼多多等社交电商的广告营收。3.分类广告从2014年开始核算，仅包括58同城、赶集网等分类网站的广告营收，不包含搜房等垂直网站的分类广告营收。4.信息流广告从2016年开始独立核算，主要包括社交、新闻资讯、视频网站中的信息流品牌及效果广告等。信息流广告收入以媒体实际收入为准，未考虑企业财报的季节性波动而导致的收入误差。5.其他形式广告包括内容营销、导航广告、电子邮件广告等。其中，内容营销为2019年开始加入核算。
来源：根据企业公开财报、行业访谈及艾瑞统计预测模型估算。

©2021.9 iResearch Inc.

图 8-12　2016—2023 年中国不同广告形式网络广告市场份额

中国网络广告产业图谱

图 8-13　中国网络广告产业图谱

　　在网络广告品牌目标的规划上（图 8-14），更多的广告主依旧把"提升品牌知名度和美誉度"排在首位，而疫情、极端天气灾害等社会事件的发生，也使"提升品牌社会责任感"这一目标从 2019 年的最末位上升至第三位。在效果目标的规划上（图 8-15），以客户为导向仍是营销目标的核心，"拓展拉新业务，提升新客户的转化率"和"维护既有客户，提高客户留存率与活跃度"分别位列前两位，单纯地扩大规模提高声量不再是唯一选项，对于新客户的拓展和老客户的运营，保护高留存率和高活跃度成为新阶段营销工作的重点。

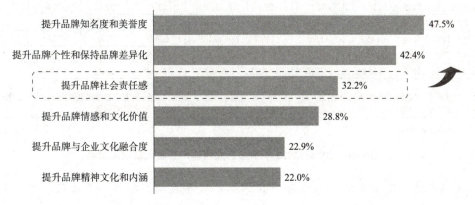

注释：118个广告主参与调研获得。
样本：N=118，于2021年7月通过多方调研平台获得。
©2021.9 iResearch Inc

图 8-14　2021 年中国广告主对于网络广告品牌目标规划情况

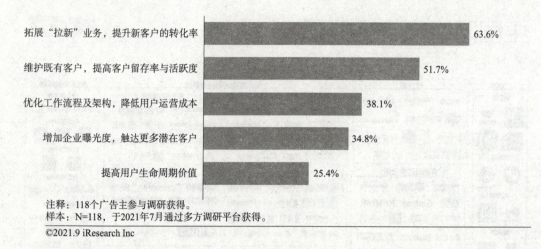

注释：118个广告主参与调研获得。
样本：N=118，于2021年7月通过多方调研平台获得。

©2021.9 iResearch Inc

图8-15　2021年中国广告主对于网络广告效果目标规划情况

2020年，中国五大媒体广告收入规模达 8 729 亿元，较 2019 年增长 12.9%，其增长主要来自网络广告收入规模的扩大。受疫情影响，受众户外活动场景受限，居家和室内活动时段变多，媒介接触习惯进一步发生改变；同时，互联网技术的升级创新了网络广告的玩法，进而达到更优质的传播效果，因此，网络广告的价值越发凸显，推动广告主将更多的广告预算向网络广告倾斜，使网络广告成为疫情期间收入规模增长最为可观的广告形式（图8-16）。

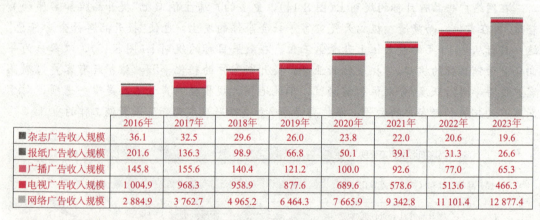

	2016年	2017年	2018年	2019年	2020年	2021年	2022年	2023年
■杂志广告收入规模	36.1	32.5	29.6	26.0	23.8	22.0	20.6	19.6
■报纸广告收入规模	201.6	136.3	98.9	66.8	50.1	39.1	31.3	26.6
■广播广告收入规模	145.8	155.6	140.4	121.2	100.0	92.6	77.0	65.3
■电视广告收入规模	1 004.9	968.3	958.9	877.6	689.6	578.6	513.6	466.3
■网络广告收入规模	2 884.9	3 762.7	4 965.2	6 464.3	7 665.9	9 342.8	11 101.4	12 877.4

来源：广播广告及电视广告数据来源国家广电总局及《广电蓝皮书》，报纸广告及杂志广告参考国家工商行政管理总局及《传媒蓝皮书》，网络广告市场收规模根据企业公开财报、行业访谈及艾瑞统计预测模型估算。

©2021.9 iResearch Inc.

图8-16　2016—2023年中国五大媒体广告收入规模及预测

（资料来源：艾瑞咨询，2021年中国网络广告年度洞察报告—产业篇　中国广告网 2022年1月20日）

任务三 网络广告效果评估流程与方法

一、知识认知

知识点一 网络广告效果评估流程

为了获得理想的网络广告效果评估结果，在实际操作过程中，应该要遵循恰当的流程，使用科学的评估方法与手段，才能对网络广告的效果进行准确的评估。一般来说，网络广告效果的评估流程如图 8-17 所示。

确定评估目标 → 制订评估计划 → 搜集分析数据 → 撰写评估报告

图 8-17 网络广告效果评估流程

1. 确定评估目标

网络广告效果评估的第一个关键步骤是确定评估目标。广告主投放网络广告的目的不尽相同，有的是为了促进销量的提升，有的是为了提高企业的品牌形象，有的是为了获得更有利的竞争地位。因此，作为效果评估人员，必须确定评估的目标，将广告主迫切希望了解的效果指标作为评估的重点。

在本项目的任务二中，已经详细剖析了网络广告的经济效果、传播效果和竞争效果对应的二级指标，了解到广告主投放网络广告的最终目的，继而需要在二级指标中确定网络广告效果评估的 KPI 指标。确定效果评估的 KPI 指标，除考虑广告主的最终目的外，还需要考虑以下因素：一是数据的可获得性，即是否能够获得效果评估指标的相关数据，如竞争效果指标方面是否能够获取到竞争对手的相关数据，如果不能获得基础数据，那么效果评估指标的确定是没有意义的。因此，在满足评估目的的前提下，应尽可能选择行业内通用的评估指标，保证数据来源的便捷性。二是数据的契合性，如果广告主最终是为了促进销售，那么选择经济效果的二级指标更合适，选择传播效果、竞争效果的二级指标作为评估目的与最终的广告目标匹配度较低。

2. 制订评估计划

确定评估目标后，下一步需要制订详细的评估计划。一份完善的网络广告效果评估计划应当包含网络广告投放前、投放中及投放后三个阶段的计划安排。具体如下：

（1）网络广告投放前。在制订评估计划之前，根据广告主的最终目的，已经确定了网络广告效果评估的 KPI 指标。在正式投放前，评估工作人员需要结合历史经验数据和同行对标数据对制定的效果评估 KPI 指标完成度情况进行预估。如果预估完成的效果评估指标与制定的目标差异较大，则需要对制定的 KPI 指标值进行修正。

（2）网络广告投放中。网络广告的效果评估不仅需要关注投放后的成效情况，还需要对网络广告投放前、投放中的情况进行实时的监测。具体监测内容包括每日的指标值情况、环比变化情况、是否异常、异常情况原因等，广告在投放过程中的运营数据监测十分重要，尤其是对异常突发情况的"零报告"制度，能够避免突发情况导致的异常情况，避免给广告主带来的意外损失。

（3）网络广告投放后。网络广告投放后的阶段是进行效果评估的重点阶段，在此阶段的评估内容包括效果评估 KPI 的完成情况、未完成的具体原因、超额完成的经验总结、网络广告投放活动总结、下一步广告投放计划及建议等。评估工作人员应当详细了解受众对网络广告与产品服务的意见、态度及建议，并将调查的结果与网络广告投放前确定的目标进行对比，以便对网络广告的效果进行全面评估。

3. 搜集分析数据

搜集分析数据是网络广告效果评估的第三阶段，需要完成两项任务：一是效果评估 KPI 指标数据的搜集；二是对搜集到的原始数据进行整理分析。

数据搜集阶段的搜集方法包括一手资料收集法和二手资料收集法两类。一手资料收集包括通过网页统计器收集、CATI 调查、电子邮件调查、线上调研问卷、观察法等方式收集相关的原始数据；二手资料收集以文案调查法为主。

数据分析阶段，为了更有效率地进行数据的分类、整理和统计，需要制定数据统计模板，以更好地反映网络广告在吸引注意、刺激兴趣、诱发欲望及促进购买方面的具体效用。

4. 撰写评估报告

网络广告效果评估流程的最后一个步骤是撰写评估报告。一般来说，一份完整的网络广告效果评估报告应包括以下几个方面的内容：

（1）评估目的；

（2）评估对象；

（3）评估方法；

（4）效果分析：经济效果分析、传播效果分析、竞争效果分析；

（5）后期建议。

知识点二　网络广告效果评估方法

常见的网络广告效果评估方法包括以下几种，具体如图 8-18 所示。

1. 单一指标评估法

单一指标评估法适用广告主投放网络广告的目标十分明确、简单，选择一项效果评估指标即可进行有效衡量。

如果广告主只关心通过投放网络广告可以给企业带来的收入增长情况，那么选用网络广告经济效果中的网络广告收入指标。一是通过网络广告收入指标在投放前后的对比数据可以评估网络广告的效果；二是可以通过网络广告收入指标的实际完成值与预期值的对比数据衡量网络广告的效果。同样，如广告主只关心传播效果、心理效果某一方面的表现，均可以采用单一指标评估法这一操作较为简单便捷的评估方式进行衡量。

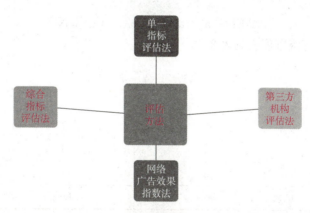

图 8-18　网络广告效果评估的方法

2. 综合指标评估法

综合指标评估法是与单一指标评估法相对应的一种评估方式。其适用广告主对于投放网络广告的目标较为多元化，需要选择多项效果评估指标方可进行有效衡量的评估方法。

如果广告主希望了解网络广告获取经济效果、传播效果、竞争效果等多个方面的表现，那么需要选取多个评估指标。综合指标评估法在应用过程中最关键的步骤是确定每个评估指标的具体权重。具体计算公式如下：

网络广告效果＝经济效果指标×权重 1＋传播效果指标×权重 2＋竞争效果指标×权重 3

其中，经济效果指标、传播效果指标、竞争效果指标再进行细化，那么对应的权重系数也需要逐一细化确定。权重的确定可以通过德尔菲法（专家意见法）予以最终确定。

网络广告效果评估方法中的综合指标评估法能够很好地衡量网络广告在经济效果、传播效果、竞争效果等多方面成效。综合指标评估法中非常关键的一个步骤就是确定各项评估指标的权重，常用于确定指标权重的方法主要是德尔菲法或主观经验法，这两种方法都非常依赖专家的主观经验，需要专家依据过往的评估管理经验对各项指标进行赋权。但主观评价方法的精确度不高，可能导致最终的评估结果出现偏差。

为了更加科学、准确、客观地对网络广告效果进行评估，在评估指标权重的确定方法方面可以进行一定的优化，如采用定性和定量相结合的、系统的、层次化的层次分析法（Analytic Hierarchy Process，AHP）。

层次分析法的原理是将网络广告效果分解为不同的组成指标，并按照因素间的相互关联影响及隶属关系将指标按不同的层次聚集组合，形成一个多层次的分析结构模型，从而最终使问题归结为最低层相对于最高层（总目标）的相对重要权值的确定。使用层次分析法可以有效改善德尔菲法、主观经验法存在的主观性强、精确度低的问题，可以更加科学、客观地评估网络广告效果。

3. 网络广告效果指数法

网络广告效果指数法是介入单一指标评估法和综合指标评估法之间的一种评估方法。根据网络广告是否引起受众的购买行为和网络广告是否被受众所认知两个维度来评估网络广告的效果。AEI（网络广告效果指数指标）是指因网络广告而购买产品服务的人数占总调查人数的百分比。其计算公式如下：

$$AEI=[a-(a+c)\times b/(b+d)]/N$$

网络广告效果评级维度表见表8-6。

表8-6 网络广告效果评级维度表

评价维度		认知		合计人数
		是	否	
购买	是	a	b	a+b
	否	c	d	c+d
合计人数		a+c	b+d	N

其中：

(1)b/(b+d)是自然购买率，即未投放网络广告情况下的自然购买率。

(2)a×b/(b+d)是剔除看过网络广告且购买人数中的自然购买人数，即这部分人即使未观看网络广告也会选择购买，故在评估网络广告效果时需要将其剔除。

(3)c×b/(b+d)是剔除看过网络广告且未购买的人数乘以自然购买率，即网络广告的负面影响，存在部分本来在自然状态下会购买的人观看网络广告后不予购买。

(4)N=a+b+c+d是总的调查人数。

4. 第三方机构评估法

权威的第三方网络广告监测评估机构可以提供全面而准确的统计数据，目前，主流的第三方监测系统包括CNNIC(中国互联网络信息中心)、Alexa(免费提供网站流量信息的公司)、DCCI(中国互联网监测研究权威机构和数据平台)等。

第三方机构的网络广告效果追踪测评工具可以在技术层面对服务器日志、广告代码等进行综合统计，同时，可以在市场层面监测受众对网络广告的认知、评价、购买行为。网络广告投放过程中可以做到实施监测预警，投放后可以实现海量数据的动态分析，有效避免网站自行监测提供虚假效果数据的情况。

二、知识训练

微信朋友圈广告：助力品牌与用户互动，传播 BMW M2 运动魅力！

宝马集团是全世界最成功的汽车和摩托车制造商之一，旗下拥有 BMW、MINI 和 Rolls-Royce 三大品牌。

宝马 M2 通过视频广告灵活的表现能力，使用外层文案和视频抛出互动问题并吸引用户在 H5 中进行竞猜互动。通过广告，用户不仅能参与竞猜，还可以通过视频了解 M2 优越的操控能力，进而申请试驾。广告获得了大量用户的好评和超出预期的销售线索，让 M2 这款个性运动车型迅速在人群中打响。

1. 投放目标

提升产品关注度与社交媒体热度。M2 是一款个性化极强，且代表了宝马品牌运动精髓的车型。宝马希望能够为这款车营造社交话题与互动。微信作为国内主流的社交媒体，可以让客户的创意快速触达目标人群，并激发用户与广告社交互动，实现客户的推广目标。

2. 投放方案

朋友圈视频广告具备灵活的表现力，宝马在朋友圈外层以"超模 Gigi Hadid 到底上了谁的车？"作为文案，以小视频展现视频的前半段。此次宝马没有使用长视频，而是引导用户进入 H5 查看视频后半段并参与竞猜。H5 内用户可以在视频中充分了解 M2 良好的操控性能，并可以在竞猜后同步申请试驾。整个广告用户体验流畅，创意吸睛，取得了良好的互动效果和试驾转化效果。

3. 投放效果

投放效果如图 8-19 所示。

| **87**万 | **+233**万 | **↑100%** |
| 竞猜活动参与人数 | 总社交互动次数 | 互动率较行业水平提升 |

图 8-19　投放效果

（资料来源：微信朋友圈广告：助力品牌与用户互动，传播 BMW M2 运动魅力！https：//www. sohu. com/a/275852615_303880）

讨论：请结合上述案例，为了有效地评估宝马 BMW M2 广告效果，请拟定初步的评估流程及步骤。

三、思政课堂

遵守《互联网广告管理办法》，树立正面企业形象

2021 年 11 月 26 日，国家市场监督管理总局网站发布《互联网广告管理办法(公开征求意见稿)》并公开征求意见。

国家市场监督管理总局表示，为进一步完善互联网广告监管制度，增强互联网广告监管的科学性、有效性，促进互联网广告业持续健康发展，根据《广告法》等法律，市场监管总局在修订《互联网广告管理暂行办法》的基础上，起草了《互联网广告管理办法(公开征求意见稿)》，现向社会公开征求意见。

征求意见稿要求，互联网广告应当具有可识别性，能够使消费者辨明其为广告。通过互联网媒介，以竞价排名、新闻报道、经验分享、消费测评等形式，或者附加购物链接等其他形式推销商品、服务的，应当显著标明"广告"。

征求意见稿规定，以启动播放、视频插播、弹出等形式发布的互联网广告，应当显著标明关闭标志，确保一键关闭，不得有下列情形：没有关闭标志或需要倒计时结束才能关闭；关闭标志虚假、不可清晰辨识或定位；实现单个广告的关闭，须经两次以上点击；在浏览同一页面过程中，关闭后继续弹出广告；其他影响一键关闭的行为。不得以欺骗、误导方式诱使用户点击广告。以欺骗、误导方式诱使用户点击广告的，由县级以上市场监督管理部门责令改正，对负有责任的广告主、广告经营者、广告发布者处以违法所得三倍以下罚款，但最高不超过三万元；没有违法所得的，处一万元以下罚款。

利用算法推荐等方式发布互联网广告，其投放程序的后台数据属于互联网广告业务档

案。互联网广告业务档案及有关证明文件保存时间自广告发布行为终止之日起不少于三年；法律、行政法规另有规定的，依照其规定。

征求意见稿明确规定，不得利用互联网发布面向中小学、幼儿园的校外培训广告。利用互联网发布校外培训广告的，由县级以上市场监督管理部门责令改正，对负有责任的广告主、广告经营者、广告发布者以违法所得三倍以下罚款，但最高不超过三万元；没有违法所得的，处一万元以下罚款，法律、行政法规对执法机关和法律责任另有规定的，依照其规定。

未经用户同意或请求，不得在用户发送的电子邮件或互联网即时通信信息中附加广告或者广告链接，不得向其交通工具、导航设备、智能家电等发送互联网广告。未经同意发送广告的，对广告主依照《广告法》第六十二条第一款的规定予以处罚，对负有责任的广告经营者、广告发布者处以违法所得三倍以下罚款，但最高不超过三万元；没有违法所得的，处一万元以下罚款。

针对"直播带货"行为，征求意见稿也做出相关规定。互联网直播内容构成商业广告的，相关直播间运营者、直播营销人员应当履行互联网广告经营者、广告发布者或广告代言人的责任和义务。不得利用互联网直播发布医疗、药品、特殊医学用途配方食品、医疗器械或者保健食品广告。

另外，征求意见稿要求，不得利用互联网发布处方药和烟草广告。医疗、药品、特殊医学用途配方食品、医疗器械、农药、兽药、保健食品广告等法律、行政法规规定须经广告审查机关进行审查的特殊商品或服务的广告，未经审查，不得发布。

（资料来源：互联网广告管理办法公开征求意见："广告"应显著标明弹出广告应确保一键关闭央广网，2021年11月26日）

四、知识扩展

1. 广告主对广告效果的评估

效果型指标在增长代表上具备较高的参考价值，但在营销效果评估上，超六成广告主依然选择"同时关注品牌型和效果型指标，并在不同活动有不同侧重"，这意味着对于广告主来说，品牌与效果并不完全对立，广告主也不会片面地追求数字结果，而是希望品牌和效果能进行有效的联合。在效果指标上，广告主最关注的是ROI，在效果追求上性价比和投资回报率是广告主最关注的事情。品牌指标上最关注的是品牌推荐度，品牌推荐度作为一个客户满意度衡量指标的存在，可以直接反映出企业在客户内心的认可程度和购买意愿（图8-20）。

2. 疫情对广告主的影响

预算投入度可以更透彻地了解疫情对广告主的影响程度，62.6%的广告主计划未来一年增加网络广告预算，这说明疫情的发生对广告主网络广告投入度的影响较小。而关于增加预算的原因，有57.9%的广告主表示"网络广告是当前阶段获客的重要方式"，还有52.6%的广告主表示"越是经济红利不明显的阶段，越应该增加曝光"。关于减少预算的原因，38.2%的广告主表示是因为"过去的营销效果并未达到预期"及"受疫情影响公司经营状况不利，企业营销预算受限"，因此选择不增加（图8-21）。

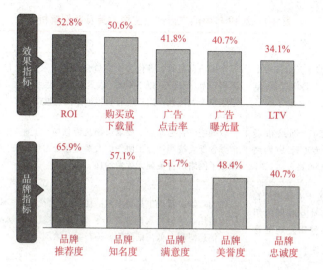

注：N＝90，90个广告主参与调研获得。
（资料来源：艾瑞咨询，中国网络广告市场年度洞察报告—2020年）

图 8-20　2020 年中国广告主最关注的效果和品牌指标

疫情后，广告主未来一年是否增加网络广告预算

疫情后，广告主增加和减少网络广告预算的原因

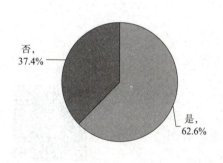

增加预算的原因
57.9% 网络广告是当前阶段获客的重要方式
52.6% 越是经济红利不明显的阶段，越应该增加曝光
45.6% 线下投入费用转移到线上广告投放
42.1% 经济红利不明显的发展阶段，营销成本也相对较低
29.9% 企业营销有助于留住人才，可以提高员工荣誉感

减少预算的原因
38.2% 过去的营销效果并未达到预期效果，因此不增加
38.2% 受疫情影响公司经营状况不利，企业营销预算受限
35.3% 重新优化营销预算结构，网络广告投放费用减少
23.5% 当前网络广告费用足以支撑企业的营销目标达成
20.6% 公司战略调整，更加专注于企业产品和运营创新

注：N＝90，90个广告主参与调研获得。
（资料来源：艾瑞咨询，中国网络广告市场年度洞察报告—2020年）

图 8-21　疫情对广告主的影响

3. 网络广告产业相关政策

网络广告相关政策具有以下特征：

（1）国家对个人信息的保护规范更加细致，针对个人信息安全问题，国家相关政策规定个人信息控制者不得强迫收集用户个人信息，用户也有权拒绝个性化推送。

（2）国家对广告传播内容监管依然严苛，对诸如新兴电子商务直播及其他类型中的广告内容要求既要遵守广告管理法律法规，也要符合网络视听节目管理相关规定（表8-7）。

表 8-7　2019 年中国广告产业主要政策及案例解析

时间	政策名称	主要内容
2019 年 2 月	《信息案例技术个人信息案例规范(草案)》	全国信息案例标准化技术委员会开展国家标准《信息案例技术个人信息案例规范(草案)》(以下简称《草案》)征求意见工作,《草案》要求,不得强迫收集个人信息,用户应有权拒绝个性化推送
2019 年 6 月	《2019 网络市场监管专项行动(网剑行动)方案》	以网络广告为原点,要求市场监管总局、工业和信息化部、公安部、网信办各部委按职责分工协作加大案例查处力度,查办一批大案要案,基本保证了网络广告象限无死角治理
2019 年 9 月	《关于引导规范教育移动互联网应用有序健康发展的意见》	作为教学、管理工具要求统一使用的教育 App,不得向学生及家长收取任何费用,不得植入商业广告和游戏。对教育类 App 广告投放、费用收取、信息泄露、低俗信息问题进行综合治理
2019 年 9 月	《关于加强"双 11"期间网络视听电子商务重播节目和广告节目管理的通知》	明确网络视听电子商务直播节目和广告节目内容既要遵守广告管理法律法规,也要符合网络视听节目管理相关规定
2019 年 12 月	《网络信息内容生态治理规定》	要求网络信息内容服务平台加强对本平台设置的广告位和在本平台展示的广告内容的审核巡查,依法处理违法广告

(资料来源:艾瑞咨询,中国网络广告市场年度洞察报告—2020 年)

项目小结

一、核心概念

AIDA 模型　　　　　　　　　每点击次数 CPC

每千人印象成本 CPM　　　　网络广告投资回报率 ROI

网络广告曝光率 ER　　　　　订单转化率 CTR

网络广告效果指数法 AEI　　综合指标评估法 Multi-index test

课后答案

二、思考与讨论

1. 什么是网络广告的经济效果、心理效果和传播效果?

2. 网络广告效果评估应遵循哪些原则?

3. 网络广告的经济效果评估指标有哪些?

4. CPC 评价体系有哪些优点及缺点?

5. 网络广告效果评估的常用方法有哪些?

三、案例分析题

小迷糊品牌于 2014 年独立面市,是御家汇股份有限公司旗下 IP 美妆品牌,拥有自主 IP 形象"小迷糊"。

小迷糊英文名为 MIHOO,也是小迷糊的英文昵称。MI 取自 Mini Life,寓意为一种生活态度,是有趣、个性、时尚的代表;HOO 寓意高兴、激动,代表在护肤过程中也能带来快乐的品牌初衷(图 8-22)。

图 8-22 小迷糊面膜广告投放页面

1. 投放策略:

(1)投放目标:面膜购买。

(2)投放广告位:信息流广告位。

(3)策略描述:

①利用小鲜肉代言,制作符合用户调性的素材。

②通过关键词+商业兴趣定向+同类竞品人群包,定向高潜转化人群。

2. 效果数据:

(1)转化效果:

点击成本<0.9元;

ROI:1:1.2~1:1.6。

(2)传播效果。

首页曝光量(PV):230000000+。

(3)与其他平台对比效果。购买转化成本低于其他平台50%。

思考:请结合本项目的学习内容,对小迷糊面膜广告投放的效果数据进行简要点评。

项目九

网络广告监管

通过对本项目的学习，学生对网络广告监管有初步的认知。本项目要求学生对网络广告法律法规和监管的发展有一定了解，理解广告违法的概念、特征及分类，并深刻理解网络广告监管的意义。学生通过知识训练能够具有判断违法广告类型的初步能力，在案例辅助的帮助下掌握网络广告监管的分析，对广告违法行为作出公正合理的裁决。

知识目标

1. 了解我国广告法制体系。
2. 了解网络广告监管和发展。
3. 理解当今广告市场违法广告的主体、类型及特点。
4. 掌握网络广告的监管意义。
5. 掌握广告违法的概念及法律特征。

能力目标

1. 能够深刻认识网络广告监管的重要意义。
2. 能够分析广告违法的类型。
3. 学会甄别网络广告中的真伪性。

课件：网络广告监管

素质目标

1. 树立诚信意识，抵制虚假广告。
2. 主动检举网络虚假广告，维护自身权益。

任务一　网络广告法律法规

一、知识认知

知识点一　我国广告法制体系

随着我国广告业的不断发展，与之相适应的广告法律法规应运而生，并形成了丰富的内涵。同样，网络广告的出现和发展，相关的制度也应随之建立并不断完善。从宏观上说，网络广告的法治建设是网络环境规范化乃至国家经济法治建设的重要组成部分，是维护网络事业健康发展强有力的保障之一，在一定程度上反映了网络事业的文明程度；从微观上说，网络广告的法律规范体系对规范网络广告活动，促进网络广告的健康发展，促进网络广告管理的有序化、规范化和国际化等方面都具有不可低估的作用。

1. 法律层面

在涉及对广告的监管上，我国现行的法律法规具有一定的规模，具体如下：《广告法》《广告管理条例实施细则》等作为主体部分，还包含《中华人民共和国消费者权益保护法》(以下简称《消费者权益保护法》)和《中华人民共和国反不正当竞争法》(以下简称《反不正当竞争法》)等涉及广告监管的法律法规。除此之外，还有一些与人们健康息息相关的产品，针对这些产品出台了专门的规章制度，覆盖了人们日常生活的大多数方面。为了适应网络经济发展的需要，2015年修订后的《广告法》将网络广告纳入了其调整范围，如对电子邮件广告、网络游戏广告、弹出式广告进行规制，这是中国第一部专门针对网络广告活动进行规制的法律。《反不正当竞争法》中第十二条用概括加列举的形式对互联网相关的不正当竞争行为进行了规制，该条被称为"互联网专条"，由于考虑到互联网技术、商业模式及网络广告的特殊性还增加了兜底条款，以适应实践发展的需要。《中华人民共和国电子商务法》(以下简称《电子商务法》)要求电子商务经营者向消费者发送广告时应当遵循《广告法》的相关规定，规定电子商务平台经营者向消费者显示商品、服务搜索结果、竞价排名的商品或服务都应当显著表明"广告"，并对电子商务经营者实施虚假或引人误解的商业宣传等不正当竞争行为进行处罚。《广告法》于2021年再次修正，加强了对涉及医药产业用品及保健品行业产品的相关规制，对网络广告只是做了宏观层面的规制，对细节层面的规制并为提及。

2. 行政法规和部门规章

1987年实施的《广告管理条例》是现行有效的关于规范广告活动的行政法规。其主要内容已经被《广告法》吸收，但是《广告法》明确调整范围是商业广告。因此，其他非商业广告的管理仍依据《广告管理条例》，同样适用网络广告活动。2000年出台的《互联网信息服务管理办法》为规范网络行为提供了行政法规依据。2010年实施的《网络商品交易及有关服务行为管理暂行办法》要求网络经营者要提供真实准确的商品信息，不得进行虚假宣传，促进网络市场的健康发展。2016年实施的《互联网广告管理暂行办法》是我国第一部专门针对网络广告规制的部门规章，对网络广告活动进行了具体规定。2021年11月发布的《互联网广告管理办法(公开征求意见稿)》对网络广告的定义在现有《互联网广告管理暂行办法》的基础上进行了补充，"在中华人民共和国境内，利用网站、网页、互联网应用程序等互联网媒介，以文字、图片、音频、视频或其他形式直接或间接地推销商品或服务的商业广告活动，适用《广告法》和本办法的规定。在商业性展示中，依照法律、行政法规、规章及国家有关规定，应当向消费者提供的商品或服务的名称、规格、型号、等级、价格、使用方法、制作方法、注意事项等信息，依照其规定"。2017年5月，由国家互联网信息办公室对外发布《网络产品和服务安全审查办法(试行)》和《互联网信息内容管理行政执法程序的规定》明确了互联网信息监督管理部门应当履行法定职责。国家工商总局2018年发布的《关于开展互联网广告专项整治工作的通知》规定，加强互联网广告事中事后监管，紧紧围绕广大网络消费群众人身、财产安全的重点领域，严肃查处网络虚假广告，切实维护网络广告市场秩序，保护消费者合法权益。2019年，国家市场监督管理总局发布《2019年网络市场监管专项行动(网剑行动)方案》，深入开展互联网广告整治工作，营造良好的广告市场环境，以社会影响大、覆盖面广的门户网站、搜索引擎为重点，突出移动用户客户端和新媒体账户等互联网媒介，针对医疗、药品等关系人民群众身体健康和财产安全的虚假违法广告，加大查处力度，从而实现网络广告的无死角治理。2020年实施的《网络信息内容生态治理规定》第十四条规定，网络信息内容服务平台应当加强对本平台设置的广告位和在本平台展示的广告内容的审核巡查，对发布违法广告的应当依法予以处理。其标志着广告信息被正式纳入网络信息内容生态的治理范畴。以上这些规章内容涵盖到准入登记、网络市场交易和服务行为的管理、网络信息搜索服务等内容，这些规章与《广告法》《消费者权益保护法》《反不正当竞争法》共同构成了我国网络广告法律体系的基本框架。

知识点二　网络广告发展中应遵循的基本原则

网络广告的发展前景是美好的，发展速度是惊人的，但是网络广告所存在的问题也是令人烦恼的，虽然需要具体法律的适用和完善，需要加强政府管理、提倡行业自律等，但首先还是要明确网络广告发展中应遵循的基本原则和规则，这是问题的关键所在。

1. 诚实信用原则

诚实信用最早是市场信用活动中形成的道德规范。在以商品交换为前提的经济活动中，为了加强社会关系的调整，各国将诚实信用道德规范上升为法律规范。虽然对诚实信用原则有不同的解释和规定，但其基本精神是一致的，易言之，"诚信是指没有恶意、没有欺诈或取得不当利益的企图。"我国《广告法》(2021修订版)第五条规定："广告主、广告经营者、广告发布者从事广告活动，应当遵守法律、法规，诚实信用，公平竞争。"可以说信用问题已经成为我国经济活动中非常严重的问题之一，网络环境中更是如此。

就网络广告而言，诚实信用原则的要求是多方面的，主要表现在以下几个方面：

(1)网络广告制作目的明确，主观动机善良，态度端正，没有欺诈或误导故意；在追求广告效果方面，要考虑到广告受众和消费者的利益，兼顾社会公共利益。例如，有一种网络广告，在消费者浏览页面时突然出现一个窗口，是关于浏览程序或计算机其他程序出现故障的内容，需要点击"确认"才能继续运作，当消费者"确认"后，才发现这是一则广告。制作者如果故意地利用消费者的上网习惯或网上浏览时的疏忽，以追求高点击率，而忽视网络广告的形象宣传效果，只能是自欺欺人，不仅严重地侵犯消费者和社会公众利益，而且也于己不利。所以有人说："信用问题已经成为电子商务发展乃至网络事业发展的瓶颈。"

(2)遵守网络广告中的承诺。这是经营者为自己设定的义务或是法定义务的重述。由于网络环境的虚拟性，使网络广告本来就看得见、摸不着的感觉更加明显。所谓"以诚取信，以信得成"意在于此。网络广告中的承诺不能兑现或不能完全兑现，不仅无法达到有效宣传新产品或服务的目的，而且会严重地降低企业的信誉，引起一系列恶性反应。

(3)对引用数据资料要准确真实。这一要求不仅体现在网络广告的内容中引用的数据资料上，还体现在网络广告经营者、发布者与网络广告之间的关系中。

（4）具有基本的可识别性。这个问题主要还是针对网络隐性广告行为的监控，虽然不宜以传统的规范来管制隐性网络广告问题，采用一律禁止网络隐性广告行为的做法，但并非不管不问，而是要针对特殊行业网络广告中的隐性广告进行适当地限制或禁止。

网络广告应遵循的诚实信用原则虽然具有"弹性""模糊性"，但它是其他基本原则的基础，对其他原则具有指导性，其他原则也可看作是网络广告诚实信用原则的体现。

【相关链接】

20家互联网平台企业承诺：维护良好市场秩序　促进行业健康发展

市场监管总局召开"维护平台经济良好市场秩序　促进行业健康发展"座谈会，百度、京东、快手、奇虎360、搜狗、美团、58同城、新浪微博、字节跳动、国美、携程、拼多多、小红书、苏宁易购、阿里巴巴、云集、蘑菇街、贝贝网、唯品会、腾讯共20家国内主要互联网平台企业代表在会上签署了《互联网平台企业关于维护良好市场秩序　促进行业健康发展的承诺》，向社会郑重承诺将依法合规经营、坚持互利共赢、公平参与市场竞争、强化平台治理、加强企业自治、加强沟通协调（图9-1）。

市场监管部门将加强对平台企业履行承诺的监督工作，督促企业践行承诺书的内容，同时，坚持底线思维，对违反《中华人民共和国反垄断法》《反不正当竞争法》《电子商务法》等法律法规的违法行为，依法进行查处，维护行业良好秩序。

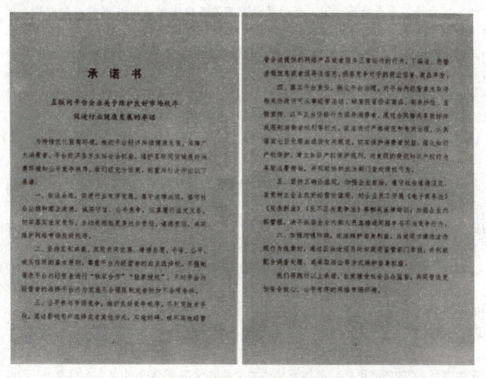

图9-1　互联网平台企业承诺书

（资料来源：国家市场监督管理总局官网）

2. 真实性原则

网络广告的真实性原则是网络广告的诚实信用原则派生出来的。《广告法》(2021 修订版)第三条、第四条规定，广告应当真实，不得含有虚假内容。网络广告真实性原则的要求：网络广告中有关网络广告主、商品或服务的介绍等，应当符合事实，不得有虚假或不实记载，凡是过时、不实的内容不得在网络广告中出现。网络广告中也不得出现无法印证的语句。当然，网络广告的真实性原则，与传统广告一样并不排斥艺术夸张，否则会使网络广告失去活力。

发布违法广告
上海盒马网络科技
有限公司被罚

【案例链接】

卖家用心服务缩小"买卖家秀"差距

近日，淘宝店主阙××的"闽笼"宠物产品店接到了顾客关于"卖家秀"与产品实际不符的投诉。该投诉客户称，其购买的鸟笼实际产品颜色与描述不相符。通过与该顾客沟通，阙××了解到，在网店中的展示图背景是深褐色，映衬出不锈钢鸟笼为古铜色。客户在购买时，误以为鸟笼为古铜色，为此认定阙××的商品与描述不符。阙××随即与顾客解释了其中的误会，安抚了客户情绪，并重新派件。

淄博公布十大网络
违法典型案例

平息此事件后，阙××重新检查销售的各个环节，确保客户买得放心。在商品展示上，阙××更换了原有的展示图，新的展示图不像其他淘宝店图片那样过分处理，而是在背景搭配上下功夫，努力展现产品的原色。

同时，在配送上，他摒弃了之前卖女装的传统包装，将1~2元的包装纸盒升级为10元左右的专业包装。"这在我的销售成本中占较大比重。"阙××表示，之所以下决心升级包装，是因为了解到产品在运输时，容易发生破损。他宁愿自己在包装上多投入，确保消费者收到的货品与图片一致，也不愿"买家秀"和"卖家秀"里外两张皮。

（资料来源：电子商务十个诚信典型案例，http://www.eduintegritycn.com/671）

3. 公平原则

公平原则的法律依据是《广告法》(2021 修订版)第五条的规定，从事广告活动应遵循公平竞争原则。网络广告的公平原则是协调广告主、广告经营者、广告发布者之间利益关系的根本原则。要求网络广告的活动主体要公平地进行竞争，不做诋毁、侵害同业的宣传，不进行不正当竞争。值得注意的是，网络广告的公平原则并不排斥赠予行为，如无偿设计、制作、代理、发布网络广告的性质就属于赠予，只要当事人表示真实，出于自愿。但是，这种行为有时难以判断，仍然不得以不正当竞争为目的，否则依然构成网络广告活动中的不正当竞争行为，同样是违反了网络广告的公平原则。

【案例链接】

利用"大 V"打造"网红店"帮助"刷单炒信"

基本案情：2020 年年底，浙江省杭州之壹品牌管理有限公司当事人根据 11 家大众点评平台入驻商家打造所谓"网红店"的需求，招募大量大众点评平台"大 V"到店付费用餐。"大 V"在用餐后，编造好评"作业"发布并予以高分点评。当事人对"大 V"的"作业"审核后，将餐费予以返还。当事人通过此类方式在大众点评平台内提高了相关商家的星级并大量增加优质评价，通过内容和流量双重造假，帮助商家欺骗误导相关公众。

法律依据及处罚：当事人的行为违反了《反不正当竞争法》第八条第二款的规定，依据第二十条第一款对当事人责令停止违法行为，处罚款 20 万元。

［资料来源：中国政府网(www.gov.cn)-2021 年度重点领域反不正当竞争执法典型案例——网络虚假宣传篇(第一批)_部门政务］

4. 合法原则

《广告法》(2021 修订版)第三条规定，广告应当真实、合法，以健康的表现形式表达广告内容，符合社会主义精神文明建设和弘扬中华民族优秀传统文化的要求。网络广告的合法原则是指广告活动要遵循广告法和其他有关法律的强制性规定，如特殊商品网络广告发布者的行政审查；网络广告的内容和形式不得违反法律、法规的强制性规定；不得侵犯他人合法权利等。合法是网络广告存在的基础，对违法的网络广告，由监督管理机关予以查处，禁止发布，并可采取相应的处罚措施。同时，与网络广告的合法原则密切相关的是维护社会公共利益原则，即网络环境中良好的道德风尚、良好的网络秩序等，都是网络公共利益和社会公共利益的体现。因此，侵害和无视网络环境公共利益的网络广告应当取缔。网络垃圾邮件广告、携带病毒的电子邮件广告、含有色情淫秽的内容的网络广告等，会威胁网络安全，影响网络秩序，破坏网络文明，都是相关法律所禁止的。

【案例链接】

淘宝与用户侵权责任纠纷案

袁××于 2013 年 10 月至 2015 年 6 月期间，在明知是假冒注册商标商品的情况下，仍从杭州服装市场，低价购入假冒"耐克""阿迪达斯"注册商标的服装，并通过其经营的多家淘宝店铺予以销售，销售金额共计人民币 100 余万元。

2018 年 9 月 4 日，淘宝公司以袁××恶意售假为由，诉至法院，主要诉求为：一、请求法院判令被告赔偿原告损失 100 万元；二、判令被告在淘宝网网站显著位置赔礼道歉，消除因被告的恶意售假行为对原告声誉造成的影响。关于此两项诉求，法院的最终判决为：一、被告袁××于本判决生效后十日内赔偿原告损失 50 000 元；二、被告袁××于本判决生效后十日内在淘宝网上刊登赔礼道歉声明。

（资料来源：电子商务研究中心——《2018—2019 年中国电子商务法律报告》）

二、知识训练

违法广告案例分析

2021 年，广州市场监管部门集中开展了整治违法违规商业营销宣传行动，全年立案查处各类虚假违法广告案件 368 宗，罚没金额 3 986.99 万元，公开 3 批次 33 宗违法广告典型案例，充分发挥案例警示作用。

(1)广东××科技有限公司发布违法教育广告案。广东××科技有限公司为××思维品牌方，主营××思维在线课程产品，在该公司"今日教育传媒"微信公众号发布标题为"连续补课 43 周，8 岁少女不幸离世：同样的悲剧还在上百万家庭里上演"销售××思维课程广告。

(2)广州××文化传播有限公司发布违法广告案。广州××文化传播有限公司代理发布"××足疗机""××按摩椅"家用电器广告和"××蜂巢蜜"食品广告，上述商品广告内容使用了易与药品、医疗器械相混淆的用语。

（3）广州××餐饮管理服务有限公司发布违法广告案。广州××餐饮管理服务有限公司从事奶茶品牌的加盟推广经营活动，在奶茶注塑杯外包装上自行设计、制作含有"一夜暴富"等内容。

（4）广州市××化妆品有限公司发布违法广告案。广州市××化妆品有限公司利用自身网站、微信公众号等平台发布"××早晚双效牙膏""××双萃净润除螨皂套盒"广告，含有涉及疾病治疗功能、易使推销的商品与药品相混淆等内容。

（5）广州市××房地产开发有限公司发布虚假违法房地产广告案。广州市××房地产开发有限公司为销售××楼盘，通过微信公众号、广告机、横幅、活动展板、宣传册等载体发布广告，广告中含有绝对化用语、渲染风水迷信、对楼盘升值承诺及宣传商品房会增加使用面积和房间数量的内容。

（6）广州××网络科技有限公司发布违法食品广告案。广州××网络科技有限公司在网店平台销售食品、化妆品、日用品等，广告含有使用医疗用语及宣称产品具备医疗效果和与产品实际成分、功能不符的内容。

（资料来源：https://www.samr.gov.cn/ggjgs/sjdt/gzdt/202201/t20220125_339372.html，中国消费网·中国消费者报，作者：黄劼）

讨论：案例中被公告的违法广告违反了哪些法律规定（可根据需要自行在网络上补充查找相关证据）。

三、思政课堂

诚信的海尔

1985 年，海尔从德国引进了世界一流的冰箱生产线。一年后，有用户反映海尔冰箱存在质量问题。海尔公司在给用户换货后，对全厂冰箱进行了检查，发现库存的 76 台冰箱虽然不影响冰箱的制冷功能，但外观有划痕。时任厂长的张瑞敏决定将这些冰箱当众砸毁，并提出"有缺陷的产品就是不合格产品"的观点，在社会上引起极大的震动（图 9-2）。作为一种企业行为，海尔砸冰箱事件不仅改变了海尔员工的质量观念，为企业赢得了美誉，而且引发了中国企业质量竞争的局面，反映出中国企业质量意识的觉醒，对中国企业及全社会质量意识的提高产生了深远的影响。

图 9-2　海尔砸冰箱

四、知识扩展

(1)《中华人民共和国广告法》于1994年10月27日发布，1995年2月1日实施。

(2)本法规已被《全国人民代表大会常务委员会关于修改部分法律的决定》(2015年4月24日发布，2015年9月1日实施)修改。

(3)本法规已被《全国人民代表大会常务委员会关于修改〈中华人民共和国海洋环境保护法〉等七部法律的决定(2013年)》(2013年12月28日发布，2013年12月28日实施)修改。

(4)本法规已被《全国人民代表大会常务委员会关于修改〈中华人民共和国野生动物保护法〉等十五部法律的决定》(2018年10月26日发布，2018年10月26日实施)修改。

福建省市场监管局
曝光一批互联网违法
广告典型案例

任务二 网络广告监管及发展

一、知识认知

知识点一 网络广告监管的发展现状

广告是一种商业现象。广告的策划、制作、发布等行为属于商业行为，正如《广告法》的立法目的所述"规范广告活动，保护消费者的合法权益，促进广告业的健康发展，维护社会经济秩序"，网络广告究其本质而言就是广告的一个分支，只是随着时代发展衍生出来了一种新的形式，搭载着现代的科学技术。因此，传统的广告法律体系是可以规制网络广告的，只是由于网络广告变化之快、数量之多，给监管部门带来了许多麻烦。目前，我国还没有形成完备的网络广告法律规制体系，因此，我国网络广告行业的发展与监管都存在一定的问题。

福建建设新型互联网
广告市场监管体系

1. 虚假网络广告偏多

大多数网络广告是追逐利益的，网络广告主为了追求最大的商业利益及提升其在市场上的营销额、知名度等而夸夸其谈，吹嘘自己商品的品质。尽管我国《广告法》再三强调广告参与者必须保证网络广告真实反映产品信息，这对一些传统广告确有成效，传统广告的发布者多是些知名企业，他们没有必要以虚假宣传的方式追求知名度，从而导致自身品牌效益受损。但对于依托互联网这一特殊载体的广告类型，因其发布主体鱼龙混杂，现行法律不能完全有效地规制这些违法的网络广告。

多数违法商家都是有意为之，究其原因，广告发布者通过链接式网络广告推送的产品，可以应用网络技术随时变更产品参数，根据监管内容调整产品以规避监管。同时，还存在一些侵权行为，借助其他知名企业的产品，搞雷同、做山寨，以低廉的价格误导甚至欺骗消费者，其实商品质量无法保障，以此骗取消费者，获得盈利。此种卑劣行径危害着消费者权益。虽然我国已经建立了国家网络广告市场信息监测中心进行监测，但由于目前我国网络广告行业市场准入资格管理制度不健全，以及一些实际的限制因素，包括我国网络广告市场监督管理技术没有不断进行更新，监管部门执法手段相对落后，都在一定程度上影响了惩治虚假网络广告的进度。

【案例链接】

"趣头条"屡现违规广告　趣头条道歉：坚决严厉清查

2020 年 315 晚会曝光称，趣头条上充斥着许多虚假宣传疗效的广告(图 9-3)，自称趣头条的广告核心授权代理商广州天拓网络技术有限公司称，就算没有资质，天拓也可以开户，帮助投放广告。

图 9-3　趣头条广告藏猫腻

同时，在趣头条上还有"边玩手机边赚钱"的广告频频出现，这些广告无一例外地宣称如何轻松赚钱，同时不停跳出一个微信号。添加这个微信号后，对方发来一个网址，打开网址发现里面有 43 项彩票、6 项棋牌游戏，甚至还有现场购买彩票的直播。

针对上述问题，趣头条此前已发文回应称高度重视，并充分意识到在平台广告生态管理方面仍有诸多不足，对于给用户带来的困扰和影响，趣头条表示诚挚的道歉。针对央视指出的问题，上海基分文化传播有限公司已迅速成立广告生态治理专项工作组，正在对平台涉及的广告进行全平台彻查，一旦发现相关问题，坚决严厉清查和封禁。

另外，趣头条表示，高度重视平台的广告内容生态管理，非常感谢央视等媒体及社会各界的监督和批评，上海基分文化传播有限公司将会负责到底，同时也欢迎广大媒体给趣头条提出建议和意见，趣头条会不断进行自我完善，继续为广大用户做好内容服务。

（资料来源："趣头条"屡次违规广告　趣头条道歉：坚决严厉清查，https://www.chinaz.com/2020/0716/1159307.shtml）

2. 隐性网络广告泛滥

我国《广告法》明确规定了广告必须具有可识别性，传统广告因传播载体较为固定，同时，又有其他部门的协助监管，因此识别性很高。例如，报纸发行的出版社会对广告信息进行审核、排版，让广告自成一个版面，阅读者也都了解这种广告模式。又如电视媒体播放广告有严格的限制，国家广电总局规定在电视节目播出期间不允许插播广告，因此更便于受众对广告的识别。当网络广告走进人们视野时，往往不容易被识别出广告性质。著名的魏则西事件可以反映这一特点，作为网络平台的百度一方本应客观的展现网络应用者想要搜索的信息，但百度公司考虑到与其合作企业的利益，将他们置顶于消费者的搜索结果中。但由于当时并没有明确规定网络广告要具有明显的标志，加之公司之间有利益牵扯，导致患者错误的就医选择，最终酿成惨剧。即便今日，即使搜索引擎有了针对网络广告的标识，也只是放在搜索结果的最下方，以很小的字体呈现，依旧不利于人们观看，并且具有网络广告性质的搜索结果总是呈现在最上方，严重影响消费者的自主选择。

【案例链接】

魏则西事件及社会评价

2016 年 4 月 12 日，西安电子科技大学 21 岁学生魏则西因滑膜肉瘤病逝。他去世前在知乎网站撰写治疗经过时称，在百度上搜索出武警某医院的生物免疫疗法，随后在该医院治疗后致病情耽误。此后了解到，该技术在美国已被淘汰。

律师郎克宇认为，武警北京二院应负有主要责任，百度推广负次要责任。如果涉事诊疗中心系外包给了民营机构，那么院方可以对该民营机构追责。

郎克宇表示，即使该科室是承包出去的，武警北京二院也有审核责任，患者出现问题第一责任还是在医院。"因为病人对承包事宜并不知情。如果是民营机构欺骗了武警医院，医院发现其中有虚假行为，医院可以追责。"

著名律师施杰和郎克宇均表示，根据新广告法的相关规定，百度推广也属于广告发布的主体，其性质属于有偿服务。

"不像是在一些论坛上发布产品或信息，百度推广本身是一种经营行为，它接受广告主的委托，通过特定平台发布广告信息，且一般是根据费用多少来决定推广信息的排名，因此，百度推广属于新广告法的监管范围，工商部门有相应的监管职责。但在整个事件中应负有次要责任。"

施杰表示，是否属于虚假广告，要看发布主体的内容是否属实，这需要公安部门调查核实，调查其是否有夸大疗效、虚假事实、诱导等情形。同时，工商、卫生部门也要进行认定，看是否符合广告法规定的虚假广告的范畴。

（资料来源：搜狗百科——魏则西事件，https：// baike. sogou. com/v143493707. htm? fromTitle＝%E9%AD%8F%E5%88%99%E8%A5%BF%E4%BA%8B%E4%BB%B6）

3. 营销宣传手段低劣

网络广告针对销售商品价格进行了不切实际的标价。目前，网络广告盛行的一种营销手段是打着拼团、砍价的旗号，虽然大大降低了商品价格，但实际操作难度非常大，往往要牵扯到很多用户，这种宣传方式一方面增加了消费者的负担，占用消费者的时间；另一方面也会耗费他人的精力。不仅如此，所购得商品的品质也没有明确的保障，尤其以低价购买的商品，很多消费者不愿再多花费精力处理，最后不了了之。还有一些消费返现的营销手段，前期支付价款，确认收货后全额返还，其实到最后返还的并非现金，而是商品的优惠券等，这种做法一定程度上影响了消费者的下一次购物选择，消费者会尽快地消费掉优惠券以免过期，无形中侵害了消费者的自主选择权。

【知识链接】

"砍价"背后套路深

近段时间，不少市民在朋友圈、微信群里看到有人转发"帮忙砍价"的相关链接，声称砍价成功后可以0元购买相应商品。一些人在帮忙砍价的同时，也被相关链接里极具诱惑力的"0元购"吸引，帮人砍价之余自己也加入砍价大军中。然而，在大家砍价砍得不亦乐乎时，却不知道"砍价"背后深藏的套路。

套路一：永远砍不完。很多平台设置的规则是在限定的时间内对选择的几千元的商品进行砍价，一开始可以砍掉很多，只要找几个朋友就可以砍掉98%甚至99%，然而要想砍到0元却是难如登天。因为砍到后期，每个朋友帮忙砍价都只能砍掉1分钱，拉上新用户也只能砍掉几元钱，最终还是砍价失败(图9-4)。

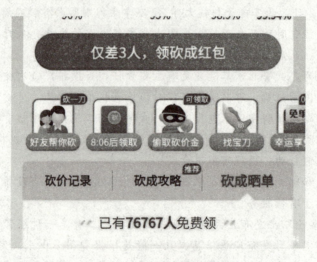

图9-4　砍价背后的套路

套路二：砍价成功却拿不到商品。为了让更多人帮忙砍价，有些市民不仅将链接发到朋友圈，甚至在群内发送红包让人帮忙砍价，好不容易砍价成功，点击购买时却发现商品已售完，无法购买。也有些市民确实收到了"0元购"商品，但却发现收到的竟是假冒伪劣商品，完全不是微信链接中展示的品牌货。

套路三：好心帮忙钱财不翼而飞。有些市民碍于情面，好心帮助亲友砍价，其中有些市民面对如此诱惑也会不禁参与其中，并根据链接中的活动规则，填写个人身份信息、银行信息等，但没过多久却收到了银行卡内的钱被转走的信息。

套路四：恶意链接充斥其中。很多砍价链接其实是冒充的正规平台，无须下载注册App，可直接在链接里进行砍价，而且每次砍价的金额特别大，非常容易成功，但是成功之后会让你填写很详细的个人信息。这类砍价看似没有任何损失，却在无形中被他人获取了个人信息，后患无穷。

(资料来源：节选自无锡网上公安《"砍价"背后套路深》)

知识点二　网络广告监管的界定

对于我国网络广告监管的基本含义的理解，目前在学术界并未能够达成共识，主要有两个方面，一方面是互联网经济学意义上的监管，将政府对网络广告的规制作为互联网经济的一种延伸和发展，政府对网络广告的监管也就是政府对网络广告行业的监管；另一方面是站在政府和社会监管的角度，类似法国，按照制定好的相关法律法规，利用法律具有的强制属性，对网络广告运行中发生的违法行为进行有效的监督。例如，《网络广告行政监管研究》一书中将网络广告的监管看成"一种行政权力的行使"，着重强调了网络广告隶属于行政监管的特性。学者周又红同样认为网络广告应作为政府监管的一项新内容，政府应该通过法律、法规等对网络广告加以认定和保护。上述两种观点存在一定的合理性，但同时也具有一定的时代局限性，网络广告发展迅猛，传统的监管理念已经不再适用，无法解决目前网络广告监管中存在的困难。

回归网络广告监管的本质，所谓的网络广告监管就是针对那些在网络广告领域中从事各类广告活动的主体进行监管，具体包括广告主、广告经营者及发布者，监管部门对他们的行为进行监督和指导活动。网络广告监管实质上就是一种引导与规范的行为，与传统的广告监管并无不同。但是，由于互联网广告所需要依托的各种媒介载体、传递方式和其他传统的媒体广告形式存在着许多差异，是与我国现代信息技术、知识经济等融合而产生的新型广告方式，也可以说是一种新业态。所以，网络广告的监管有着浓厚的时代气息，是随着时代发展而出的极具特点的监管，具体分析如下：

(1)对网络广告的安全监管是具有规范的，是由知识、技术等多种因素共同构成的一种监管方式。网络广告传播依托于现代网络信息传输技术，在其传输及应用的过程中掺杂着数字化、现代化的特点。因此，网络广告监管的范围不应局限于广告主、广告经营者及发布者的经营活动，还应兼顾对知识产权监督管理和网络信息安全监督管理两个方面的能力。

(2)网络广告监管的对象是网络空间内流通的网络广告，而互联网自身作为一种无边界的传导空间，监管活动的范围也就由传输媒介的特殊性决定。其监管的范围是巨大的，如今的网络覆盖面是全球性的，在广告信息传递时难免涉及跨国、跨境等不同的情况，也正因此，网络广告监管还会涉及全球化的协作管理。

(3)互联网广告监管的目的是确保网络广告消费者的合法权益得到保障。由于在网络广告市场中所出现的大量虚假或伪造的广告，直接损害了广大消费者的种种合法权益，不仅严重地干扰了我国正常的网络市场经济秩序，更严重的将引发社会群体的利益冲突与矛盾，关乎整个社会的和谐稳定。因此，网络广告宣传活动的规范和监管在一定程度上也对社会治理能力有积极地影响作用。

知识点三　网络广告监管的意义

网络广告的发展存在必然性，网络广告的发展也能给经济发展带来好处，因此让网络广告健康有序的发展是十分有益的，对网络广告进行监管有重要意义。

从理论上来说，网络广告蕴含的信息纷繁复杂，数量巨大，已然有泛滥的趋势，由此引发的一系列社会问题，如侵犯网络广告受众的隐私权，非法获取网民人身信息；网民受到弹窗式垃圾广告的干扰，无法顺利地浏览网络信息；侵犯消费者自主选择权等。为了网络广告受众的权利得到保障，我国监管部门对于网络广告法律规制相关问题在不断地尝试解决办法，探索属于适合中国的监管模式。如 2018 年发布的《关于开展互联网广告专项整治工作的通知》、2019 年实施的《中华人民共和国电子商务法》、2020 年实施的《网络信息内容生态治理规定》等。即便如此，立法的速度也远远不及网络广告的发展速度，其多样性与隐蔽性等仍困扰着立法者，同时，也影响着网络广告受众的权利。在此背景下，厘清网络广告的类型及了解其特殊性，认清网络广告监管的界定与发展现状，分析网络广告监管的必要性就显得尤为重要，这是研究网络广告理论的前提与基础，能够在推进网络广告的法治化进程中发挥特殊的理论作用。

从现实角度出发，对于网络广告的发展，要建立起与其相对应的网络广告监督法律体系，一方面规制网络广告健康发展；另一方面维护公平竞争，保护消费者的合法权益。在现实生活中，网络广告随处可见，人们每天使用的手机、计算机等，随时随地向人们推送广告信息，在网络上播放电影、电视剧前的网络广告每天和数以亿计的人打交道。这些网络广告有的制作成本极低，一些网络广告甚至充斥着赌博、色情等信息，深深地威胁着人们的隐私权及财产权。伴随着通信技术的迅猛发展，人们对信息的需求更趋于碎片化，网络广告的形式也在不断地进步，呈现数量多、传播快的特点，从之前的网页形式发展到现在的短视频形式为主导的模式，这也给监管带来了许多麻烦。我国现有的法律法规已经无法适应迅猛发展的网络广告行业，因此，亟需从立法层面对网络广告进行规范。结合时下网络广告的发展现状及未来的发展趋势，从现实出发提出网络广告法律规制的建议，有利于提高网络广告行业发展的安全性与健康性，同时，切实保障网络广告受众的隐私权与自主选择权利，促进网络广告产业健康发展。

二、知识训练

2021 年 6 月 9 日，静安区市场监管局对上海叶檀金融信息服务工作室发布违法广告的违法行为，依法作出责令停止发布广告、责令广告主在相应范围内消除影响、罚款 160 000 元整的行政处罚。

静安区市场监管局于 2021 年 5 月 14 日对上海叶檀金融信息服务工作室开展调查，发现当事人分别于 2020 年 11 月 1 日至 2021 年 4 月 8 日期间在"叶檀财经"微信公众号发布标题为《急！大涨 8 倍　重大市场红利　机不可失！》等 4 篇文章。文章旨在宣传叶檀财经城市合伙人项目，目的是招募叶檀财经在当地城市的代理分销商，代理分销叶檀的付费理财教育课程，获得叶檀财经给予的高额佣金回报。广告的主要内容："蚌埠合伙人在 2020 年下半年，不到 6 个月的时间创造了五十多万的总业绩，营收达到 17 万""但可以告诉你我们某个合伙人的营收，他分发一个晚上的产品，六位数营收。坐在家中，动动手指，仅此而已"。广告内容没有对可能存在的风险进行提示，并存在暗示保证收益的内容。上述 4 篇广告均由"叶檀财经"微信公众号编辑团队自行撰稿发布，无广告费用产生。

当事人的上述行为，违反了《广告法》第二十五条第（一）项的规定，静安区市场监管局依据《广告法》第五十八条第一款第（七）项的规定，依法对当事人作出行政处罚。

（资料来源：上海市市场监管局公布 2021 民生领域案件查办"铁拳"行动第六批典型案例）

讨论：结合案例，从理论和现实角度谈谈网络广告监管的必要性和复杂性。

三、思政课堂

"源头治理"厚植电商"诚信基因"

1. 法治震慑，从"逃避监管"到"不敢失信"

"法律意识淡薄，逃避监管容易，违法成本不高，是电商失信行为出现的主要原因。"沭阳县发改局局长、信用办主任乔德诉说。

沭阳县通过线上搜网店、查网页，线下摸主体、建台账的方式，对花木种苗经营户"逐一过堂"，全年办证 10 298 本，基本实现了花木种苗经营户办证全覆盖；对违规快递企业依法打击，严堵寄递环节漏洞，从快递源头守住了花木种苗品质底线。

另外，沭阳县信用办联合相关职能部门对电商从业人员实施信用监管，被依法认定为失信人员将面临限制获取政府财政性资金、补贴，限制评优评先，限制享受绿色通道办理等联动惩戒。

为从制度层面进一步规范电商经营行为，2021 年 12 月，沭阳县出台《防范治理电商销售假劣花木种苗实施意见》，明确部门工作职责，建立防范治理制度、协同监管机制、违法失信惩戒机制、守法守信奖励制度等。

2. 自治凝力，从"与我无关"到"共管共治"

电商诚信体系建设，关键要调动群众的积极性。2021 年 8 月，沭阳县颜集镇堰下村一致表决通过《诚信经营村规民约》，这是该县首次以村规民约形式对电商经营行为作出规定。目前，沭阳县已有 97 个花木电商经营乡镇和村居制定了自己的村规民约，花木电商依法守规意识显著提升。

"诚信标签"是沭阳县推进花木电商诚信体系建设的首创性举措。标签上标注着沭阳县相关职能部门的监督电话及投诉平台二维码，从"失信"源头对商户进行监督。目前，"诚信标签"已随快件发放 3 亿多张。

加强行业自律，是沭阳县强化电商自治的另一招。据统计，沭阳县有各类活跃电商近 5 万家。沭阳县成立网络电商互助联合会，将诚信生态体系建设作为重要内容写入章程，并在业内建立不良诚信行为黑名单机制。

3. 德治滋养，从"要我诚信"到"我要诚信"

"电商之所以失信，问题在表面，根子在思想，必须借助道德的柔性力量。"沭阳县委常委、宣传部部长姜若鸣说。

"点名道姓，不留情面。"对失信电商，沭阳县坚持发现一个，查处一个，曝光一个。"被查处的失信电商，村里都要在大喇叭上广播，十里八村都知道了，哪个脸上能挂得住？"新河镇诚信电商工作负责人岳贵清坦言。

在曝光负面的同时大力选树正面典型。2021 年，沭阳县相继评选"花木诚信电商"40 家、"花木诚信企业"20 家；新河镇、颜集镇、庙头镇等花木电商重点乡镇也定期评定"十佳诚信电商""电商诚信经营户""诚信花木供货商"，在全社会营造崇尚诚信的浓厚氛围（图 9-5）。

"诚信建设只有起点，没有终点。"沭阳县委副书记、代县长王瑞表示，将继续创新工作举措，持续推进电商诚信体系建设，把诚信沭阳的品牌擦得更亮。

图 9-5 沭阳县花木诚信电商

（资料来源：中国经济信息社江苏中心朱成林 魏欢庆 柏志勇 吕述谡）

四、知识扩展

网络广告新规 划出监管红线

弹窗广告"霸屏"、直播消费维权难、中小学校外培训广告制造焦虑……当前，一些互联网广告或强行植入，或传播社会不良情绪，消费者在直播间买到假冒伪劣商品维权难，屡屡遭到社会质疑。

网络低价陷阱

2021 年，市场监管总局公布《互联网广告管理办法（公开征求意见稿）》（以下简称《办法征求意见稿》），针对被诟病已久、处于模糊地带的诸多互联网广告行为划清监管红线，提出惩治措施。

1. 弹窗广告"霸屏"，要确保"一键关闭"

很多网民有这样的感受：用视频软件看电视剧，不仅开始播放时需要"被强制"观看几十秒到百余秒不等的广告，甚至在观看过程中还要"被强塞"十几秒不能跳过的广告；有的软件在弹出广告时设置"连环套"，刚刚关闭了一个弹窗广告，紧接着又弹出一个新的广告；还有的软件在广告中伪造、虚设"关闭"按钮，当用户点击"关闭"后，却二次跳转到了相应的广告链接……

《办法征求意见稿》第九条提出，"不得以欺骗、误导方式诱使用户点击广告"，并且不再允许"没有关闭标志或者需要倒计时结束才能关闭"等影响"一键关闭"广告的行为。

浙江省公共政策研究院研究员高艳东认为，这将进一步明确违规弹窗广告的惩罚主体，即对于"无一键关闭按钮"的，广告主将承担责任；对于"广告内容上具有诱骗用户点击"的，广告主、广告经营者、广告发布者只要没尽到合理审查义务，都将承担责任。

2. 直播消费维权难，相关人员要履行责任

直播购物提升了消费者的购物体验感，同时部分消费者遭遇买到假冒伪劣商品、售后服务难保障的情况。由于卖家与平台之间、直播平台与电商交易平台之间的关系复杂，消费者的知情权、公平交易权和合理维权诉求大打折扣。

2020 年中国消费者协会开展的直播电商购物消费者调查显示，近四成消费者认为主播就是经营者，还有超过三成消费者并不清楚主播是何种角色。

《办法征求意见稿》第十七条明确提出，"互联网直播内容构成商业广告的，相关直播间运营者、直播营销人员应当履行互联网广告经营者、广告发布者或者广告代言人的责任和义务。"

3. 校外培训广告制造焦虑，明确禁止网上发布

"你来，我培养你的孩子；你不来，我培养你孩子的竞争对手。"一些校外培训机构不断用这样的广告制造焦虑，借此诱导家长买课。

事实上，我国《广告法》已对教育培训广告设立专门条款，对培训效果承诺、受益者形象推荐、暗示命题人员参与培训等方面作出禁止性规定。《办法征求意见稿》第十条进一步明确，"不得利用互联网发布面向中小学、幼儿园的校外培训广告"，以及发布不利于未成年人身心健康的网络游戏等广告。

4. 直播发布药品保健食品广告，不允许

"躺着就能瘦！"一些"带货主播"在直播中制造"容貌焦虑""身材焦虑"，有的宣称产品有防疫功能、减脂效果等，有的还推销一些药品，夸大的宣传往往误导消费者。

《办法征求意见稿》第十七条明确提出："不得利用互联网直播发布医疗、药品、特殊医学用途配方食品、医疗器械或者保健食品广告。"

5. 听信"达人分享"投诉无门，应显著标明"广告"

当前，一些短视频平台上的"达人分享""专业测评"吸引了众多粉丝，有的主播通过亲身"试吃""试用"进行点评推荐，有的主播在探店过程中顺带推销商品。不少消费者听信主播推荐购买产品或服务，但事后出现问题往往投诉无门。这些形式算不算广告？谁来监管？

《办法征求意见稿》第八条明确提出，"通过互联网媒介，以竞价排名、新闻报道、经验分享、消费测评等形式，或者附加购物链接的其他形式推销商品、服务的，应当显著标明'广告'。"

（资料来源：据新华社北京 12 月 2 日电新华社记者　赵文君　颜之宏）

任务三　违法网络广告的法律责任

一、知识认知

知识点一　广告违法的概念和特征

网络广告是广告的一种，受广告法律法规的约束。广告违法行为又称为广告违法，是违反我国广告法律、行政法规的行为的总称。违反广告法律、行政法规的禁止性规定，超出广告经营登记的范围进行广告活动，违反广告合同等，都属于广告违法行为。

广告违法行为具有以下主要特征。

1. 广告违法行为是有社会危害性的行为

广告违法不只是对广告法律、行政法规的破坏，其对社会危害性是最本质的特征。

2. 广告违法行为是违反我国广告法律、行政法规的行为

社会危害性是违法性的基础，没有社会危害性就谈不到广告违法问题。但是，仅有社会危害性而没有违法性，也不能认为是广告违法行为。

3. 广告违法行为是有过错的行为

广告违法行为的实施者在主观上有过错，包括故意和过失，没有过错的行为不是广告违法行为。

由此可见，广告违法的要件为：其行为主体（从事广告活动的自然人、法人和其他组织）包括广告主、广告经营者、广告发布者，在主观上有故意和过失；在客体上侵害了我国法律所保护的社会关系。在客观方面表现为违反广告法律、行政法规的各种行为。如虚假广告，广告活动中的不正当竞争行为，非法经营广告业务行为，非法发布烟草广告行为，伪造、变造审查批准文件行为等。

常见的网络广告违法行为的种类有虚假网络广告、网络广告不正当竞争、网络垃圾邮件、强迫广告等。

知识点二　网络虚假广告的法律责任

1. 网络虚假广告的定义、特征及类型

我国《广告法》规定，广告应当真实、合法，以健康的表现形式表达广告内容，符合社会主义精神文明建设和弘扬中华民族优秀传统文化的要求。广告不得含有虚假或引导误解的内容，不得欺骗、误导消费者。违反这些规定，利用广告对商品或服务作虚假宣传，欺骗和误导消费者的就是"虚假广告"。在现实生活中，传统的虚假广告主要表现在以下几个方面：

（1）商品广告中有关商品质量、性能、用途等的说明与商品的实际质量、性能、用途不符。

（2）未经国家有关行政主管部门或授权单位检验鉴定或审查批准并授予或核发证明、证件，谎称产品质量达到规定标准，认证合格，产品获得专利，获得优质产品称号、生产许可证等内容。

（3）擅自改变药品、医疗器械、农药等经批准的宣传内容，进行虚假或夸大宣传。

（4）谎称转让、传授及出售的技术资料具有实用价值。

（5）在广告中作出实际不能兑现的虚假允诺的。

（6）利用虚假数据统计资料、调查结果等对商品的效用、性能进行宣传。

（7）以市场预测为目的，为尚未投产或不能按期供货的商品做广告。

（8）其他的如利用视觉在广告中美化商品，使广告呈现的商品优于现实中的商品，以及通过广告的优惠价引诱顾客购买某种商品，然后宣布货已售完，乘机推销另一种商品等。

2. 网络虚假广告的法律责任

发布虚假广告是违法行为，应当承担法律责任。《广告法》第五十六条规定，发布虚假广告，欺骗、误导消费者，使购买商品或接受服务的消费者的合法权益受到损害的，由广告主依法承担民事责任。广告经营者、广告发布者不能提供广告主的真实名称、地址和有效联系方式的，消费者可以要求广告经营者、广告发布者先行赔偿。关系消费者生命健康的商品或服务的虚假广告，造成消费者损害的，其广告经营者、广告发布者、广告代言人应当与广告主承担连带责任。前款规定以外的商品或服务的虚假广告，造成消费者损害的，其广告经营者、广告发布者、广告代言人，明知或者应知广告虚假仍设计、制作、代理、发布或者作推荐、证明的，应当与广告主承担连带责任。

网络虚假广告误导消费者的消费趋向，由于"网络店铺"与实体店的服务性质不同，消费者无法对商品进行实地观察、触摸，因此参考网络广告、商品照片和产品评价成为消费者选择商品的渠道。在浏览网络广告中，消费者易被网络广告中"绝对低价""销量最高""产品时效"等虚假信息迷惑，并向他人传播，使更多人受到商家虚假信息的蛊惑与蒙骗。而网店经营者正是利用网络虚假广告传播广泛性的特点增加其社会影响力，以低价和优惠打出品牌，从中获益，同时，网络虚假广告的传播渠道具有多样性，范围广阔，网络商业经营者为获得更大的社会效益，通过 QQ、微博、微信、电子邮箱等社交平台传播其商品、服务的虚假信息，扩大社会影响。由于散布网络虚假广告的操作方式简单，传播快捷，并且经济成本较低，因此，网络虚假广告在网络社区发布泛滥，具有较大网络市场和社会影响力。在社会主义市场经济体制下，《中华人民共和国公司法》将企业规定为营利性组织，企业以实现利润最大化为最终目标也无可厚非。随着网络技术的创新、网络空间的拓展，特别是新兴网络社交平台的增加，人们的日常生活已与互联网世界密不可分。淘宝、美团、拍拍贷、微博、微信等网络社交、商业平台所具有的快捷、高效、稳定、互动性强、受众群体广泛等优势，为网络经济、商业产业带来了高额的经济利益。而在巨大的经济利益驱使下，网络广告行业高速发展，在此过程中也出现了一系列违法问题，例如，虚假广告在网络中的泛滥宣传、发布和推送；广告主、广告经营者或广告发布者受网络商业经营者的委托，为了增加产品销售量、提高销售价格，不惜一切代价，甚至以违法性质的方式擅自更改产品信息，加入夸张性、欺诈性、误导性、虚假性的言语欺骗消费者，从而达到获利的目的。再如假冒性网络虚假广告，广告经营者在网络广告中加入国家鉴定证书、荣誉称号、名人评价等虚假信息，利用人们对商品"品牌效益"的心理，大幅提高销售单价，从中获利。又如，误导性的网络虚假广告，广告经营者以夸张性的言辞夸大商品的功效，如某产品是"国内销量第一""具有年轻 20 岁的疗效"等，引起消费者对产品实际情况的误解，误导消费者的消费选择，趁机捆绑销售数量，增加消费利润。

【案例链接】

广告宣传得靠诚信"打底"

2018 年媒体曝光，因为"创办一年，成交量就已遥遥领先"这句火爆的广告词，金瓜子公司（即瓜子二手车）被原北京市工商行政管理局海淀分局罚款 1 250 万元。据报道，相关部门调取数据发现，在"创办一年"的时间段内，就有两家二手车公司的成交量高于瓜子二手车，该公司的成交量并非"遥遥领先"，相关广告语缺乏事实依据，因此被开出天价罚单。

网上发布违法广告！
这些培训机构被处罚！

"天价罚单"能否执行，还要等进一步的法律程序走完。但是，由此引发的广告诚信问题令人深思。"遥遥领先"的广告宣传与最多只是"屈居第三"的成交量，差的可不是一星半点，涉事企业显然难以自圆其说。再者，法律明令禁止诸如"全国领先"之类绝对化用语、极限用语，涉事企业理应心里有数却置若罔闻（图9-6）。

俗话说："酒香也怕巷子深"。广告在产品推广中的作用无须赘言。朗朗上口的广告语，能让人耳目一新、津津乐道，品牌的影响力自然被带动起来。但广告语不仅要漂亮，还得符合实际情况，不能剑走偏锋靠"抖机灵""打擦边球""说大话"博取关注度。山外有山，人外有人，如果只凭借自身规模和数据，罔顾业内动向，动辄"最大""最强"，利用"绝对值"盲目追求轰动效应，很可能适得其反。

图9-6 瓜子二手车虚假宣传广告

决定产品未来的永远是品质。广告是服务于产品的，只能起到广而告之的作用。有了过硬的质量、优质的服务，即便不能"遥遥领先"，也是诚信经营，令人信任。换而言之，既打广告也有品质，才能真正在市场中站稳脚跟，在消费者中赢得拥趸。

当然，人们不能仅仅关注"天价罚单"的数额之大，更应从这次处罚中看到有关部门出重拳治理虚假广告的决心。经营行为要有法可依、有法必依、依法必行，修订后的《广告法》对虚假广告的界定和处罚措施更加严格。执法机构应秉公执法，绝不姑息，加大对虚假广告的查处力度，净化市场氛围；经营者要从此次处罚中引以为戒，自觉遵纪守法，维护公平诚信的营商环境。

（资料来源：人民网搜狐微博，2018年12月11日）

知识点三 网络广告不正当竞争的法律责任

不正当竞争行为是指在市场交易中，经营者出于竞争目的，违反诚实信用原则或公认的商业道德，所从事的有损于其他经营者或消费者利益，扰乱社会经济秩序，应追究其法律责任的行为。

网络广告的不正当竞争行为有多种表现形式，具体如下。

1. 网络广告的价格问题所导致的不正当竞争行为的法律问题

目前，国内媒体网站主要采用两种不同的计费报价方式：一种是传统的按发布时间长短计费报价，与传统媒体计费方式类似；另一种是按访问的人数包括点击次数计费，充分体现出网络广告媒介的独特性。按点击量付费的直接依据是广告的实际影响面，为实际付费提供了方便，但这种方式也存在着不足，因为很多广告主的广告策略是与其整体营销策略配合的，是在某一段时间和某一地区内，同时，投入广告促销、价格促销、建立销售通路等一系列营销手段，并彼此相互配合，方能看出广告的效果。而按访问人数的计费方式，会使广告主对在一定时间内的广告发布费用或一定费用的广告投入将持续多少时间，缺少客观的、超前的判断，对一定数量的访问者主要来自哪些地区，是否具有购买意向，往往不能客观把握。上述报价方式的这些特点导致了网络广告在价格上的不稳定性。

为了能拉住客户，增加业务量，在谈判时各显神通，价格折扣是最主要的表现形式，即便你的价格已经几重折扣不能再低，客户却认为可能还有降价的空间。"供过于求"和畸形价格差距的现状导致了网络媒体广告价格的混乱。这种严重偏离价值规律的现象表现在法律上就形成了恶性的不正当竞争行为。

我国《广告法》(2021修订版)规定，广告主、广告经营者、广告发布者不得在广告活动中进行任何形式的不正当竞争。我国《反不正当竞争法》规定，经营者不得编造、传播虚假信息或者误导性信息，损害竞争对手的商业信誉、商品声誉。(第十一条)。

【案例链接】

低价引流、屏蔽中差评，网络交易乱象呼唤严监管

1. 低价诱导泛滥，只为吸引流量

随着网购平台增多，竞争日趋激烈，不少网络商家为了吸引更多的买家，会在价格上做"文章"。

在淘宝上的一家发饰店，记者看到其标价为8元的发卡，点进详细页面查看发现，价格显示为8~18.8元，可以选择不同款式和不同花色。记者试图搭配不同款式和颜色，发现无论如何搭配，价格都高于8元，而原本8元的搭配并不可选择。面对记者的询问，商家回复称："可以选择的才是有货的，才可以购买。"

还有一种低价吸引消费者的方式被许多商家采用，特别是在闲鱼App上，多数商家采用这种方式。具体的操作方法是一件商品标价0.01元或略高，在详情页面介绍"具体价格小窗私聊"或"直接拍下无效，价格非实价"等提醒信息，有些甚至直接称"价格是为了引流量，不是物品真实价格"。实际上，这些标价远远低于商品的价格。

以实木家具品类为例，一套实木家具的价格只标价499元，点击链接后查看发现，可以选择分类，有五件套、五件套(不带垫)、垫子3个选项。逐一点击后发现，五件套的价格是2万多元，五件套(不带垫)和五件套的价格差不多，而499元是选择垫子分类时显示的价钱。

再如，将一件物品设置定价为0.01元，买家可以直接拍下购买，而且商家承诺真实有效，并且打着免费送的旗号。但点击购买时，却发现需要支付25.01元，原来商家将邮费设置为25元。而据记者了解，网络平台上的商家在快递费用上一般具有优惠额度，10元基本可包邮全国大部分地区。并且，记者查询发现，参加此类活动的商品价值多为10元左右。

2. 恶意骚扰威胁，只求删除差评

另外，网络商家删除差评的现象仍然存在。

在北京市朝阳区一家外企上班的林波(化名)是一位宝妈，她的孩子一直在喝一款英国进口的婴儿奶粉，以往都在香港实体店采购。

"最近，我发现淘宝上有一家专营店在代购同款奶粉，商品详情介绍页面中附有代购现场视频、小票等图片，看起来很真实，价格也相当实惠。抱着试一试的心态，我下单购买了一罐同样的奶粉。可到货后，发现这款奶粉与之前实体店购买的相比，外包装和口感都有差别。"林波说。

林波称，由于未经专业检测，不能辨别真伪，也不能妄议真伪，所以她没有和商家进行售后沟通。但她上传了在实体店购买的奶粉和网购的奶粉对比图，并在商品评论区写下品尝的真实感受。没想到，她的评论没有显示出来。即使发送多次均显示评论成功，在商品评论区也找不到她的评论。

林波就此询问客服，被回复称，发生评论被"和谐"的情况，有可能是因为买家在评论中涉及黄色、暴力或虚假广告等言语。但林波确认自己并没有发送相关的敏感词。记者查询这家网店的客户评价，发现林波所购的奶粉只有几十条系统默认的好评，没有中评和差评，更没有买家发过的买家秀照片。

记者也有过类似经历。在淘宝上买的衬衫不合身且做工不好，便在商品的评论区给了一个中评。然而，当天淘宝客服就开始不停发送私聊，请求改成好评，并返券5元。记者对此没有理会，也没有及时回复，于是客服就利用填收货信息时留下的信息，给记者发短信。信息的内容是一些感人的话语，请求记者更改评论。

无独有偶，在上海读大学的黄珊(化名)在某淘宝店花30元，购买了一件T恤。收到货后，她发现衣服质量很差，就给了店家一个差评。随后，店家给黄珊发来留言，要求删除差评。黄珊对此没有理会，没料到第二天收到了店家发来的一条威胁短信，还包含谩骂之词。她要求店家先道歉，否则不删除差评。谁知，她立刻又收到第二条威胁短信，内容为："再不删除评价，就把你的个人信息卖入各种色情网站，让你的手机支付宝植入病毒。愿你自行删除，否则后果自负。"黄珊回拨电话过去，但对方电话无人接听，短信也无人回复(图9-7)。

图 9-7　网络差评遭商家威胁

(资料来源：节选自法治日报　作者：韩丹东　实习生　晏亦茜)

2. 网络关键字、词广告所引发不正当竞争行为的法律问题

关键字、词广告被广泛应用于网络广告中。关键词检索功能有正当和不正当之分。其本质区别在于谋求的利益是否正当。就网络关键词广告中涉及的不当行为，在适用法律时可分为以下几种情况：

(1)适用商标法加以规范的情况。网络关键字、词广告可能涉及对驰名企业的商标及其他标识的特殊法律保护问题。目前，对驰名商标给予扩大保护是世界性的潮流。将他人注册商标、未注册的驰名商标作为企业名称中的字号使用，误导公众，构成不正当竞争行为的，未经商标注册人的许可，在同一种商品上使用与其注册商标近似的商标，或者在类似商品上使用与其注册商标相同或者近似的商标，容易导致混淆的，属于侵犯注册商标专用权。

(2)适用《反不正当竞争法》加以规范的情况。网络关键字、词广告使用他人未注册的驰名商标的，不适用《中华人民共和国商标法》(以下简称《商标法》)的有关规定，理由是《商标法》及《驰名商标认定和保护规定》不适用未注册商标，当然也就不适用未注册的驰名商标。但是不等于对这种行为不予制止，而是适用《反不正当竞争法》。原因是，行为人借助驰名企业的知名度和影响力以提高自己，在客观上使消费者误认为该注册商标与该网络广告之间存在着某种联系，这对本行业的其他竞争主体来说是一种不正当的竞争行为。

前面所述的两种情况，在事实上有一个共同点，即都存在着"在客观上使消费者误以为该网络广告与驰名的商标或其他标识的所有人之间存在着某种联系"。但是，如果没有这个客观事实，在网络广告中使用了他人驰名商标的，则属于商标淡化行为。

（3）商标淡化行为的法律适用。所谓"淡化"是指对他人驰名商标的使用虽然不会导致混淆和消费者误认，但是减损了驰名商标的知名度，削弱了驰名商标的显著特征和广告宣传价值，有可能导致消费者不再将该驰名商标与特定的商品或服务的提供者联系起来，如"驰"这个驰名商标，如果市场出现了"奔驰"手表、"奔驰"电视机、"奔驰"啤酒、"奔驰"内衣或"奔驰"巧克力等产品，可以说过不了几年也就没有人将"奔驰"商标与"奔驰"汽车商标的所有人联系起来了。长期的"淡化"行为甚至使一个驰名商标变成通用名称。网络关键字、词广告是"淡化"行为的一种较为典型的形式，其不当行为，在客观上是极有可能造成"淡化"他人驰名商标的结果。这里传统的商标侵权概念无法适用，显然不能适用《商标法》。美国于1995年通过了《联邦反商标淡化法》，其宗旨是保护商标权人的利益，商标权利人据此涉诉寻求法律救济理所当然。但我国并无此规范，如何适用法律是研究我国网络广告法律问题时不得不涉及的。目前，在涉及网络关键字、词广告中不当使用他人驰名商标，造成"淡化"问题时，适用什么法律？应当是《反不正当竞争法》。因为该法是为了鼓励和保护公平竞争，以保护经营者和消费者的利益制定的。这种不正当竞争行为与该法规范完全适合。而且北京市高级人民法院对"北京阳光数据公司诉上海霸才数据有限公司案"的终审判决确立了依据《反不正当竞争法》第二条第1款规定的法律原则，制裁不正当竞争行为的先例，增添了在司法实践上的论据。网络关键字、词广告中使用的内容还可能是著名的虚构人物、著名的企业或上市公司的简称，对提供的产品或服务造成或可能造成混淆的行为，也有可能被认定为不正当竞争行为，有关事实的认定和法律的适用与前文所述大同小异，这里不再赘述。

3. 网络有奖销售广告的法律问题

有奖销售是指经营者销售商品或提供服务，附带性地向购买者提供物品、金钱或其他经济上的利益的行为，包括奖助所有购买者的附赠式的有奖销售和奖励部分购买者的抽奖式有奖销售（国家工商行政管理总局《关于禁止有奖销售活动中不正当竞争行为的若干规定》第二条第1款）。网络广告发展到今天，通过奖励的方法以达到和提高预期的广告效果的方式已是司空见惯，如"锦鲤""福袋""天上掉馅饼""免费的午餐"等。

网络广告涉及的有奖销售可分为两种情形：一种是针对网民的，在这种情况下网民与网站经营者之间的关系，是一种消费者与经营者之间的关系；另一种是针对网络广告客户的，即通过向访问者提供奖品，吸引观众，所要达到的目的是招募广告客户，扩大广告业务销售。因此，网络有奖销售是一种有效的促销手段，即使奖品并不向直接的购买者提供，但作为促销其他关联商品的手段，也应将其纳入有奖销售之列，何况《反不正当竞争法》第十条并未将接受赠品的当事人限定于购买者，将特殊的有奖销售纳入本条规定并不违反法律的本意。针对网络广告行为中的不正当竞争行为，可以将有奖销售重新界定为：有奖销售是指经营者以附带性地提供金钱、物品或其他利益（统称奖品）的引诱方式，促销其商品（包括服务）的行为，在这里，网络公司是通过互联网向网民提供服务的经营者，网络公司为招广告客户和消费者，在提供服务中进行有奖竞猜活动的，构成有奖销售，应当遵守《反不正当竞争法》第十条的规定。若网络公司用带有偶然性的方法决定访问者是否中奖，且其最高奖金额超过50 000元，妨碍了网络公司之间的公平竞争，就构成了对《反不正当竞争法》第十条所禁止的不正当的抽奖式有奖销售。

【相关链接】

省消委会：电商平台有奖销售活动亟需出台相关监管细则

福建省消费者权益保护委员会在福州举行 2022 年消费维权工作信息发布会。会上发布了电商平台 App 有奖销售活动消费体验测评报告。

在网络促销活动中，"免费领商品""红包""优惠券"等促销信息名目众多，消费者往往不了解促销规则，容易产生消费冲动。因此，涉及平台营销、价格争议、虚假发货等需要消费维权的问题突出。省消委会聚集相关问题，进行了消费体验测评。

测评报告显示，20 个电商平台 App 中，14 个有"免费领"模块，占比 70%。在 14 个"免费领"模块中，有 3 个存在规则不透明，占比 22%，侵犯了消费者的知情权。主要问题集中在"邀请好友帮砍价或助力分享"方式上。

报告还显示，在 14 个电商平台 App"免费领"模块中，有 21% 出现如"免费试用和付邮试用均不支持商品的退换货服务""活动奖品已经送出，不予更换"等格式条款，属于限制消费者权利、减轻或免除经营者责任，涉嫌违反《消费者权益保护法》，侵犯了消费者的公平交易权。

"电商平台有奖销售活动亟需出台相关监管细则。"省消委会消费指导部负责人刘星莹说，"免费领"的目的是通过社交裂变获客拉新，"百抽百中"则是通过促销增加营收。某些平台为了吸引客户，还刻意夸大砍价成功概率等数据，诱导消费者对成功率产生错误认知而投入更多时间、精力完成砍价。目前，在电商平台有奖销售及相关消费的监管上仍存在一定盲区，有关部门应尽快建立规范网络交易平台有奖销售的实施细则及网上审核机制，特别是对拉人头等非直接销售的模式提高警惕、加强防范，确保有奖销售活动机制合法透明、过程公平公正、奖品货真价实。

"需要加强行业自律，电子商务平台经营者应该始终践行'消费者至上'的理念，遵循'科技向善'的伦理追求，保障好消费者的知情权和公平交易权。"刘星莹说，消费者也要理性消费，不要沉迷于游戏式的有奖销售活动，还要谨慎判断奖品实际价值，谨防有奖销售变成坑人陷阱。

（资料来源：福建日报记者　林智岚）

知识点四　网络垃圾邮件与强迫广告的法律责任

1. 网络垃圾邮件的法律问题

垃圾邮件又称为"不请自来的垃圾广告"，是指网络经济或商业活动经营者利用电子邮件的形式随意、随机发送的，对电子邮件用户没有可利用价值的网络邮件。垃圾邮件的核心可归纳为缺乏用户自主选择的无价值网络邮件，其外延可表现为涉及各种内容的垃圾邮件。垃圾邮件问题高发的根本原因在于电子邮件具有发送简单、操作快捷、低成本甚至无成本传播等特点。在日常生活中，垃圾邮件几乎遍布所有电子邮件用户的邮箱，可以说每个人的网络邮箱中都堆积了大量毫无用处甚至包含不良信息的垃圾邮件，对网络用户在使用邮箱查阅或发送工作信息时造成干扰。垃圾邮件具有发送简易、低成本、操作灵活和随机性强的特点，可以进行大范围多群体的广告推送，并明确计算广告受众人员。同时，垃圾邮件也具有一定的强制性，客户往往无法拒绝接受，而这种丧失拒绝权的推销方式即强制推销。强制推销能为经营者带来推销利益，这种推销方式无须建构市场，无须开发客户群体，无须投放广告，也无须进行客户群体维护，因而，强制推销所获取的利益，几乎可视为无成本的纯利益。

目前，网络垃圾邮件主要表现在病毒入侵式发送、资源下载绑定及检索信息相关推广。病毒入侵式发送主要是通过病毒程序破坏用户计算机防御程序后，向用户发动病毒的一种方式；资源下载绑定是指用户在下载资源时必须同时下载其中包含的垃圾邮件，否则将无法下载资源；检索信息相关推广是指在对用户检索内容的分析的基础上，强制向用户发送与其检索内容相关信息的一种入侵方式。在实践中，经营者希望通过垃圾邮件进行概率营销，这是导致垃圾邮件问题的重要原因之一。所谓概率营销，是指采用低成本的营销方式，在不区别客户群体与营销手段的前提下，在短时期内向市场大范围、高强度地投放营销资料的行为。概率营销的本质是利用大市场的小概率所获得的利润能超过为此支付的成本。而垃圾邮件有效利用了概率营销的原理，当垃圾邮件的发送者通过发送垃圾邮件所获得的利益超过发送者为其支付的物质与精神成本时，其为获取利益便会持续进行这一行为。

垃圾邮件对网络广告的正常秩序造成干扰，具体表现：第一，垃圾邮件易使用虚假的邮件地址，大量发送会造成邮件的真正主人被大量没有意义的回信所干扰，进而使其经济利益受到损害；第二，大量的垃圾邮件容易对消费者的消费选择造成潜移默化的干预，使商业者获得违法的利益，甚至在严重的情况下，可能会对消费者正常的工作、学习和生活造成严重的滋扰；第三，由于网络广告具有隐蔽性，相关执法者很难确定邮件发送人的真实信息，为受害人维护其合法权益和追回经济损失带来较大的困难。因而，规制垃圾邮件应将垃圾邮件在网络广告的泛滥归纳入不当的范围中，并接受法律的制裁和执法机构的监管。

阻挡垃圾电子邮件最强大的武器是法律。为了保障收件人、经营者的合法权益，创造公平的市场环境，保证邮件的有效性、合法性，促进网络经济健康、有序的发展，北京市工商行政管理局将对利用电子邮件发送商业信息的行为进行规范。该征求意见稿中明确了互联网使用者在利用电子邮件发送商业信息时应本着诚实、信用的原则，不得违反国家的法律法规，不得侵害消费者和其他经营者的合法权益。对利用电子邮件发送商业信息的行为做了规范：未经收件人同意不得擅自发送；不得利用电子邮件进行虚假宣传；不得利用电子邮件诋毁他人商业信誉；利用电子邮件发送商业广告的，广告内容不得违反广告法的有关规定。对违反这些规定的互联网使用者，工商行政管理部门将按照《广告法》《反不正当竞争法》《消费者权益保护法》的规定进行处罚。

2. 网络强迫广告的法律问题

在网民进入网页时，总有一些小的窗口自动跳出来，它们大部分是广告。可是大部分网民对于这些广告根本就不想看，但是又不能不打开它，浪费了网民的时间。

如果网主所制作的网页没有任何商业目的或没有任何直接的商业目的，网主不应承担经营者对消费者的义务。但如果网主制作的网页纯粹是为了销售商品或提供服务，此时的网民和网主符合经营者及消费者的基本特征，他们之间的权利义务关系应受《消费者权益保护法》的调整。《消费者权益保护法》第九条规定，"消费者享有自主选择商品或服务的权利"；第十条规定，"消费者享有公平交易的权利"。据此，网主不能强迫网民在访问其网站时必须如何作为或不作为。

另外，还有一种情况，网站是一种综合性网站，网主制作的网页为网民提供了各种服务，网民到网站访问不是为了寻找消费机会，而是单纯为了享受服务，网民无须为此向网站支付任何费用，网主通过网站访问者人数、广告点击率等获得商业利益，网民在此时同样应有选择权和公平交易权，他们有权拒绝任何强迫服务或交易行为，当然包括网络强迫广告。

【相关链接】

监管弹窗信息　清理网络牛皮癣

国家互联网信息办公室发布关于《互联网弹窗信息推送服务管理规定（征求意见稿）》公开征求意见的通知。规定中对互联网弹窗信息推送服务提出 10 点要求，其中包括互联网弹窗不得推送恶意炒作娱乐八卦、绯闻隐私、奢靡炫富、审丑扮丑等违背公序良俗内容；不得扎堆推送、炒作社会热点敏感事件，渲染恶性案件、灾难事故等，引发社会恐慌。确保弹窗信息推送必须经过人工审核。

弹窗广告是指打开网站后自动弹出的广告，无论点击与否都会出现在用户面前。天下苦弹窗骚扰久矣，从当年的计算机 PC 端到如今的移动互联网，弹窗骚扰越来越频繁，色情暴力、网络垃圾、虚假信息等有害内容扑面而来，色情低俗弹窗广告甚至出现在学习网站上。疫情期间上网课，有的教师在直播过程中上网查课件，可弹窗广告上出现火辣的画面，弄得师生十分尴尬。弹窗广告越来越智能，在大数据的背景下，用户网购搜索某一类商品内容，相关弹窗就会接踵而至，更令人崩溃的是，弹窗广告越来越难以关闭，有的弹窗广告关闭按钮放在隐秘的角落，甚至设置成半透明状态，"有的弹窗有两个，其中还有一个是钓鱼的，点错就进了另一个页面。"；一些弹窗广告即便关闭，只要刷新网页或点击"下一页"，就又回来了，即便你已点击过"对此类广告无兴趣"。更加黑色幽默的是，很多人求助如何关闭弹窗，弹出诸如"如何关闭烦人的计算机弹窗广告？5 种方法教你轻松解决！""计算机中总是弹出广告等弹窗怎么办？"，也很难关掉。弹窗广告如同流氓一样侵害用户的身心，令人不胜其烦。

弹窗广告如牛皮癣般泛滥，当然是利益使然。一些弹窗广告营销页面显示，1 万元就能买到 50 万次弹窗广告。还有更便宜的，有媒体援引弹窗广告营销人员的话称，5 000 元可买 100 万次曝光，平均下来，50 元 10 000 次的曝光，可谓是"白菜价"。弹窗广告竞争到内卷，弹窗广告获取的收益又是巨大的，因而靠量取胜致使更加泛滥，形成恶性循环。弹窗广告作为广告的一种形式，本身并不违法，但是需要符合《广告法》《互联网广告管理暂行办法》等相关规定，不得含有虚假或引人误解的内容，不得欺骗、误导消费者，不能发布淫秽色情、暴力血腥等广告损害未成年人的身心健康。而《广告法》规定："利用互联网发布、发送广告，不得影响用户正常使用网络。在互联网页面以弹出等形式发布的广告，应当显著标明关闭标志，确保一键关闭。"规定有了，弹窗广告为何仍泛滥？一是互联网公司对广告商的资质、质量缺乏审核，一切以经济效益为核心；二是违法成本低，导致没有足够震慑。

弹窗信息推送必须经过人工审核、多部门联动监督指导互联网弹窗信息推送服务，以及警告、罚款、暂停弹窗功能、停止服务等惩戒措施，是这次网信办征求意见稿的亮点。对症下药精准施策，打掉网络"牛皮癣"或可期待（图 9-8）。

图 9-8　弹窗广告

（资料来源：每日新报责任编辑张煜）

二、知识训练

"好评并晒图找客服领取红包"，好评返现缘何禁而难止

"好评 15 字并晒图，找客服领取 10 元红包""亲亲您好，商品还满意吗？我们正在月底冲业绩，能否请您给出好评，我们可以提供红包奖励""提供好评截图给您返现哦，还可以参与店铺抽奖……"

随着网购的普及，商品评论不但会影响消费者的选择，而且与商家在平台上的推荐指数息息相关。一些商家为了收获好评，采取在包裹内夹藏好评返现卡，甚至运用打电话或发短信骚扰等方式，请求消费者给出好评。

事实上，这种好评返现行为在政策层面被明令禁止，部分网购平台也在平台规则中明文规定禁止好评返现，一些商家因存在好评返现行为被有关部门处罚。然而，记者近日调查发现，实践中仍有大量商家采用多种方式以"返现"利诱消费者给出好评，甚至有不少消费者已经成了好评返现的拥趸（图 9-9）。

图 9-9　好评返现漫画(作者：高岳)

（资料来源：法治日报　孙天骄　陈磊）

讨论：结合法律法规，谈谈该案例属于何种网络广告违法行为，应该如何处罚？

三、思政课堂

国信网安重要发布：网络广告、直播带货内容安全审核标准与禁止用语

网络广告包含文字、链接、Banner、音视频、直播带货等形式，尤其是电商直播带货已成为国家经济运行的重要组成部分，同时，网络广告作为互联网平台内容生态的重要组成部分、内容安全风控的重要管控方向，需要严格按照法律法规及监管要求进行审核。

国信网安就互联网广告审查相关法律法规及网络平台在自审时容易踩的坑，梳理出了网络广告审核标准，供互联网企业及广告审核人员参考、收藏、转发。

1. 涉及绝对化用语

《广告法》第九条规定：广告不得有下列情形：使用"国家级""最高级""最佳"等用语。极限用语包括但不仅限于商品列表页，商品的标题、副标题、主图及详情页、商品包装等。某些网店宣传"最先进的设备""最古老的工艺""全网价格最低""技术最新""销量最大""最薄""最厚""全网最畅销""国内首创"等，都是投诉举报的热点。在绝大多数情况下，上述词语不仅违反了公平竞争原则，还违背了广告的真实性原则。

和"最"有关的禁止关键词：最、最佳、最具、最爱、最赚、最优、最优秀、最好、最大、最大程度、最高、最高级、最高档、最奢侈、最低、最低级、最低价、最底、最便宜、时尚最低价、最流行、最受欢迎、最时尚、最聚拢、最符合、最舒适、最先、最先进、最先进科学、最先进加工工艺、最先享受、最后一波。

和"级别"有关的禁止关键词：国家级（相关单位颁发的除外）、国家级产品、全球级、宇宙级、世界级、顶级（顶尖/尖端）、顶级工艺、顶级享受、极品、极佳（绝佳/绝对）、终极、极致等。

2. 涉及商标

《商标法》规定，驰名商标不得用于广告宣传。即使是驰名商标，也不可以在商品包装、容器和广告等媒介上宣传。已经被别人注册商标的词谨慎用，如新疆的若羌红枣，如果使用这样的词，容易引起侵权风险。

3. 涉及诱导

秒杀本来是指在极短的时间内完成交易，是饥饿营销的一种模式，一般这样的商品都会在发售几天前公布到店铺首页，店主会设定在某个固定的时间以固定的数量开始销售，因价格吸引顾客，所以很快会售完。但是如果网店的网页 24 小时一直都是"秒杀价""特价""惊爆价""限时抢购价格""震撼价"等无从比较的价格标示，则属于《禁止价格欺诈行为的规定》第六条第三项"使用欺骗性或者误导性的语言、文字、图片、计量单位等标价，诱导他人与其交易的"的价格欺诈行为。

和"诱导"有关的禁止用语：限时必须有具体时间：今日、今天、几天几夜、倒计时、趁现在、就、仅限、周末、周年庆、特惠趴、购物大趴、闪购、品牌团、精品团、单品团（必须有活动日期），严禁使用随时结束、随时涨价、马上降价；

涉及诱导：再不抢就没了、史上最低价、不会再便宜、没有他就××、错过即无、未曾有过的、万人疯抢的、全民疯抢、全民抢购、抢疯了、卖疯了等。

4. 涉及数据和引证

《广告法》第十一条第二款，广告使用数据、统计资料、调查结果、文摘、引用语等引证内容的，应当真实、准确，并表明出处。引证内容有适用范围和有效期限的，应当明确表示。例如，某些网店宣传某产品是普通产品厚度的 3 倍，比普通产品节能 50%，提高 2 倍存活率及环保材质、无毒无味等都需要相应的数据和资料支撑。

在广告中使用各种数据、调查结果，能在一定程度上增强广告的证明力和说服力。但是在引证方面，内容必须真实、准确，客观地介绍商品或服务，而不能过多、过滥地使用，不能违背广告的真实性，对消费者造成误导。

5.涉及赠品

直播带货时关于赠品环节要格外注意，《广告法》第八条第二款规定：广告中表明推销的商品或者服务附带赠送的，应当明示所附带赠送商品或者服务的品种、规格、数量、期限和方式。不能简单地宣传"买一送一"，未明示赠送的商品的具体信息是不规范的。

6.涉及功效

《广告法》第十七条规定：除医疗、药品、医疗器械广告外，禁止其他任何广告涉及疾病治疗功能，并不得使用医疗用语或者易使推销的商品与药品、医疗器械相混淆的用语。例如，宣传普通红枣(作为食品销售)能美容养颜、补气养血、治疗癌症等都是违法的。

非药品进行广告宣传，要注意避免使用涉及疾病诊断和治疗内容、属于医疗术语的词汇，另外，除消毒用品及特殊功能日化产品外，在化妆品及其他适用人体的商品广告中不得使用抗菌、抑菌等。

和"功效"有关的禁止用语：特效；高效；全效；强效；速效；速白；一洗白；××天见效；××周期见效；超强；激活；全方位；全面；安全；无毒；延年益寿；提高(保护)记忆力；消除；清除；化解死细胞；去(祛)除皱纹；平皱；修复断裂弹性(力)纤维；止脱；采用新型着色机理永不褪色；迅速修复受紫外线伤害的肌肤；更新肌肤；破坏黑色素细胞；阻断(阻碍)黑色素的形成；丰乳、丰胸、使乳房丰满、预防乳房松弛下垂(健美类化妆品除外)等。

7.涉及专供、特供

《广告法》第九条规定，广告不得有下列情形：(1)使用或者变相使用中华人民共和国的国旗、国歌、国徽，军旗、军歌、军徽；(2)使用或者变相使用国家机关、国家机关工作人员的名义或者形象。

因此，宣传特供、专供国家机关、国家××领导人推荐、国家××机关推荐、国旗、国徽、人民币等都是《广告法》所禁止的。

和"专供"有关的禁止用语：国家×××领导人推荐、国家××机关推荐、国家××机关专供、特供等借国家、国家机关工作人员名称进行宣传的用语；质量免检、无须国家质量检测、免抽检等宣称质量无须检测的用语；中国驰名商标、特供、专供等词语(唯品会专供除外)。

8.涉及承诺

很多主播在带货时通常为了促进销售，在页面上写下"假一罚十""永不掉色""终身保修"等词语，这些词除非能做到，不然最好不要用。

和"承诺"有关的禁止用语：教育相关：优先入学、全程无忧、保证就业、命中率、包过、保过、一次通过、必考、必过等；金融相关：包回报、保底收益、返本销售、承诺保底、保本稳赚、无风险回报、快速回报、高收益回报、固定回报、升值等。

9.涉及比较

主播带货时要严格注意《广告法》第十三条规定：广告不得贬低其他生产经营者的商品或者服务。因此，网店在宣传时不要拿自己的商品与其他经营者的某种商品相比较，从而起到贬低他人、突出自己商品的目的。

10. 涉及专利

《广告法》第十二条规定：广告中涉及专利产品或者专利方法的，应当标明专利号和专利种类；未取得专利权的，不得在广告中谎称取得专利权；禁止使用未授予专利权的专利申请和已经终止、撤销、无效的专利作广告。也就是说如果您有专利，正确的宣传方式：发明专利＋专利号，或者实用新型＋专利号或外观设计＋专利号。如果没有专利，不能随意标注专利标识。涉及专利，请务必规范标注专利标识。如果网店宣传并声称产品或工艺是专利，但是没有专利证书或没有规范表述，都是违法的。

11. 公序良俗和封建迷信

除以上涉及的十个方面外，广告的禁忌还有很多，如《广告法》第九条规定，广告不得有下列情形：妨碍社会安定，损害社会公共利益；危害人身、财产安全，泄露个人隐私；妨碍社会公共秩序或者违背社会良好风尚；含有淫秽、色情、赌博、迷信、恐怖、暴力的内容；含有民族、种族、宗教、性别歧视的内容；妨碍环境、自然资源或者文化遗产保护等类似的广告都不能发布。

和"封建迷信"有关的禁止关键词：带来好运气、增强第六感、化解小人、增加事业运、招财进宝、提升运气、有助事业、平衡正负能量、消除精神压力、调和气压、逢凶化吉、时来运转、万事亨通、旺人、旺财、助吉避凶、转富招福等。

（资料来源：国信网安 www.guoxinwangan.com）

四、知识扩展

广东一群控软件被顶格处罚，警惕新型网络不正当竞争

2022年1月11日，广东省市场监督管理局公布了6类12起反不正当竞争执法指导性案例。其中，深圳市智××科技有限公司运营的某群控管理系统，运用技术手段模拟人工刷抖音，制造虚假数据，罚款数额最高，共计300万元。

用户转评赞、观看完成度等数据是互联网应用算法体系和精准分发的根基，影响着平台算法推荐和产品竞争力。客户购买该系统，不必通过优质内容就能获得流量优势，技术作弊破坏性利用了其所依托的短视频平台分发评价体系，构成不正当竞争。

利用互联网技术实施不正当竞争，是网络领域特有的。针对新类型、新领域的网络不正当竞争行为，我省市场监管部门首次运用《反不正当竞争法》第12条中的兜底条款进行认定处罚，对全省各地查处同类型案件具有很好的示范指引作用。

值得注意的是，妨碍、破坏其他经营者合法提供的网络产品或者服务正常运行情节严重的，处50万元以上300万元以下罚款。此次市场监管部门给出的是顶格处罚，给网络不正当竞争行为亮起了"红灯"。

互联网创新和网络不正当竞争的边界在哪里，值得深思。从技术角度看群控软件，无非是批量化操作、自动化运行，有的能够帮助客户提升自身管理与运营效率，有的则会破坏其他经营者网络产品生态，甚至沦为网络诈骗灰黑产业的推手。

经营者进行技术迭代，也要考虑新技术对自身商业模式、市场竞争秩序、用户权益的影响，坚持诚实信用原则和公认的商业道德，以保证互联网创新合规。

微信、微博、抖音、快手等国民级应用作为电商、游戏、社交等领域的流量入口，更

有可能遭遇试图攫取不正当利益的"分羹者"，针对上述平台的群控软件都有被法院发布经营销售禁令的先例。

数据造假的技术手段不断衍变，但新型网络不正当竞争新的是形态，不变的是各方权益边界。典型案例对新形态的分析研究、归纳提炼，为经营者依法合规经营提供了重要指引和预期，有利于促进新业态监管包容与审慎并重，营造公平竞争的营商环境和市场环境。

（资料来源：广东一群控软件被顶格处罚，警惕新型网络不正当竞争，https：//gzwxb. gov. cn/context/contextId/205304）

🎯 项目小结

一、核心概念

广告监管 Advertising regulation　　网络强迫广告 Online forced advertising
不正当竞争 Unfair competition　　虚假广告 Fake advertisement
虚假宣传 False promotion　　违法广告 Illegal advertising
网络垃圾邮件 Internet spam

二、思考与讨论

1. 简述网络广告监管的意义。
2. 简述网络广告发展中应遵循的基本原则。
3. 网络广告的不正当竞争行为主要表现为哪几个方面？
4. 如何理解网络关键字、词广告所引发不正当竞争行为的法律问题？

课后答案

三、案例分析题

邬斌诉佛山聚阳新能源有限公司、杭州阿里巴巴广告有限公司案

1. 基本案情

阿里巴巴广告有限公司（以下简称"阿里巴巴公司"）为网络购物平台经营者，邬斌在年中大促活动中于该平台上先后购买了佛山聚阳新能源有限公司（以下简称"聚阳公司"）出售的热水器共计20台，交易数量分别为4台、16台，价格共计20元。随后聚阳公司联系邬斌称现该类型热水器库存不足，处于停产状态，无法交付，随即向邬斌账户退还了货款。该类型热水器实际价值上万元，聚阳公司将热水器售价标注1元，目的是提升产品广告排名、增加店铺曝光量，交易对象实为刷单客户，聚阳公司将邬斌错认为刷单客户进而以1元售价与邬斌订立买卖合同，现聚阳公司明确表示不履行交付义务。为此邬斌诉至法院，请求法院认定聚阳公司的行为构成欺诈，要求聚阳公司交付热水器并赔偿损失；另外，邬斌认为，阿里巴巴公司在日常运行中未能及时发现聚阳公司的"刷单行为"及欺诈行为，存在监管不到位之责，要求阿里巴巴公司承担连带责任。

2. 争议焦点

本案例的争议焦点：

（1）聚阳公司1元售卖热水器的行为是否构成欺诈？
（2）邬斌作为消费者，权益如何保障？
（3）阿里巴巴公司是否应承担连带责任？

如果你是法官，请你据此对本案例作出裁决，说明理由。

参 考 文 献

[1] 门晓航. 网络直播营销的法律规制[J]. 重庆广播电视大学学报，2021，33（01）：43-49.

[2] 李倩玉. 网络广告对大学生价值观的影响研究[D]. 昆明理工大学，2021.

[3] 王凤翔. 我国网络广告发展的现状趋势、问题挑战与对策建议——以 2020 年网络广告发展为例[J]. 市场论坛，2021（09）：1-11.

[4] 万静. 弹窗广告"一键关闭关不了"或成历史 法治日报，2021 年 12 月 3 日第 006 版.

[5] 胡斌. 广告宣传也要导向正确. 光明日报，2016 年 4 月 28 日.

[6] 杨连峰. 网络广告理论与实务[M]. 3 版. 北京：清华大学出版社，2019.

[7] 候玥. 网络广告创意与设计[M]. 2 版. 北京：中国传媒大学出版社，2017.

[8] 张羽翔. 网络广告监管问题研究[D]. 吉林：吉林财经大学，2021（05）：24-25.

[9] 李倩玉. 网络广告对大学生价值观的影响研究[D]. 吉林：吉林财经大学，2021（05）：24-25.

[10] 田浩. 我国网络广告法律规制研究[D]. 长春：长春理工大学，2021（05）：16-20.

[11] 张仁. 新时达网络广告创意策略研究—以杜蕾斯为例[J]. 策划纪实，2019（2）：87.

[12] 褚鑫鑫. 综合素养课的课程思政设计和实践——以经典广告作品赏析为例[J]. 实践，2019（2）：274-275.

[13] http：//www. netshop168. com/article-21886. html.

[14] 黎翔. 电商广告创意营销分析[J]. 传媒观察，2021（4）：32-33.

[15] 席琳. 加强我国网络广告监管的路径探讨[J]. 行政与法，2020（11）：78-85.

[16] 钟瑞栋，毛仙鹏. 网络直播营销中主播的法律地位构建[J]. 晋阳学刊，2021（06）：102-103.

[17] https：//www. taodocs. com/p-218044894. html.

[18] 刘春雷. 广告创意与设计：设计师广告策划手册[M]. 化学工业出版社，2021.

[19] 徐凤兰，方腾. 广告策划学[M]. 3 版. 杭州：浙江大学出版社，2011.

[20] https：//www. sohu. com/a/280859827_539745.

[21] 初广志. 广告文案写作[M]. 北京：高等教育出版社，2020.

[22] 朱雪强. 吸金广告写作训练手册[M]. 北京：民主与建设出版社，2018.

[23] 高力，王晓清，黎明. 网络广告学[M]. 成都：电子科技大学出版社，2005.

[24] 杨连峰. 网络广告理论与实务[M]. 北京：清华大学出版社，2017.

[25] 张浩达. 萧雁鸷. 简明广告学实用教程[M]. 北京：北京大学出版社，2004.

[26] 杨坚争，李大鹏，周杨. 网络广告学[M]，北京：电子工业出版社，2008.

[27] 阮可，郭怡. 现代广告学概论[M]. 北京：中国传媒大学出版社，2011.

[28] 周慧妮，吴鹏，王筱纶. 基于马田系统和 VIKOR 方法的网络广告效果评价研究[J]. 数学的实践与认识，2020，50(6)：12.

[29] 陈冠男. 新媒体网络广告效果评估指标及运用分析[J]. 2021(2013-2)：101-102.

[30] https：//www. digitaling. com/projects/40606. html 去哪儿 13 周年品牌大片，♯去哪儿，开始你的故事♯！-数英（digitaling. com）.

[31] https：// baijiahao. baidu. com/s？id＝1728374851806823442&wfr＝spider&for＝pc 万米高空拍摄大片！一加 10 Pro 营销广告让老外兴奋（baidu. com）.

[32] https：// zhuanlan. zhihu. com/p/331816381《在快手 点赞可爱中国》广告案例分析-知乎（zhihu. com）.

[33] https：// baijiahao. baidu. com/s？id＝1711146088101287730&wfr＝spider&for＝pc 2021 年中国网络广告年度洞察报告—产业篇（baidu. com）.

[34] https：//www. sohu. com/a/275852615_303880 微信朋友圈广告：助力品牌与用户互动，传播 BMW M2 运动魅力！_ 宝马集团（sohu. com）.

[35] https：// baijiahao. baidu. com/s？id＝1717484370103565029&wfr＝spider&for＝pc 互联网广告管理办法公开征求意见："广告"应显著标明 弹出广告应确保一键关闭（baidu. com）.

[36] https：// baijiahao. baidu. com/s？id＝1671699195181606293&wfr＝spider&for＝pc 2020 年中国网络广告市场年度洞察报告（baidu. com）.

[37] 张羽翔. 网络广告监管问题研究[D]. 吉林财经大学，2021.

[38] 庄晓玲. 网络广告的法律规制问题研究[D]. 兰州财经大学，2020.

[39] 卢怡帆. 网络交易中"虚假促销"行为问题研究[D]. 贵州民族大学，2021.

[40] 张建军. 网络广告[M]. 南京：东南大学出版社，2016.

[41] 杨英梅，王蕊，宁萍. 网络广告设计[M]. 3 版. 北京：机械工业出版社，2015.

[42] 乔晓娜，莫黎编. 网络与新媒体广告[M]. 北京：人民邮电出版社，2021.

[43] 闫芳，郭宏霞. 网络广告策划[M]. 2 版. 北京：电子工业出版社，2017.

[44] FOTILE 方太天猫双十一引流互联网推广，https：//a. iresearch. cn/case/5683. shtml.

[45]《2021 中国互联网广告数据报告》正式发布，https：// baijiahao. baidu. com/s？id＝1721924049811754985&wfr＝spider&for＝pc.

[46] 电子邮件营销（EDM）的起源，http：// www. iqinshuo. com/2143. html.

[47] 回家-让幸福更进一步，https：//a. iresearch. cn/case/6356. shtml.

[48] 习近平：加快推动媒体融合发展 构建全媒体传播格局，http：// www. gov. cn/xin-wen/2019-03/15/content_5374027. htm.

[49] 人工智能的发展，对营销推广有哪些影响？https：// www. sohu. com/a/318902440_100169009.

[50] 小游戏搅动 800 W＋用户在线"炫父"惠而浦朋友圈创意营销大有看点！https：// www. sohu. com/a/405287492_100285792.

[51] "十四五"文化产业发展规划（全文）文旅中国，https：// new. qq. com/rain/a/20210608a04gkq00.

[52] 2018-2022 年中国广告行业预测影响分析，https：// www. sohu. com/a/252934224_255580.

[53] 借势营销的成功案例 抖音老司机带火了这些品牌，https：// baijiahao. baidu. com/s?id=1614199019258906131&wfr=spider&for=pc.

[54] 习近平系统阐述网络强国战略思想，http：// politics. people. com. cn/n1/2018/0423/c1024-29942146. html.

[55] 2022 年品牌数字营销的 5 大核心趋 https：// www. adquan. com/post-7-310071. html.

[56] 网易云音乐"乐瓶"整合营销项目 https：// a. iresearch. cn/case/6115. shtml.

[57] 黄升民，段晶晶. 广告策划[M]. 3 版. 北京：中国传媒大学出版社，2018.

[58] 佘世红. 移动互联网时代的广告策划与创意[M]. 2 版. 广州：华南理工大学出版社，2019.

[59] 滕红琴. 广告策划一本通[M]. 2 版. 广州：广东旅游出版社，2019.